KB111875

깨달음 그리고 지혜

풍요의 마스터에게 듣는

깨
달
음
그리고
지
혜

레스터 레븐슨 지음 ㅇ 이균형 옮김

정신세계사

일러두기: 이 책은 유리 스필니Yuri Spilny가 엮어서 펴낸 《Freedom Technique: Path to Awareness and Love with Autobiography by Lester Levenson》의 일부 내용(자서전)과 《Wisdom by Lester: Lester Levenson's Teaching》의 전문을 합본한 것입니다.

깨달음 그리고 지혜

레스터 레븐슨이 짓고, 유리 스필니가 엮고, 이균형이 옮긴 것을 정신세계사 정주득이 2018년 10월 31일 처음 펴내다. 김우종과 서정욱이 다듬고, 변영옥이 꾸미고, 한서지업사에서 종이를, 영신사에서 인쇄와 제본을, 하지혜가 책의 관리를 맡다. 정신세계사의 등록일자는 1978년 4월 25일(제1-100호), 주소는 03965 서울시 마포구 성산로4길 6 2층, 전화는 02-733-3134, 팩스는 02-733-3144, 홈페이지는 www.mindbook.co.kr, 인터넷 카페는 cafe.naver.com/mindbooky 이다.

2024년 8월 21일 펴낸 책(초판 제10쇄)

ISBN   978-89-357-0425-5 04190
         978-89-357-0424-8 (세트)

이 도서의 국립중앙도서관 출판시도서목록(CIP)은 서지정보유통지원시스템 홈페이지(http://seoji.nl.go.kr)와 국가자료공동목록시스템(http://www.nl.go.kr/kolisnet)에서 이용하실 수 있습니다.(CIP제어번호: CIP2018033138)

❍ 차 례 ❍

이 책이 나에 관한 책이 될 것으로 생각하니 오글거린다. 나로서는 에고가 되기가 쉽지 않지만, 소통을 위해서는 하나의 에고가 되어서 이야기해야만 한다.

자기 내면의 참자아를 알고 나면 자신을 한 분리된 개인 — 하나의 에고 — 과 동일시하는 것이 매우 어려워진다.

하지만 아무튼 나는 이 이야기를 여러분에게 들려드릴 수 있게 됐다.

나는 어쩌다 모든 사람이 찾아 헤매고 있는 어떤 것 속으로 떨어졌다. 그것이 거기에 있는 줄은 까맣게 몰랐었다. 나의 모든 욕망이 충족됐다. — 삶의 불행은 떨어져나가고 모든 병도 사라져버렸다.

나는 너무나 엄청나서 형언하기조차 힘든, 지극히 행복한 상태로 들어섰다.

이 희열이야말로 세상의 모든 사람이 찾고 있는 그것이다.

이것은 극소수의 사람들만이 찾아낼 수 있었던 것이다.

하지만 이것이 나에게 찾아오게 된 경위는 다른 사람들에게 전해줄 수 있다. 그들에게도 그것이 찾아올 수 있도록 말이다.

나는 극소수만이 경험한 어떤 것에 대해 이야기하려 하고 있다. 그것을 어떻게 묘사할 수 있을까?

그 어느 쪽으로도 그 어떤 것에 대해서도 한계가 없는 상태. 그저 생각만으로도 무엇이든지 할 수 있는 능력. 그러고도 그 이상의 것이다.

느낄 수 있는 최고의 희열을 상상하고, 거기에 백을 곱하여 그것이 어떤지를 말해보라.

당신은 느끼고 경험할 수 있는 능력만큼만 느낄 수 있을 것이다. 마음을 통해서, 지적으로는 그것을 가질 수 없다.

미칠 듯이 사랑에 빠져서 포옹의 기쁨밖에는 아무런 생각도 없이 연인을 포옹하고 있는 것을 상상해보라. 이제 그것을 두 사람 몫으로 두 배를 곱하고, 네 사람 몫으로 네 배를 곱하고, 그 다음엔 지구상의 40억 인구를 다 포함하여 40억 배를 곱하라.

그건 이런 느낌이다.

ㅇ 레스터 레븐슨

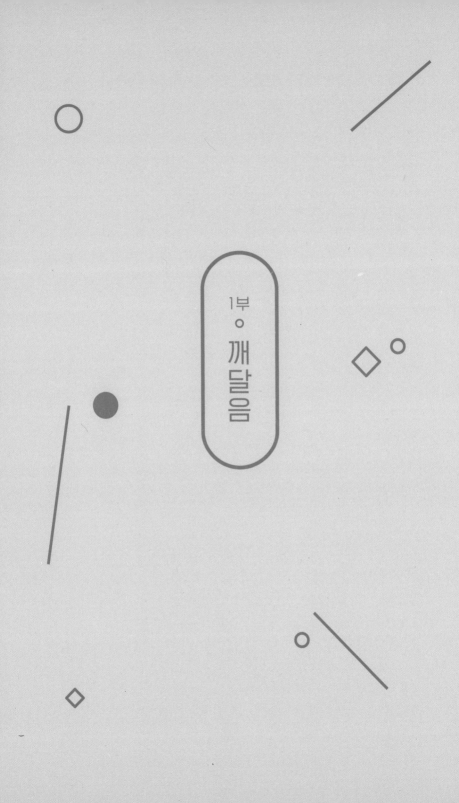

1부 · 깨달음

의식이 깨어나기 이전의 삶

: B.C. (Life Before Consciousness)

독자에게

등을 기대고 앉아서 살 수 있는 날도 석 달밖에 남지 않았다는 선고를 받았던 40년 전에, 나는 인생의 답을 구하는 필사적인 의문을 떠올리지 않을 수가 없게 됐다. 나는 우리 모두가 이 삶에서 대체 무엇을 찾아 헤매고 있는 것인지에 대한 답을 얻어내고야 말기로 결심했다. 그리하여 드디어 그 답이 왔는데 그것은, 우리는 모두가 행복을 원한다는 것이었다.

나는 40년간 행복과 안정적인 수입과 애정관계를 추구하며 바쁘게 살았지만, 그저 아주 잠시 동안 행복을 가져볼 수 있었을 뿐이다. 어째서인지는 몰라도 행복은 아직도 나를 피해 가고 있었다.

어떻게 하면 원하는 것을 모두 가질 수 있고 늘 행복할 수 있는지를 정말 알고 싶었다.

대부분의 위대한 철학자들은 행복이야말로 우리의 타고난 본성이라고 했다. 그렇다면 본래 우리의 것인 행복을 잃어버리게 만드는 것은 대체 무엇이란 말인가? 그 답은, 우리의 기분이 그 행복을 가려서 우리 눈앞에서 감춰버린다는 것이다.

그러니까 영원히 우리의 것인 그 행복을 되찾는 열쇠는, 우리가 평생 쌓아온 부정적인 기분들을 풀어내는 방법을 발견하는 데 있다. 오랜 세월 쌓여온 이 부정적인 기분들을 풀어내면 삶이 더 행복해질 뿐만 아니라 그 밖의 모든 것이 더 나아진다. 돈, 건강, 인간관계, 외모 등등 생각할 수 있는 뭐든지 말이다!

이것은 아주 단순하다. 그리고 이것이야말로 우리가 찾아 헤매왔던 답이다.

사랑은 신뢰이다

나는 다른 모든 사람과 마찬가지로 돈과 여자에게서 행복을 찾으려고 몸부림치면서 삶의 정글 속을 헤쳐가던 평균적인 사내였다. 아무리 해도 보이지 않는 행복을 찾아보려고 나는 거의 골이 깨지도록 세상이라는 담벼락에 연거푸 머리를 박아댔다. 그러다가 위염과 편두통과 황달과 신장결석에다 마침내는 심장발작으로, 거의 죽음에 이르렀다.

그런 극단적인 상황이 나를 올바른 방향으로, 삶이란 게 대체 무엇인지에 대한 깨달음을 향해 몰아갔다.

이 깨달음이 나에게 만족을 주었고, 실로 흔들림 없는 평화를 가져다주었다. 사람들이 나에게 욕을 하든지 어떤 짓을 하든지 간에 배후의 이 평화는 변함이 없다.

그것은 늘 거기에 있다.

나는 사회의 반항아였고, 탈출구를 발견할 때까지 세상이라는 담벼락에 머리를 박고 있었다.

이제 내가 그 길을 찾았으니, 다른 사람들은 나처럼 그렇게 무턱대고 머리를 박지 않아도 된다. 원하는 사람에게는 누구든지 길을 가리켜줄 수 있다.

깨달음과 자유를 진정으로 원하는 사람은 누구든지 얻을 수 있다. 필요한 건 오로지 당신 자신뿐이다. — 그것을 얻고자 하는 불타는 열망 말이다. 당신이 책이다. 당신이야말로 살아 있는 책이다. 강렬히 열망하기만 하면 그것이 진정한 당신을 당신에게 보여줄 것이다.

이것이 일어날 일이다. 하지만 우리는 오늘날 너무나 눈이 어두워져 있어서, 길을 알고 그것을 끊임없이 가리켜줄 수 있는 스승을 필요로 한다.

한계 없는 힘과 앎과 지성이 당신의 내면에 들어 있다. 무의식 속에서 이미 알고 있고, 늘 알고 있었고, 또 늘 알고 있을 그것 앞에 그저 자신을 열기만 하면 된다.

나는 처음부터 어리둥절했다. 이 세상을 이해할 수가 없었다.

나는 세상에 반항했지만 그래도 세상을 올바로 대하고 싶었고, 올발라지고 싶었다. 대학을 졸업하고 나서 1952년까지, 나는 그저 내가 옳다고 생각하는 일을 하려고 늘 애썼다.

나는 물리학을 전공했고 세상에서 가장 위대한 물리학자가 되고 싶었다. 나는 1931년에 대학을 졸업했다. 당시에는 물리학 전공자가 일할 만한 일자리가 없었다. 그래서 나는 엔지니어로 방향을 바꿨다. 나는 항공, 토목, 기계, 전기, 선박, 건설 등의 분야에서 엔지니어로 일했다.

일자리를 얻으면 1년이 가지 않았다. 마음에 들지 않았기 때문이다. 그래서 나는 이런저런 기술자의 자리를 전전했다. 혼자서 사업을 시도해보기도 했다. 여기서도 단기간 동안 여러 가지 사업을 해봤다. 나는 거기서 성공을 거두고, 그런 다음엔 흥미를 잃고, 그다음엔 사업을 털어먹곤 했다.

1952년까지는 아무것도 이해하지 못한 채 그저 바꾸고 바꾸고 또 바꾸면서 살았다. 그러다가 내가 진정으로 찾고 있었던 것은 일자리나 사업에 있는 게 아님을 깨달았다. 성공의 가도를 달리고 있을 때조차 어떤 일자리도, 사업도 그것을 가져다주지는 못했다.

나는 내가 1952년에 발견했던 그것을 무의식중에 평생 동안 찾고 있었다.

나는 1909년 7월 19일, 뉴저지주의 엘리자베스에서 태어났다.

어릴 적의 기억은 물에 관한 것이다. 나는 늘 물을 좋아했다. 네 살 때부터 나는 두 개의 긴 블록과 두 개의 짧은 블록을 지나서 엘리자베스 항의 선착장 겸 휴양해변인 큰 부두로 놀러다녔다.

나는 선착장 끝의 둑에 올라가 있곤 했다. 그곳은 60센티미터 높이에 90센티미터 너비의 둑이었는데 나는 그 위에 엎드려서 머리만 둑 가장자리에다 걸친 채로 몇 시간 동안이나 흘러가는 물을 마냥 지켜보곤 했다. 어머니는 그런 나를 찾아다니셨다. 나를 발견했을 때 어머니는 선착장 둑 가장자리에 걸치다시피 엎드려 있는 어린 꼬마의 모습을 보고는 거의 주저앉으면서도 미소를 지으며 부드럽게 손을 잡고 말씀하셨다. "이리 온, 집에 가자." 그녀는 그저 물에 빠질 수 있으니까 그러지 말라고만 하셨지, 결코 나를 꾸짖는 법이 없었다.

하지만 나는 물에 빠지지 않았다. 나는 그런 것을 믿지 않았다. 물을 너무나 좋아한 나머지 나는 다시금 다시금 부두로 걸어가곤 했다.

어릴 적부터 나는 남들이 하는 말은 믿지 않았다. 어머니는 덜 익은 바나나를 먹으면 병이 난다고 하셨다. 그래서 나는 덜 익은 바나나를 먹어봤고, 아프지 않았다. 그래서 나는 그것을 증명하기 위해 어느 날 덜 익은 바나나를 열두 개나 먹고 나서 말했다. "엄마, 보세요! 난 괜찮아요!"

어머니는 그런 나를 보고는 즐거워하곤 하셨다. 뭐든 스스로 입증해 보여주면서 엄마를 가르치려 드는, 마치 다 자란 어른처럼 구는 작은 꼬마를 보고 말이다.

어머니는 비범할 정도로 사랑이 깊은 분이셨다. 평생 동안 어머니는 나를 한 번도 꾸짖으신 적이 없다. 단 한 번도.

어머니는 너무나 착한 분이셔서, 그녀를 위해서라면 어떤 부탁이든 들어드리지 않을 수가 없었다. 나만 그런 것이 아니라 나의 세 누이도 똑같이 그랬다. 당신이 우리를 돕기 위해서라면 몸을 돌보지 않으셨기 때문에, 어머니가 부탁하는 일이라면 차마 거절할 수가 없었다. 그녀는 우리에게 결코 "안 돼"라고 말하는 법이 없었다. 어떤 일에도 "안 돼"라는 말은 입에 담지도 않으셨다.

어머니가 돌아가셨을 때 장례식에 사람들이 구름떼처럼 밀려왔는데, 그것은 상상조차 못했던 일이다. 그녀는 만나는 모든 사람을 사랑하셨다. 얼마나 사람의 마음을 끄는 인품이신가! 나의 친구들도 모두가 그녀를 사랑했다.

우리 가족에게 그녀는 진정한 등불이었다.

그녀는 무엇이든지 다 내놓고 베푸는 성격이었다. 학교에서 돌아오면 나는 옷과 신발을 사방에 아무렇게나 벗어던졌다. 그러면 어머니는 나를 따라오면서 그것을 다 주워 거두시면서도 한마디의 나쁜 말도 하지 않으셨다.

아버지는 그와는 정반대셨다. "자, 이렇게 해. 그러지 않으면…!" 그러면 나는 그에게 대들고는 얼른 나를 보호해줄 어머니 뒤로 가서 몸을 숨겼다.

내가 10대가 되어서 여자 친구를 사귀게 되었을 때, 어머니는 그저 부드럽게 이렇게만 말씀하셨다. "조심해, 레스터. 그저 조심하기만 해."

그러면 나는 이렇게 말했다. "걱정 마세요, 엄마. 제가 무슨 짓을 하는지 정도는 알고 있어요." 나는 내가 남자라고 생각했다.

＊

학교에서 나는 말 없고 어쩔 줄 몰라 하는 작은 아이였다. 키가 작아서 늘 줄 끝에 서야 했다. 나의 가장 눈에 띄는 성격은 수줍음이었다.

수줍음을 타는 것은 끔찍한 일이다. 1학년 때 크리스마스 날 시를 낭송하게 되었을 때 어머니는 무척 기뻐하시면서 내가 그 시를 다 외울 수 있도록 열심히 도와주셨다. 나는 하기 싫었지만 오로지 어머니를 행복하게 해드리기 위해서 그것을 다 외웠다. 그러다가 정작 크리스마스 파티 날에는 아파버렸다. 정말로 아픈 척, 연기를 한 것이다.

고등학교와 대학교 때도 같은 짓을 했다. 나는 결코 아이들 앞에 나서지 않았다. 반 앞에 나서서 말을 해야 하는 발표가 있는 날에는 꼭 아픈 척하고 결석을 했다. 선생님이 나의 이름을 부를 때도 나는 얼굴을 발갛게 붉히면서 무력감만 느끼며 앉아 있어야 했다.

얼굴을 붉히고 있으면 아이들이 "저것 봐, 쟤 얼굴이 빨개졌어!" 하며 놀리곤 했다. 그러면 나는 더욱더 얼굴이 빨개지면서 그저 죽어버리고만 싶었다.

대학교를 졸업하고 나서까지도 내가 좋아했던 여자아이가 맞은편에서 걸어오는 것을 볼 때면 마주치는 것을 피하기 위해

한 블록을 돌아가곤 했다. 심지어 서로 길 건너편 쪽에서 마주치더라도 말이다. 나는 좋아하는 여자아이를 마주치면 그저 부끄러워 죽으려 하곤 했다.

하지만 결국 나는 그것을 서서히 이겨낼 수 있었다. 그리하여 마침내 그 아이 앞에 섰을 때는 부끄러움이 사라져 있었다.

아이답지 않게, 나는 지극히 내성적이고 혼자 놀기를 좋아했다. 이 삶이란 게 대체 무엇을 위한 것일까, 하는 의문에 빠진 채 말이다. 그건 도무지 이해가 되지 않았다. 나는 내 가족에게도, 사회에도 아무런 소속감을 느끼지 못했다. 인생 자체의 의미를 도무지 알 수가 없었다. 내게는 그게 아무런 의미도 없었다. 난 이 세상의 이방인 같았다. 그 기분은 결코 떨쳐지지가 않았다. 나만의 깨달음을 얻을 때까지, 나는 이곳에 소속되거나 어울린다는 느낌을 한 번도 느껴본 적이 없었다.

그건 어쩌면 이곳이 내가 있을 곳이 아니라는 그런 느낌이었을까?

그래도 나는 거기에 어울리고, 끼어들려고 애썼다. 그리고 옳은 일을 하려고 애썼다. 사람들이 나에게서 기대하는 모습의 사람이 되려고 애썼다. 다른 모든 사람과 비슷한 사람이 되려고 말이다.

아버지는 키가 크고 멋있게 생긴 데다 늘 깔끔한 차림을 하고 다니는 자기중심적인 사람이었다. 그는 지적인 사람은 아니었고 세속적인 목표에만 관심이 많았다. 반면에 어머니는 늘 문화적인 일에 관심을 쏟았다. 어릴 때 어머니는 나를 데리고 뉴욕

시의 박물관을 구경시켜주셨다. 아버지는 물론 집을 지키고 계시고.

그녀는 브로드웨이 쇼와 뮤지컬과 바넘 앤 베일리 서커스^{Barnum and Bailey Circuses}에도 날 데리고 가셨다. 그게 나에게 문화와 삶의 즐거움을 맛보여주는 어머니의 방식이었던 것 같다.

부모님은 내가 의사나 변호사가 되기를 바라셨다. 아버지는 내가 없는 자리에서는 늘 나에 대해 허풍을 떠셨다. 그러다가 내가 나타나면 그 태도는 반대로 돌변했다. 그건 우스운 광경이었다.

아버지는 매우 감정적이셨다. 그는 내가 20대가 되었을 때조차 사람들이 보는 앞에서 나를 포옹하고 입을 맞췄다. 나는 그것이 남자답지 못하게 여겨져서 매우 싫었다. 그 점에서 아버지는 매우 따뜻하고 감성적이셨다.

부모님은 딱히 종교적이지는 않았는데, 할아버지는 친가와 외가 양쪽 다 경건하고 성스러운 분들, 곧 랍비였다. 증조부들의 사진을 본 적이 있는데 그들도 매우 귀족적이고 준수한 외모의 랍비였다.

할아버지는 아들이 군대에 징집되는 것을 피해서 러시아를 떠나셨다. 그는 레븐슨이라는 이름으로 된 여권을 샀다. 나의 성은 그렇게 해서 생긴 것이다. 원래의 성은 프레혼니카^{Prehonnica}였다.

내게는 누이가 셋 있다. 플로렌스는 나보다 한 살 반 위이고 도리스는 다섯 살 아래, 나오미는 열 살 아래다.

아버지는 플로렌스를 좋아하셨다. 플로렌스는 나를 놀리면서 싸움을 걸곤 했는데 욕을 먹는 건 언제나 내 쪽이었다. 그래도 나는 속수무책이었다. 하지만 어린 누이들과는 항상 사이좋게 어울려 놀았다. 아버지가 돌아가시고 나서, 나는 정말 그들의 아버지 같은 존재가 되어서 가족을 돌봤다.

막냇동생은 나에게는 언제나 아기 같았다. 이젠 그녀도 할머니가 다 됐지만 나에겐 아직도 아기다. 팔십 노인이 육십 먹은 자식을 왜 아이 취급을 하는지를 나도 이젠 이해할 수 있게 됐다.

우리 남매는 늘 친밀했다. 누이들과 나는 데이트를 하고 집에 돌아오면 새벽 1시든 3시든 간에 부엌 냉장고 앞에 모여 앉아서 끝없이 이야기꽃을 피웠다.

그러니까 우리는 화목한 가족이었던 셈이다.

아버지는 사업가였다. 그는 식료품 사업을 했다. 대여섯 명의 직원을 거느리고 있었는데, 그 시절은 A&P 식료품 슈퍼마켓이나 체인점 같은 것이 생기기 전이었다.

우리 집은 부자는 아니었지만 언제나 주변의 이웃들보다는 조금 더 잘 살았다. 하지만 사실은 내가 성인이 되었을 때 아버지는 대개 빚을 안고 사셨다. 그리고 마침내는 A&P 슈퍼마켓이 그를 식료품 사업에서 도태되게 했다.

그러다가 20년대에 아버지는 부동산과 피라미드 사업에 손을 대서 여러 곳에 많은 땅을 소유했다. 1929년에는 사업이 아주 잘 돼서 자동차를 구입했다. 그것은 당시로는 엄청난 일이었다.

그러다가 1930년에 그는 간이식당을 개업했다. 사실 그건 문구점이었지만 내가 샌드위치와 커피도 팔았는데, 그게 더 성공을 거둔 것이다.

간이식당은 어머니가 폐렴으로 갑자기 돌아가시기 전까지 집안의 중심 사업이었다. 아버지는 어머니의 사망 충격을 극복하지 못하고 1년 반이 지나도록 어머니의 죽음을 한탄하다가 병을 얻어 점점 수척해지셨다.

아버지가 돌아가셨을 때, 삼촌은 내가 망자를 위해 올리는 매우 신성한 기도문을 읊어주면 좋겠다고 하셨다. 나는 그의 눈을 똑바로 바라보면서 말했다. "그러면 아버지가 돌아오실까요? 만약 그런다면 읊겠어요."

그는 머쓱해하며 돌아섰다.

나는 기도문을 읊지 않았다. 그 기도에 그가 돌아오리라고 생각하지 않았으니까.

아버지가 돌아가시자 내가 집안의 아버지 같은 존재가 돼버렸다. 막내 누이 나오미는 고등학생이었다. 도리스는 이미 졸업했고, 플로렌스는 교사 일을 시작하면서 독립생활을 했다.

그래서 나는 가장의 임무를 떠맡아 간이식당을 운영했다. 간이식당은 아버지의 병 때문에 내가 그것을 맡았을 때 이미 만 달러의 빚을 지고 있었다.

간이식당이 잘 되지 않아서 나는 에어컨 기사였던 나의 일에 주력했다. 가계를 꾸려가기 위해서 나는 정말이지 밤낮으로 일했다.

아버지는 큰 빚을 남겨놓고 가셨다. 가문의 명예를 지키기 위해서라도 나는 그 빚을 모두 갚기로 마음먹었다. 그래서 나는 가게에 몇 가지 작은 변화를 기했는데, 그게 돈을 벌어들이기 시작했다. 1년이 안 돼서 나는 그 빚을 다 갚았다.

어머니가 돌아가신 후에 나는 그녀가 너무 그리워서 1년 동안 하룻밤도 잠을 제대로 이루지 못했다. 당시에는 죽음을 슬퍼하는 것은 옳은 일이라고 생각했다. 이제 나는 그것이 이기적인 짓 이상의 아무것도 아님을 알지만 말이다. 나는 그녀가 내 곁에 머물면서 평소에 늘 쏟아주시던 그 사랑으로 날 위안해주기를 바랐다. 어머니가 나에게 늘 쏟아주시던 그 사랑이 너무나 그리웠다.

당시에 나는 사후의 삶 따위는 존재하지 않는다고 생각했었다. 감각을 통해 만지고 느낄 수 있고 눈앞에서 증명할 수 있는 것 외에는 아무것도 실재하지 않았다. 나의 사랑하는 어머니는 흙이 되어버린 것이다.

사랑이란, 그가 그이기 때문에 사랑하는 것이다

어릴 적 엘리자베스 시의 거리는 거의가 포장이 안 된 흙길이었고 중심가의 도로만이 자갈로 포장되어 있었다. 말과 마차가 교통수단이었고, 전기는 아직 들어오지 않았다. 우리는 가스등을 사용했지만 이웃집들은 모두 석유등을 사용했다.

아버지는 일요일이면 사륜마차에 말을 매어 우리를 태우고 놀러다니셨다. 당시에 사람들은 하루에 열두 시간, 일주일에 엿

새를 일했다. 그래도 지금보다는 사람들이 더 다정다감했다. 일요일만 되면 우리는 소풍을 가거나 친지의 집을 방문했다.

오락거리가 거의 없었기 때문에 사람들은 함께 모여서 어울려 놀았다. 그편이 오늘날보다 더 좋은 생활방식이었던 것 같다.

라디오나 TV, 영화는 없었다. 영화를 처음으로 본 기억은 1918년쯤이었다. 펄 화이트, 톰 믹스 등의 연속물을 보는 관람료는 5센트였다.

나는 라디오가 생긴 지 얼마 되지도 않았던 1920년쯤에 이미 라디오를 만들었다. 당시 나는 고등학생이었다. 오트밀 통에다 전선을 감아 거기에 튜너를 달고, 검파용 광석과 이어폰을 연결하자 놀랍게도 소리가 났다. 처음으로 들었던 노래의 가사는 "내일이면, 내일이면 난 정말 행복할 거야"였다. 그건 전율을 느끼게 하는 경험이어서 결코 머릿속에서 잊히지 않는다.

나는, 언제나 과학과 기술 쪽에 끌리는 취미가 있었다. 늘 나의 전자장치 실험실이 있는 다락방에 처박혀서 이런저런 장치를 실험해보곤 했다.

어릴 때부터 나는 집안의 모든 물건을 분해해보곤 했다. 시계를 분해해서는 몇 가지 부품을 빼놓고 재조립해도 대부분 다시 돌아가게 만들었다.

장난감 피아노를 분해해본 것은 아마 아홉 살이나 열 살 때의 일이었을 거다. 그러고는 아버지께서 집에 돌아오시기 직전에 가까스로 재조립해놓을 수 있었다.

한번은 빅터 축음기(victrola)에서 스프링을 빼보았는데, 맙소사, 그걸 다시 끼우는 게 얼마나 힘들었던지! 그건 몇 날이 걸렸는데 다행히 그동안에 아무도 축음기를 사용하지 않아서 무사히 넘어갈 수 있었다. 낑낑대면서 엄청난 힘을 가한 후에야 마침내 그 무거운 강철 스프링을 제자리에 돌려놓을 수 있었고, 빅터 축음기는 다시 작동을 시작했다.

부모님도 나의 취미를 아셨다. 그래서 나는 늘 경고를 들어야 했다. — 만지지 마!

맨 첫 번째 시계는 재조립했는데 돌아가지 않았기 때문이다.

다른 일에 꽂혔던 기억도 있다.

아홉 살 때였는데 가게에서 파는 것은 뭐든지 가질 수 있다는 말을 어디선가 들었고, 그것이 나로 하여금 담배를 집게 만들었다.

나를 부추긴 것은 같이 몰려다니던 친구들이었다. 나는 럭키Luckies 담배를 택하곤 했는데 이 담배는 아직도 팔리고 있다. 나중에 우리는 카멜Camels로 주종을 바꿨다.

우리는 밤에 아버지의 말을 먹이는 건초간에 모여서 거물급 인물 흉내를 내면서 담배연기를 뿜어댔다. 어느 일요일에는 시가도 피워보았다. 시가를 피운 후에 우리는 건초간 아래에 있는 그네를 타러 갔다. 그때 몰려온 끔찍한 어지러움과 메스꺼움이 다시는 시가를 피울 생각이 나지 않게 만들었다. 속이 너무나 불편해서 감추려고 애썼지만 어머니에게는 들킬 수밖에 없었다. 나는 시가를 피운 것이 들킬까봐 어머니가 의사를 부르지 못하도록 사력을 다해서 말려야 했다.

한번은 도리스에게도 담배를 줬다. 도리스는 네 살밖에 되지 않았다. 도리스가 자기도 담배를 달라고 하길래 나는 "물론이지" 하면서 줬다.

부엌에서 그러고 있었는데 아뿔싸, 아버지가 근처에 오고 계시다는 것을 몰랐다.

도리스는 한 모금을 힘껏 빨아서 넘기더니 기침을 끝없이 해댔다. 도리스가 기침을 하는 순간 아버지께서 들어오셨다! 야단이 났다!

나는 튀었다. 집을 뛰쳐나온 것은 재앙이 다가오고 있음을 직감했기 때문이다.

그 시절엔 여염집 여자들은 담배를 피우지 않았다. 그건 정말 사악한 짓으로 간주되었다. 게다가 네 살짜리 여자아이에게 담배를 주다니, 그건 말도 안 되는 짓이었다.

초등학교 시절에 부모님은 먹고살기에 바빠서 우리는 늘 우리끼리 지냈다. 학교에서 돌아와서 내가 제일 먼저 하는 일은 길에 나가서 친구들을 만나는 것이었다. 우리는 빗자루를 배트로 삼고 빗자루 토막을 공 삼아 야구를 했다. 우리는 또 양철 깡통을 가지고 '바위 위의 오리' 게임(공을 가지고 하는 일종의 술래잡기)과, 그밖에 우리가 발명해낸 게임들을 하며 놀았다. 그 시절의 아이들 사이에는 정말 깊은 우정이 있었다.

요즘과는 달리 우리는 부모들의 지나친 관심 때문에 숨 막히지 않고 살 수 있는 행운을 누렸다. 자신을 스스로 돌보는 법을 더 잘 터득할 수 있었다는 점에서는 우리가 오늘날의 아이들보다 나왔다.

자전거를 내 힘으로 샀던 기억이 난다. 열 살 때, 나는 여섯 달 동안 밤마다 자전거를 갖게 해달라고 하나님께 기도했다. 하지만 자전거는 나타나지 않았다. 나는 자전거가 너무나 갖고 싶었다. 그래서 깊은 고민에 빠졌다. 그러다가 신문배달을 해서 돈을 벌면 내가 살 수도 있다는 사실을 깨달았다. 그래서 정말로 신문을 배달했다. 일주일에 50센트씩 저축해서는 돈이 빨리 모이지 않았지만 그래도 마침내는 나의 첫 번째 자전거를 살 수 있게 됐다. ― 5달러짜리 망가진 중고 자전거였다.

＊

못 말리는 평화주의자였던 어머니는 나에게 싸우는 것보다는 싸움을 피해 달아나는 편이 언제나 낫다는 것을 일찌감치 가르치셨다. 나에게 그걸 가르친다는 건 터무니없는 일이었다. 그 시절의 아이들은 사나웠고, 나는 유태인인데다 덩치도 작아서 아이들에게 집단적으로 괴롭힘을 당했기 때문이다.

어느 날 나는 땅에 넘어진 채 다섯 아이의 주먹질 세례를 받고 있었다. 더 이상 참을 수가 없게 되자 나는 마침내 성질을 폭발시키고 말았다. 내가 맹렬히 반격을 가하기 시작하자 그들은 도망쳤는데, 나는 그들 다섯 명을 모두 뒤쫓았다!

그러다 문득 멈춰 서서 상황을 돌이켜보고는 이렇게 내뱉었다. "맙소사! 늘 저 애들이 무서워 죽을 지경이었는데 이젠 다섯 명이나 되는 놈들이 다 도망치고 있다니!" 나는 맹세했다. — 다시는 두려워하는 모습을 보이지 않으리라고. 나는 아홉 살, 3학년이었다. 그때의 그 교훈은 한시도 나를 떠나지 않았다.

학창시절에 우리는 꽤나 돌아다녔다. 새 학교에 입학하면 나는 곧 아이들이 유태인인 나를 괴롭히러 오리라는 것을 경험으로 알고 있었다. 그래서 나는 나를 괴롭히려는 놈이 있으면 곧장 대들어서 견줘볼 여지도 없다고 느낄 정도까지 겁을 먹여놓곤 했다. 나도 겁이 나긴 했지만 그것을 교묘히 감추는 법을 터득한 것이다. 하지만 시간이 지나자 그 두려움은 실제로 줄어들었다. 두려움이 없는 척한 것이 두려움 없는 태도를 터득하게 해준 것이다.

1952년에, 나는 깨달음을 통해 그 모든 두려움을 상실해버렸다. 얼마나 멋진 일인가!

어릴 적에 영적인 경험 같은 것을 해본 적은 없는 것 같다. 다만 나는 말이 안 되는 모든 것에 대해서는 무척 반항적이었다.

사실 나는 매우 반종교적이었다. 심지어는 부모님에게도 대들었는데, 특히 아버지의 유태식 식사규칙을 놓고 말이다. 나는 그것이 말이 안 된다고 생각하고 집안의 식사규칙을 무시해버렸다.

우리 집에는 가정부가 있었는데, 나는 그녀에게 유태인 푸줏간이 아닌 일반 푸줏간에서 소고기를 사오게 했다. 유태인 푸줏간의 소고기는 너무 신선한 것이어서 가죽처럼 질겼다. 일반 푸줏간의 고기는 숙성돼 있어서 부드러웠다.

아버지는 그것을 먹어보고 맛이 아주 좋다고 하셨다. 내가 물었다. "맛이 좋죠?"

그가 대답했다. "아주 훌륭해."

"그건 일반 푸줏간의 고기예요." 내가 말하자 그가 나를 흘끗 쌔려보았다. 나는 그가 날 찢어 죽이려 들리라고 생각했지만 그는 아무 말도 하지 않았다. 하지만 그는 속으로 분노하고 있었다. 그래도 스테이크 먹기를 멈추지는 않았다!

그런 짓은 하지 말았어야 했다. 그런 일들이 가끔 내 안의 반항아를 드러내주었다.

우리가 유태인 푸줏간을 이용한 유일한 이유는 할아버지가 근처에 살고 계셨기 때문이다. 할아버지와 증조부는 정통 신앙을 가진 경건한 분이셨다.

나는 열두 살 때까지 아동을 위한 기본적인 종교교육을 받았다.

대학생이 되어서 그 시절의 종교교육에 대해 깊이 생각해보게 되자 이런 생각이 들었다. "이런 젠장, 그들이 날 아주 바보같이 속여먹었군!" 나는 반란을 일으켜 그와는 완전히 반대로 갔다. 나는 종교에 대한 깊은 반감으로 신을 늘 조롱했다.

한번은 정통 신앙인인 할아버지에게 이렇게 대들었다. "할아버지는 할아버지의 신을 증명해 보일 수가 없잖아요. 그런데 무엇으로 신을 믿나요?" 그러자 그는 이렇게 대답했다. "나는 평생 그분을 믿어왔는데 이제 죽을 때가 다 돼서 그분을 믿지 않기로 변심해야 되겠니?" 이 말씀은 그의 넓은 마음과 나를 향한 사랑을 깨닫게 해주었다.

사랑은 사람들을 있는 그대로 받아들이는 것이다

고등학교 시절에 진지한 대화를 나누었던 사람들 중 하나는 나보다 여러 살 손위 친구인 시몬이었다. 그는 이웃 도시인 뉴어크Newark에 있는 루트거Rutgers 대학교에서 가르치고 있었는데 나는 그를 나의 멘토로서 정말 존경했다.

나는 또래의 친구들과는 철학적인 이야기를 하지 않았다. 내가 읽는 책이나 탐구 분야는 나이에 비해 수준이 한층 높았다. 중학교 때 나는 아버지가 공부를 중단하고 나서도 보관하고 있었던 의학서들을 읽으며 공부했다. 그리고 고등학교 때는 심리학과 경제학과 철학에 관한 책을 읽었다. 그러니 대학생이 되었을 때는 이미 이런 분야에 아주 깊이 들어가 있었다.

시몬은 나를 칸트, 헤겔, 쇼펜하우어 등, 모든 철학 사상의 핵심으로 정말 잘 이끌어주었다. 다른 철학자들은 기억이 나지 않지만 나는 그들의 책을 다 읽고 매우 진지하게 파고들어 다 이해했다. 우리는 프로이트에게도 매우 관심이 많았다. 그래서 우리는 인생의 답을 찾아서 철학과 심리학과 경제학을 아주 깊이 — 대학에서 배우는 것보다 더 깊이 — 공부했다.

그는 답을 찾지 못했다. 그는 그 답이 경제학에 있다고 생각했지만 결국은 그렇지 않다는 것을 깨달았다. 하지만 어디에 답이 있는지는 깨닫지 못했다.

그래도 그는 고등학교, 대학교, 그리고 졸업 후에 이르기까지 아주 여러 해 동안 나에게, 이를테면 등불과 같은 존재가 되어주었다.

나를 캠핑의 세계로 안내해준 것도 그였다. 우리는 여름만 되면 캐츠킬Catskill 산에서, 그리고 가끔은 뉴욕주의 애디론댁Adirondack 산에서 캠핑을 하며 지냈다.

다양한 사람들이 모인 캠퍼들의 공동체 생활은 멋졌다. 전직 장관이자 목사인 코어 씨도 있었고 뉴욕 시의 열렬한 반정부 운동가인 택시운전사 잭도 있었고, 매우 철학적인 사람이자 대학교수인 우리의 시몬도 있었다. 그리고 그 밖에도 많은 사람들이 있었다.

각자가 자신의 막사를 설치해놓고, 저녁이면 모닥불 주위에 모여 앉았다. 우리는 좋아하는 주식인 소위 '싸구려 잡탕'을 끓였다. 2.5갤런짜리 드럼통을 갖다놓고 거기에다 콩, 고기, 소시지, 양념, 양파와 채소와 핫도그 등, 뭐든지 다 던져 넣는 것이다. 그러고는 그것을 오래오래 푹 고았다. 그것은 정말 맛있었다.

그리고 사람들이 모두 잠자러 간 후에 종종, 시몬과 나는 밤 깊도록 대화를 나누었다. 우리는 모든 종류의 철학과 인생의 '왜'에 관해 이야기했다. 우리는 주로 이상주의와 물질주의의 두 철학 사상을 두고 의견을 나눴다. 우리는 불가지론이나 아무 데도 이르지 못하는 이론은 배척했다. 당시에 나는 철학이야말로 이해를 위한 가장 훌륭한 수단이라고 생각했다. 이제 나는 철학이란 언어의 쳇바퀴 돌기 이상의 아무것도 아님을 안다. 철학을 통해서는 삶에 대한 이해에 이르지 못하니까 말이다.

그때는 물질주의가 내게 와 닿았다. 이상주의는 어리석어 보였다. 나는 결코 무너지지 않을 것 같은 아주 견고하고 구체적이고 멋진 물질주의 사상을 구축했다. 내가 말하는 것은 모두 증명해 보일 수 있었다. 그건 마치 중력의 법칙과도 같았다. 나는 연필을 들었다가 떨어뜨려 보이곤 했다. 그건 언제나 작동하는 법칙이다. 나는 이렇게 말했다. "이건 중력의 법칙입니다. 자, 이제 당신의 신을 나에게 증명해 보여주세요. 보여줄 수 없죠? 그럼 신은 없는 겁니다. 난센스예요."

고등학교 시절에 나는 지적인 부류가 되어서 책을 좋아하고, 인생의 '즐길 만한' 것들을 좋아했다. 음악, 특히 재즈에 흥미가 끌렸다. 나는 피아노를 독학으로 배워 재즈를 제대로 연주할 수 있게 됐다. 악보는 필요 없었다. 나는 곡을 들으면 그대로 연주할 수 있었다.

운동은 다 잘했다. 고등학교, 대학교에 다닐 때도 핸드볼과 테니스는 우승자들하고만 놀았다. 그리고 시합에서만 빼고는 그들을 물리칠 수 있었다. 시합에서는 영 실력 발휘를 못했다. 그래서 경기 팀에는 낄 수가 없었다.

1925년에 고등학교를 졸업했다. 나는 우등생이었지만 이상하게도 시험을 볼 때는 영락없이 낙방할 것만 같은 묘한 기분이 들곤 했다. 그래도 나는 수석으로 졸업했다. 이것이 12년이나 계속되었다니! 시험을 보기 전에는 번번이 얼마나 초조하고 땀이

났던지! 나는 이토록이나 스스로를 과소평가하고 있었다. 이야말로 열등감 콤플렉스 아닌가?

공부를 하지도 않았는데도 수학과 과학 점수는 언제나 90점 대였다. 영어와 역사 과목은 겨우겨우 80점대에 머물 수 있었다. 그쪽은 영 흥미가 당기지 않았다.

자신이 흥미 있는 과목에서는 누구나 똑똑하다. 흥미가 없는 과목에서는 누구나 멍청하다.

고등학생 시절에, 스스로 볼품없다고 여기게 만들었던 열등 감 콤플렉스에도 불구하고 여자애들은 나를 보면 "쟤 참 귀여워"라고 말하곤 했다.

삶은 이쪽으로 가고 있는데 기분은 늘 그와는 반대쪽으로 가는 걸 보면 참 희한하다. 여자애들은 나를 잘생겼다고 했다. 나는 아니라고 생각하는데 말이다. 그건 습관적인 자기 폄하였다.

나는 성욕이 무척 강해서 나의 삶은 온통 섹스의 주변을 맴돌았다. 여자에 대한 욕망이 — 별로 힘들이지 않고도 — 수줍음을 스스로 깨게 해주었다. 나는 항상 어떻게 하면 여자를 꼬실 수 있을지를 궁리했다. 원하는 여자를 얻는 법을 터득한 것은 관찰을 통해서였다.

그리고 그건 아주 멋지게 통했다.

나는 상대편 남자애들이 어떤 행동을 하는지를 지켜보곤 했다. 여자애가 그들의 무엇을 좋아하고 싫어하는지를 말이다. 상대편 남자애들은 칭찬을 너무나 건성으로 던져서 여자애가 그게 진짜가 아닌 아첨이라는 걸 금방 알아차리게 했다. 여자애들은 칭찬을 좋아했다. 그리고 모든 여자는 장점을 지니고 있다. 그래서 나는 그들을 칭찬해줬다. ― 단지 사실인 부분에 대해서만.

그리고 남자애들은 자신에 대해서 많은 말을 하고 싶어했는데, 여자애들은 그걸 좋아하지 않았다. 그들은 자신에 대해 상대방이 이야기하는 것을 듣고 싶어했다. 그래서 나는 나 자신에 대해서는 이야기하지 않고 그들에 대해 이야기했다.

이것이 언제나 여자애들을 꼬실 수 있게 해줬다. 언제나.

수줍음이라는 엄청난 장애에도 불구하고 여자애들과의 게임에서 이기는 방법을 알아낸 것이다. 일단 말을 트고 나면 수줍음은 더 이상 장애물이 아니었다. 그건 귀한 자산이었다. 소녀들은 그것을 너무 좋아했다!

나는 여자를 우러러보고 숭배하고 우상처럼 받들었다. 그래서 창녀나 길에서 만난 여자들과는 아무것도 할 수 없었다. 나는 대학교 기숙사 동기들이 여자친구의 몸은 건드리지 않고 길에서 만난 낯선 ― 여자친구와는 비교도 되지 않는 ― 여자들과는 잠자리를 같이 한다는 말을 듣고 도무지 이해할 수가 없었다.

그 친구들이 왜 그랬는지 당신은 아는가? 그것이 섹스에 대한 그들의 관념이었던 것이다.

나에게 섹스는 사랑하는 여자를 위한 것이었다. 그건 너무나 자연스러운 일이었다!

섹스는 내 안에 있는 가장 좋은 감정을 끌어내주었다. 나는 여자에 대한 깊은 존경심을 품고 있었다. 그들의 명예를 위해 나의 애정사는 누구에게도 이야기하지 않았다. 그 시절에는 혼

전에 여자가 섹스를 한다는 것은 용서받을 수 없는 죄악이었다.

기본적으로, 섹스는 내게서 더 섬세한 사랑의 느낌을 끌어내주었고 나를 '진정으로 주는' 사람으로 만들어주었다.

그 시절에는 사람들이 나에게 신을 믿느냐고 물으면 나는 그렇다고 대답했다. 그리고 신에 대한 나의 관념이 무엇이냐고 물으면 "섹스요!"라고 대답하곤 했다. 나는 놀라는 그들에게 섹스야말로 인간의 가장 고상하고 섬세한 느낌을 끌어내주는데, 다른 어떤 것도 섹스만큼 그런 느낌을 잘 끌어내줄 수는 없다고 설명해주곤 했다.

훗날 나는 섹스는 우리의 희열을 딱 그 수준에 머물러 있게 해서, 그 이상으로 희열을 더 키워가지는 못하게 만든다는 것을 깨달았다. 이제 나는 섹스가 줄 수 있는 최대치보다도 더 큰 희열을 언제나 누릴 수 있는 경지에 이르렀다. 내가 경험할 수 있는 희열에는 한계가 없다.

중학교 시절부터 나는 늘 미친 듯이 사랑에 빠져 있었다. 학년이 바뀔 때마다 나는 한 사람의 예쁜 여학생과 사랑에 빠졌다. 1학년이었던 마르셀라 히긴스라는 이름의 첫 번째 여학생이 생각난다. 2학년 때는 마르셀라 칸, 그리고 3학년 때는 에델 솔로몬이었다. 나는 그들에게 너무나 깊이 빠져 있었는데도 그들은 그것을 알아차리지 못했다.

에델 솔로몬은 통로를 사이에 두고 내 바로 건너편에 앉아 있었다. 그 아이가 나를 바라볼 때마다 나는 얼굴이 빨개졌다. 그 아이가 나에게 말을 걸 때는 마치 죽을 것만 같았다. 가히 수줍음의 극치였다.

내가 얼마나 괴로운 삶을 살아왔는지 알겠는가?

청년 시절에는 파티를 많이 벌였다. 사내들은 늘 미숙하게도 여자에게 노골적으로 달려들어서 여자애들이 나에게로 도망쳐 와서 보호를 부탁하게 만들었다. 나는 친절했으니까!

나는 수줍음 때문에 그들에게 어떤 것도 강요하지 않았다. — 오히려 그와는 반대편이었다. 나는 진정으로 그들을 보호해주고 싶었다. 그들의 영웅이 되는 쾌감을 누리는 것과는 별도로 말이다.

그렇게 보호해주다가, 우리는 서로 엮이곤 했다. 그건 자연스러운 일이었다.

나는 평생 많은 여자들과 섹스를 즐겼다. 하지만 결코 문란하지 않게, 한 번에 한 사람하고만 말이다. 한 번에 한 사람 이상은 전혀 관심이 없었다. 나는 나와 잠자리를 함께한 여자와의 사랑을 원했다.

*

고등학교 때 사랑했던 안네트와는 대학시절 중반까지 관계를 이어갔다.

우리는 사랑에 빠진 여느 연인들처럼 건전하고 자연스러운, 양호한 성관계를 가졌다. 10대 때의 섹스는 매우 뜨겁다.

나는 뉴저지주 뉴 브런스윅New Brunswick의 루트거 대학교로 진학했고, 그녀는 펜실베이니아 대학교에 진학했다. 거리 때문에 우리는 더 이상 만날 수가 없게 됐다. 그녀는 다른 친구를 사귀기 시작했다고 전화로 말했다.

극도의 질투심이 내 속을 갈가리 찢어놓았다. 나는 그것을 감당할 수가 없었다. 그래, 3학년 때 나는 거의 낙제할 뻔했다. 전공과목은 재시험을 봐야만 했다. 다행히 그것은 한 학기뿐이어서, 나는 여전히 우등생으로 남아 있을 수 있었다.

＊

내가 대학교에 입학하던 시절에는 기숙사가 크지 않아서 나는 캠퍼스에서 멀리 떨어진 곳에서 살았다. 기숙사의 배타적인 분위기가 학우애라는 기치와는 반대여서 처음에는 그들을 기피했다. 하지만 캠퍼스에서 먼 곳에서 살아보니 너무 불편해서 결국은 캠퍼스 안에 있는 '학우들의 집'으로 입사했다.

기숙사는 아주 균형 잡힌 대학생활을 선사해주었다. 모범생인 나는 모든 사교활동에 참여했고, 모든 체육행사에도 참여하고 특히 핸드볼, 테니스 수영 등은 매우 열심히 했으며, 풋볼 팀까지도 쫓아다녔다.

대학생활은 정말 즐거웠다. 그것은 나같이 수줍음이 많은 사람도 편안하게 세상 속으로 진입할 수 있도록 자유의 대로를 열어주었다.

대학교에 입학하면 갑자기 어른이 된 기분이 든다. 늘 애 취급만 받던 집을 출가하여 자신의 집, 학사로 이사해 오는 것이다.

나는 당당한 남자였고, 우리는 이 중대한 시대의 세상일을 논하고 있는 성인들이었다. 아무렴, 우리는 똑똑했다! 우리는 교수들보다 더 아는 척을 했다!

우리는 세상과 여자들에 대해 이야기하면서 종종 해가 뜰 때까지 카드놀이를 했다. 그러다가는 8시 수업 전까지 한두 시간씩 눈을 붙이곤 했다.

나는 그 시절 대학교의 신비로운 매력을 기억하고 있다. "만세 만만세, 루트거. 유구한 역사의 사랑하는 루트거를 위해서라면 죽어도 좋겠네!" 그건 순전히 할리우드식의 순진해빠진 동화였다!

당시에는 대개 부잣집 아들들만이 대학교에 진학했다. 나는 내가 그 축에 속한다고 생각한 적이 없다. 아버지가 대학에 보내주시기는 했지만, 그 길을 끝까지 뚫고 가는 것은 내 몫이었다.

3학년 때, "사랑하는 레스터야, 더 이상은 학비를 보내줄 수가 없구나. 사랑으로, 아버지가"라는 편지를 받았을 때부터 나는 직업전선에 나서야 했다. 대공황이 아버지를 파산으로 몰아간 것이다.

대학생활은 곧 나의 세계였으므로 나는 나의 세계가 종말을 맞았다고 생각했다. 자살까지도 생각했는데, 그것은 1952년에 그 일이 일어기 전까지 가끔 다시 올라오곤 하던 생각이었다.

일을 해서 학교를 졸업할 수 있겠다는 결론이 나기까지는 사흘이 걸렸다! 나는 즉시 살고 있던 기숙사에서 접시 닦는 일과 석탄 난로에 불 때는 일을 시작했다. 그것으로 생활비가 부분적으로는 충당이 되었다. 몇 달 후에 나는 물리학과의 실험실 조수로 정식 일자리를 얻어낼 수 있었다.

나는 늘 가난을 느꼈다. 다른 친구들에 비하면 나는 가난했다. 내 룸메이트의 아버지는 백만장자였다. ― 그것도 30년대에 말이다! 하지만 그들이 부자라는 사실 때문에 내가 괴로웠던 건 아니다. 괴로운 것은 내가 궁핍을 느낀다는 사실이었다.

학사 내에서 우리는 서로를 차별하지 않았다. 우리는 학우였으므로 당연히 서로를 위해서 일했다. 우리는 부모님의 억압에서 해방된, 행복한 하나의 가족이 된 기분을 느꼈다.

날마다 의무적으로 참석해야 하는 예배 시간에는 반항했다.

우리는 날마다 예배에 참석해야 했다. 어떤 친구들은 카드를 가져가서 불쌍한 교목이 설교를 하는 동안 카드놀이를 했다. 너무나 소란해서 교목의 목소리는 들리지도 않았다. 그에게 좀 미안했다. 하지만 마침내 우리가 이겼다. 예배 시간이 일요일 하루만, 그것도 원하는 사람만 참석하도록 바뀐 것이다.

그들은 멀리 가지도 못하는 틀에 박힌 종교의 가르침을 우리에게 주입하고 있었다. 젊고 생각할 줄 아는 대학생들의 눈에는 그들이 주입하려고 애쓰는 그것이 얼마나 우스운 것인지가 빤히 보였다.

우리 시절의 반항심은 옷차림에서도 나타났다. 우리는 너구리 모피코트를 입고 중산모를 썼다! 이 무슨 기괴한 조합이란 말인가. 하지만 그런 일은 언제나 이어지는 법이고, 오늘날까지도 이어지고 있다.

젊은이들은 언제나 딴지를 건다. 청년들은 자신이 진정 무엇에 반항하고 있는지도 모르면서 반항한다. 간단히 말해서 그건 자유가 아니다.

학사장교 제도는 의무였고, 나는 군사교육에 항거했다. 나는 군대를 반대했고, 나는 최악의 중대 안에서도 최악의 병사였다.

우리에게는 제1차세계대전 때의 낡은 군복이 지급됐다. 그 무거운 모직 옷감은 피부를 가렵게 만들었다. 나의 상의는 너무 짧고 하의는 너무 길었다. 상의 단추를 잠그면 숨을 못 쉴 지경이었다. 펑퍼짐한 바지는 마치 여자 속옷 같고 모자는 보이스카우트 같았다. 나는 영락없는 할리우드 만화 주인공이었다.

나는 이 우스꽝스러운 복장이 맘에 들었다. 군대에 대한 나의 태도와 딱 어울렸다.

훈련은 나의 심사를 표출할 수 있는 무대였다. 나는 일부러 고문관 짓을 했다. 그들이 "우향 앞으로 갓!" 하면 나는 왼쪽으로 꺾어갔다.

한번은 훈련 중에 웨스트포인트를 갓 나온 우리의 교관이 휴식시간을 줬다. 그는 우리에게 소총을 서로 기대어 세운 후 그 근처에는 가지 말도록 주의를 주고 있었다. "사총 무더기에서 물러나라. 열에서 빠져나올 때는 그 안을 돌아다니지 말고 사총해놓은 곳에서 나와서 움직여라. 명심한다. 소총을 건드리지 마라."

그가 하는 말을 듣자마자 나는 본능적으로 팔을 뻗쳐 서로 기대놓은 소총을 일부러 건드렸다. '그가 못 보겠지' 하면서. 그러나 그는 고개를 돌리는 순간 나를 보았다. 나는 재빨리 팔을 뺐다. 그러나 운 나쁘게도 그 사총 무더기는 잘못 기대놓은 무더기여서 금방 무너져버렸고, 도미노처럼 다음 무더기, 또 그다음 무더기가 연쇄적으로 무너져버렸다.

교관은 나의 소행에 화가 불같이 끓어올랐다! 그는 분노에 차서 숨을 헐떡이며 기침을 해댔다. 말은 한마디도 하지 못했다.

나는 그 일로 엄청난 벌점을 받았다.

2년차 과정이 끝난 후에 웨스트포인트를 나온 두 담당교관이 나를 사정회의에 출두시켰다. 그들은 나를 낙제시키겠노라고 말했다. 필기시험 점수는 90점대지만 훈련에서 벌점이 너무 많아서 2년차 교육을 다시 받아야 한다는 것이었다.

나는 잠시 생각해본 후, 가운뎃손가락으로 엿을 먹이면서 말했다. "좋아요, 날 낙제시키면 당신들도 나를 1년 더 봐야 할 겁니다!"

그들은 망연한 눈빛으로 서로를 바라보더니 말했다. "통과!"

난 똘똘한 놈이었다. 나는 평화 시에는 군대도 내게 아무런 짓을 못하리라는 점을 이용했다. 영창이 없었던 것이다!

사랑과 이해는 같은 것이다

나는 스물두 살 되던 해인 1931년에 루트거 대학교를 졸업했다.

세상에서 가장 위대한 물리학자가 되고 싶었지만 일자리를 구할 수가 없었다. 그 시절에는 일자리를 가졌던 극소수의 물리학자들마저도 일손을 놓아야 했다. 그럼에도 나는 마치 세계를 정복할 것 같은 기분에 도취해 있었다. 나는 일자리 찾기를 결코 그만두지 않았다. 날이면 날마다 거절당하면서도 나는 결코 중단하지 않았다.

물리학자로서는 일자리를 구할 수가 없었으므로 나는 기술자가 되기로 했다. 물리학은 공학의 기반이었고, 나는 부전공으로 전기와 기계공학을 공부했었다. 게다가 교사 자격에 필요한 교육과정도 수료했다. 몇 가지 자격을 갖추어서 대학교를 졸업한 셈이다.

나의 첫 번째 일자리는 항공 기술직이었는데 그들이 사업을 그만둬버리는 바람에 석 달밖에 다니지 못했다.

그다음에 나는 교사직을 알아보았다.

자리를 구하기가 워낙 어려워서 나는 날마다 학교 교장실을 찾아가서 일자리를 달라고 간청했다. 일주일에 한 번씩 찾아가던 학교의 교장이 어느 날 마침내 — 아마도 나를 돌려보내기 위해서 — 못 말리는 문제반을 맡고 있던 선생이 떠난 자리를 나에게 맡겼다. 이 반의 사내아이들은 폭행으로 학교에서 쫓겨난 경력이 있어서 소년원으로 보내지기 직전의 아이들이었다. 이 학급은 그들을 소년원으로 보내지 않고 학교의 품으로 다시 돌아오게 하려는 하나의 시도였다.

오로지 일자리 구하기만이 소원이었으므로 나는 이 일이라도 맡게 된 것이 너무나 행복했다. 그런데 이 자크 스트릿^{Jacques}

Street 스쿨로 가던 길에 고등학교 때 체육 선생님이었던, 시의 물리교육 감독관인 앨리슨 씨를 만났다. 내가 그 학교에서 학생들을 가르치러 가고 있다고 말하자 그가 말했다. "거긴 가지 마. 나라면 안 갈 걸세. 어제 자네 전임으로 한 대리교사가 갔었는데 아이들이 그를 담장 너머로 던져버렸다네. 그는 자네보다 덩치도 더 큰 사람이야. 아예 근처도 가지 말게."

하지만 너무나 각오가 절실하고 일자리가 급했던 나는 이렇게 대답했다. "아무튼 한번 해보기나 하겠습니다." 나는 스스로 터득한 겁 없는 태도로 맡겨진 일에 대들었다.

나는 교실에 들어섰다. 목공 시간이었는데, 한마디로 그건 아수라장이었다. 한 녀석은 톱으로 자기 책상을 반으로 자르고 있었고, 또 한 녀석은 망치로 벽의 시멘트를 쪼아내고 있었다. 그리고 모든 녀석이 자기가 하고 싶은 짓이라면 뭐든지 하고 있었다.

나는 책상을 자르고 있는 녀석에게 다가가서 그만하라고 말했다. 그는 나를 향해 흘끗 눈을 한 번 돌리더니 마치 투명인간이라도 본 것처럼 다시 고개를 돌렸다.

벽을 망치로 쪼는 녀석에게 다가가서 그만하라고 말하자 그가 대꾸했다. "지옥으로나 꺼져버렷!"

나는 교단으로 가서 널빤지 ― 10센티미터 폭에 1미터 길이 ― 를 집어 들었다. 그리고 벼락처럼 소리를 내질렀다. "조용히!"

하지만 한순간뿐, 아무도 주의를 돌리지 않았다.

책상을 자르는 녀석에게로 가서 한 대 내려치자 그가 동작을 멈췄다.

그다음 벽을 쪼는 녀석에게로 다가가자 그는 도망치기 시작했다. 하지만 그는 나에게 등덜미를 잡혔다. 그를 심하게 다루지는 않았다.

나의 행동이 학급의 주의를 나에게로 돌려줬다. 그래서 나는 앞으로 나가서 다시 소리쳤다. "조용히!" 그러자 내가 기대했던 뭔가가 기미를 보였다. 반장이 일어나더니 말했다. "자, 애들아 한번…" 하며 그가 "뭐보자구"라고 말하기도 전에 내가 그에게로 다가갔다. 널빤지를 두 손으로 잡고 그의 머리를 내려치자 그는 넋이 나간 채 주저앉았다. 널빤지가 쪼개진 덕분에 손아귀에 잡기가 더 쉬워졌다.

다음에 나는 그와 합세하려고 움직이던 녀석에게로 갔다. 그는 도망치기 시작했다. 나는 그에게 널빤지를 휘둘러 손가락 네 개를 가격했다. 그만큼 그것은 나에게 생사를 건 일이었다. 나는 정말 학급을 장악하겠다는 각오로 거기에 간 것이다.

나는 그 자리에 서서 소리쳤다. "좋다, 다음은 누구냐?" 그러자 반 전체가 자리를 잡고 앉았다. 그들은 나의 도전에 굴복하고 완전히 잠잠해졌다.

그런 다음에 문을 열자 교장인 켈로그 씨가 교실을 들여다보고 있었다. 그녀는 놀란 표정이었다. 내가 말했다. "들어오세요, 교장선생님." 그녀는 들어와서도 아무 말 못했다. 그녀는 내가 지금쯤 산산조각이 나 있으리라고 예상했겠지만 나는 멀쩡했고 교실은 완벽하게 잠잠해져 있었다. 내가 말했다. "모든 게 잘 돌아가고 있습니다." 그녀는 뭐라고 더듬거리다가 멍해진 채로 걸어나갔다.

이 모든 일이 내가 교실에 들어온 지 몇 분 만에 일어났다. 그 주일의 나머지 시간 동안 나는 아이들의 마음을 완전히 열었다. 그것은 내가 스스로 믿었던 것보다 더 완벽해서, 마지막 날 수업 후에 내가 "내일이면 피터 선생님이 돌아오실 거다" 하고 말하자 아이들이 모두 한목소리로, "우~" 하는 소리를 냈다. "무슨 일이야?" 하고 내가 묻자 그들이 대답했다.

"에이, 저흰 선생님이 좋은데, 더 계셨으면 좋겠어요."

처음엔 당황했지만 나는 다음 순간 그 이유를 깨달았다. 나는 그들이 이해할 수 있는 언어로 그들과 대화하고 있었던 것이다. 나는 그들의 눈높이에서 말을 걸고 있었다. 나는 피에 굶주려서 그들을 때린 것이 아니었다. 그들을 때리고 싶지도 않았다.

나는 배짱이 있었고, 아이들은 그것을 좋아했다. 나는 스스로 생각한 것 이상으로 그들과 잘 소통할 수 있었다. 그들을 이해했기 때문이다. 나에게는 그들의 교사이자 멘토가 될 임무가 주어졌는데 그들이 거기에 도전해왔다. 나는 그 도전을 받아들여서 내가 그들의 멘토가 될 수 있다는 것을 보여주었다. 그들은 그것을 이해했고, 받아들였고, 좋아했다.

나는 그들에게 이렇게 이야기하고 있었다. "봐, 이게 내가 맡은 일이야. 난 여기서 너희의 멘토가 될 지위를 부여받았어. 너희는 그것을 내게서 빼앗아가서도 안 되고 빼앗을 수도 없어. 만일 그런다면 난 여기서 내 지위를 회복하기 위해 필요한 일이라면 뭐든지 할 거야."

반 아이들과 함께하지 않고는, 그에 대한 느낌이 없이는, 학생들에 대한 사랑이 없이는 학급을 맡을 수가 없다. 그 반을 싫어했던 선생은 그들을 통제할 수가 없었다.

나의 소통 능력 때문에 아이들은 내 편이 되었다. 우리는 규율을 잘 지키기로 소문이 났다. 아이들을 때리면 쫓겨날 거라는 말을 들었지만 나는 상관 않고 때렸다. 통제를 위해서는 필요하다고 생각했기 때문이다.

학생들의 반응은 흥미로웠다. 한번은 내가 성질을 못 참고 지시봉으로 도망가는 아이를 후려쳤다. 그것은 그의 이마와 팔뚝에 상처를 냈다.

다음 날 그가 학교에 와서는 이렇게 말했다. "젠장, 선생님, 저희 부모님이 누가 이랬는지 불라고 절 막 두들겨 팼어요. 하지만 전 불지 않았어요."

그는 날 보호해준 것이다.

서른 명의 '구제불능' 소년들과의 그 거친 경험은 나에게 명예와 첫 번째 교사직을 선사해주었다. 그 후에 나는 내가 졸업한 모교에서 2학년과 3학년에게 기하학을 가르쳤다. 베틴Bettin 고등학교는 여고로 바뀌어 있었다. 나는 열여덟 살짜리 소녀들을 가르치는 스물두 살짜리 총각이었다! 그건 부끄러운 일이었다.

나의 못 말리는 수줍음 때문에 여학생들은 수업이 끝나면 내게로 몰려와서 나를 둘러싸고 밀치며 놀려댔다. 나는 몸을 움찔거렸고, 그들도 내가 그러고 있는 것을 알아차렸다.

어떤 아이들은 일부러 치마를 무릎 위로 걷은 채로 앉아 있었다. 나는 고개를 돌려야만 했다.

나는 800미터밖에 떨어져 있지 않은 학교로 걸어서 출퇴근했다. 자동차를 가진 일부 여학생들은 속도를 늦추면서 소리쳤다. "유후~ 태워드릴까용?"

"아냐, 괜찮아." 나는 교장이나 다른 선생님들이 보란 듯이 이렇게 대꾸하곤 했다. 그들은 허구한 날 그렇게 나를 놀려댔다.

일자리가 워낙 귀해서 나는 그 자리에 붙어 있길 원했다. 그래서 교사로서 완벽하게 존경받을 만하게 보이지 않는 모습을 교장에게든 누구에게든 들킬 위험은 무릅쓸 수가 없었다.

학년 말이 되자 내가 대신했던 자리의 선생이 복귀해서, 나는 엘리자베스 항의 가장 가난한 지역의 중고등학교로 보내졌다. 내게는 가장 다루기 힘든 저지능 그룹의 아이들이 맡겨졌다.

그들을 가르치는 것은 아주 기이한 경험이었다. 어떤 면에서 나는 아이들을 거칠게 다루긴 했지만 한 번도 그들보다 내가 우월하다는 태도를 품지 않았다. 나는 그들을 한 사람 한 사람 개인으로 대했다. 나의 태도는 그들을 이해하고 그들의 행동을 이해하려는 것이었고, 그에 따라 행동했다. 이해와 사랑은 같은 것이다.

그들은 분명히 나를 보호해주고 있었다. 내가 그들을 때렸기 때문에 그들은 마음만 먹으면 언제든지 나를 교육계에서 추방할 수 있었다. 그들도 그것을 알고 있었지만, 결코 그러지 않았다.

그러니까 중요한 것은 무엇을 하느냐가 아니라 어떤 태도로 그것을 하느냐이다.

2년째 아이들을 가르치고 나니 싫증이 나서 교사직을 그만두었다. 그건 따분한 일이었다. 나는 과학자가 되고 싶었지만 일자리가 없었다. 불만스럽고 마음이 혼란했다. 기분이 온통 무겁게 가라앉았다.

사랑이 커지는 것이 아니라 단지 미움이 없어지는 것이다

대공황이 한창일 때 일자리가 없어서 나는 여름 캠핑을 떠났다. 캠핑은 언제나 즐거웠다. 그건 내가 아는 가장 멋진 여가활동이었다. 여러 해 동안, 일을 하든 하지 않든 상관없이 나는 여름만 오면 캠핑을 떠났다. 천막을 하나 치고 그 아래에 잠자리만 던져놓으면 그만이었다. 대개 한두 사람과 함께였다.

우리는 손으로 물고기를 잡았다. 그건 '배 간질이기'라고 불렸다. 그건 불법이었지만 물고기를 잡는 가장 빠른 방법이었다. 돌 밑에 숨어 있는 점박이 민물송어가 손에 만져졌다. 돌 밑에 숨어 있는 송어에게는 나의 손이 주변 환경의 일부로 여겨져서 안전하다고 느끼는 모양이었다. 송어가 만져지면 나는 손을 머리 쪽으로 옮겨서 일순간에 꽉 거머쥐고는 물고기가 손아귀를 빠져나가기 전에 얼른 둑 위로 던졌다.

하지만 들키면 한 마리당 25달러의 벌금을 물어야 했다. 그래서 우리는 2인 1조로 행동했다. 한 사람은 감시관이 오는지 망을 봤다. 물고기를 잡을 때마다 우리는 얼른 그것을 감춰놓고 또 잡았다. 그렇게 함께 몇 분만 작업하면 한 끼 식사거리가 마련됐다.

자연 속에서 지내는 것은 너무나 근사했다. 우리는 캐츠킬 산의 야생 사과와 딸기, 그리고 가끔은 농부들이 주는 옥수수와 채소와 우유 등을 먹으며 먹을거리는 현지에서 조달하려고 애썼다. 냄새가 좀 나고 맛이 없긴 했지만 자연 그대로라는 생각에, 방금 젖소에게서 짠 우유를 바로 마시기도 했다.

나의 캠핑은 세상으로부터의 도피였다. 캠핑을 나올 때마다 하루 이틀만 지나면 몸의 모든 통증과 위궤양이 사라져버리곤 했다. 그러다가 도시로 돌아가면 며칠 안 돼서 곧 병이 돌아왔다.

✳

어느 해 여름도 캐츠킬로 캠핑을 갔다. 나는 피로에 지친 채로 밤중에 캠프장에 도착했다. 프레디가 네 명의 다른 친구와 버지니아란 이름의 여자를 놓고 논쟁을 하고 있었다. 그들은 모두 그녀에게 푹 빠져 있었다. 눈을 붙이려 했지만 논쟁은 끝이 날 줄 몰랐다. 그래서 내가 말했다. "프레드, 그만 좀 닥치고 자지 않을래?"

"잠자코 있어, 레븐슨. 아무튼 너하곤 상관없는 일이니까."

흠, 이건 나에 대한 도전이었다. 그리고 나는 도전엔 언제나 응수를 해준다. 나는 잠자리에서 벌떡 일어나서 말했다. "나하곤 상관이 없다니, 무슨 소리야! 갠 내 여자야."

결국 프레디와 나 사이에 입씨름이 벌어졌다. 프레디가 말했다. "흥, 난 그녀와 결혼할 거야!" 그렇게 못을 박으면 내가 입을 다물 거라고 생각한 모양이었다.

그래서 나는 이렇게 응수하여 그의 말문을 막아버렸다. "그럼 나도 그녀와 결혼할 거다!" 프레디는 내가 아직 그녀를 만나본 적도 없다는 사실을 까먹고 있었다.

그러자 프레디가 배우처럼 호기로운 몸짓으로 손을 내밀면서 말했다. "좋아, 누가 이기나 해보자구." 우리는 드디어 악수를 나눴다. 나는 속으로 생각했다. '하나님, 감사합니다! 이제 잠을 잘 수 있겠군요.'

다음 날 아침에 일어나자 설거지대에는 씻지 않은 접시들이 산더미처럼 쌓여 있었다. 사방이 이보다 더 어수선하고 지저분할 수가 없었다. 나는 넌더리를 내면서 말했다. "여긴 도저히 있을 수가 없어. 몇 킬로미터 더 가서 올리베리아^{Oliverea}에 있는 두 친구와 지내야겠어."

그래서 나는 올리베리아로 떠났다. 가는 길에 아주 매력적인 여자가 내 친구들이 있는 빅 인디언 방향으로 태워줄 차를 기다리고 있었다. 그녀를 태우고 좌회전을 해야 할 다리를 지날 때 내가 말했다. "난 여기서 왼쪽으로 가야 해요."

그러자 그녀가 말했다. "잘 됐네요, 저도 왼쪽으로 가요."

그다음 500미터쯤 가서 내가 또 말했다. "여기서 왼쪽으로 갑니다."

그녀가 말했다. "좋아요. 저도 왼쪽이에요."

캠프 입구에 도착해서 내가 말했다. "이 안으로 들어갈 거예요."

그녀가 말했다. "여기가 제가 가려던 곳이에요."

내가 말했다. "어디 가시는데요?"

그녀가 말했다. "캠핑장에 있는 남자애들 만나러요."

내가 말했다. "나도 그리로 가는데요?"

그리하여 나는 버지니아와 함께 캠핑장으로 들어갔다.

물론 프레디와 케슬은 이렇게 씹어댔다. "저런 배신자 같으니라고! 올리베리아에서 캠핑한다더니, 기어나가서는 그녀를 태우고 가다니."

전투가 개시됐다. 그들은 즉시 나를 신랄하게 놀려대기 시작했다. 프레디가 말했다. "저 녀석이 뭘 하려는지 눈치챘어. 버지니아의 동정심에 기대려는 거야." 그러면서 그는 다른 친구들을 모두 부추겨서 〈동정심(Sympathy)〉이라는 노래를 입을 모아 합창했다.

부아가 치밀어올랐다.

나는 혼잣말을 했다. "알았어. 전면전이다." 버지니아가 끔찍이 좋은 건 아니었다. 그녀에게선 인위적으로 꾸민 냄새가 풍겼다. 하지만 프레드의 도전과 그들이 하고 있는 짓이 나의 심사에 기름을 부었다.

나는 옛날에 굴렸던 머리를 썼다. 그녀는 올리베리아에 사니까 그건 나에게 유리하다. 다음, 그녀에게는 밋지라는 너무나 똑똑한 여자 친구가 있다. 하지만 똑똑한 만큼 그녀에겐 세련미가 없다. 그래도 다행히 그녀의 아버지는 부유한 의사여서, 그녀에겐 멋진 옷으로 외모를 극복할 돈이 있다. 버지니아는 밋지의 머리를 부러워한다. 밋지는 버지니아의 외모를 부러워한다.

나는 오로지 버지니아를 얻기 위해 밋지에게 접근할 전략을 세웠다.

그리고 그게 먹혔다.

하지만 그 전에 하루는 프레디가 버지니아를 캠핑장에 초대했다. 그녀가 나에게 차로 좀 데려다달라고 했을 때 나는 "물론"하고 대답했다.

버지니아와 내가 프레디 일행이 있는 캠핑장으로 들어서서 차를 세우자 프레디가 곧장 차 안으로 들어와서는 버지니아에게 노골적으로 들이대기 시작했다. 나로서는 그것을 그냥 놔두는 수밖에 없었다. 입을 다물고 있자니 결국 프레디가 이렇게 말하는 것이었다. "난 사랑이야말로 가장 멋진 일이라고 생각해."

그래서 내가 대꾸했다. "그래, 네 말이 맞아, 프레드!" 그러고 나는 상체를 뻗어 양팔로 버지니아를 감싸고 정말 따뜻하게 입맞춤을 하면서 그녀를 꼭 껴안아주었다.

프레드는 거의 숨이 넘어갔다.

버지니아는 몹시 놀랐다. 난 아직 그녀와 그리 가까운 사이가 아니었기 때문이다. 서로 안 지도 겨우 며칠밖에 안 됐다. 나중에 내가 그동안 어떤 일이 있었는지를 버지니아에게 설명해주자 그녀는 못마땅해했다. 그녀는 남자들의 관심을 받는 이 상황을 즐기고 있었는데 내가 그 기회를 훼방해버린 것이다.

버지니아는 아름다운 여자였고 화가였다. 그녀는 할리우드 여배우를 뺨치는 세련미를 풍겼다. 우리는 매우 가까워졌다.

나는 버지니아를 끔찍이 잘 대해줬다. 시를 써 바치고 꽃을 안겨주고 달밤에 함께 수영하고… 그녀를 위해서라면 뭐든지, 모든 짓을 다 할 태세였다. — 결혼만은 빼고.

나는 사랑에 빠졌다. 하지만 결혼은 하지 않으려고 했으므로 결국 그녀는 떠나갔다. 그건 거칠고 힘든 경험이었다.

하지만 산! 산 위의 세상은 천국과 같았다! 너무나 이상적이었다. 아무런 걱정도 근심거리도 없었다. 순전한 낭만과 수영, 핸드볼, 테니스, 그리고 밤에는 춤, 그리고 자연.

여름 이야기를 할 때는 내가 그토록 불행한 삶을 산 것 같지는 않게 들린다. 안 그런가?

아, 하지만 헤어질 때는 얼마나 고통스러웠는가! 아름다웠던 한 해의 여름. 그리고 여러 해의 가슴앓이.

＊

나는 결혼의 구속에 매이는 것에 대해서는 무의식적인 두려움이 있었다. 그건 너무나 강력해서 결혼은 생각조차 못하게 만들었다. 안 그래도 늘 속박을 느끼고 있는데 결혼까지 하면 이미 시달리고 있는 그 속박감이 몇 배나 더 커질까봐 그것이 두려웠다.

엘리자베스 시에 사는 정말 멋진 여자와 결혼해버릴까 하는 생각을 해본 적은 한 번 있었다. 그것은 제2차세계대전이 막 발발하려던 시기였다.

루스벨트 대통령이 징집 법령에 서명을 했을 때 나는 생각했다. '전장에 끌려가서 언제 죽을지도 모르는데 결혼해서 후손이나 남겨야겠어.'

그래서 나는 셀마에게 다짜고짜 말했다. "결혼할래?"

그러자 셀마가 기다렸다는 듯이 "좋아!" 하고 대답했다.

내가 말했다. "됐어. 그럼 지금 당장 나하고 버지니아주로 갈래?"

그녀가 대답했다. "그래!"

그래서 우리는 즉석 결혼식을 할 수 있는 버지니아주로 떠났다. 가는 길 내내 나는 한마디도 말을 할 수 없었다. 몇 시간 동안 운전해 가다가 침을 꿀꺽 삼키고 나서 내가 물었다. "배고프니?"

그녀가 대답했다. "응."

"그래, 그럼 좀 먹자."

식사를 하는 동안에도 나는 말을 할 수가 없었다. 마치 온 지구의 무게를 어깨로 떠받치고 있는 아틀라스가 된 것 같은 기분이었다. 하지만 난 그걸 견뎌내기로 마음먹고 있었다.

우리는 주 경계선을 넘어서 맨 처음으로 눈에 띄는 '즉석 결혼'이라는 팻말 앞에 멈췄다.

한 목사가 나오면서 말했다. "결혼하고 싶으신가요? 좋아요."

그러더니 그가 덧붙였다. "그런데 이젠 법이 바뀌어서 결혼시켜드리기 전에 시내에 방을 잡고 사흘을 지낸 다음에 오셔야 합니다."

탈출구를 찾았다. "아, 그래요? 그럼 안 돼요. 일하러 돌아가야 해요." 그건 정말이지 변명도 아니었다. 그저 나도 모르는 새 불쑥 나와버린 말이었다. 지구가 내 어깨에서 굴러떨어진 듯한 느낌이었다.

결혼은 차마 못할 짓이었다.

돌아오는 길에도 우리는 한마디도 말을 하지 않았다.

이 일이 있고 나서 다시는 셀마를 만나지 않았다. 너무나 수치스러웠다. 그녀를 보고 싶었지만 그럴 수가 없었다.

당시에는 결혼을 가로막는 장애물이 무의식 속에 있었다. 이제는 물론 그게 무엇이었는지를 안다. 나는 무의식중에 너무나 자유를 갈구하고 있어서 결혼이라는 속박을 스스로 허용할 수가 없었던 것이다.

원수를 사랑하는 것이 사랑의 극치다

그해 여름과, 그리고 버지니아와 헤어진 이후에 나는 이 불행한 세상을 피해 외국으로 떠나기로 마음먹었다. 대공황은 이어지고 있었고 모든 것이 너무나 힘들었다. 나는 굴러가고 있는 내 삶의 절망적인 모습 앞에서 끔찍이도 불행해져 있었다.

125달러에 산 영국 리버풀 왕복표가 내 안의 극도의 좌절과 긴장과 불안으로부터 날 잠시 해방시켜줄 여행을 떠날 수 있게 해주었다. 나는 대부분의 시간을 헬싱키로 건너가서 보냈다.

그곳은 너무나 조용하고 깨끗한 이상적인 도시였다! 게다가 환율도 너무나 유리해서 1달러를 수백 마르크와 맞바꿀 수 있었다. 일주일에 3달러로 필요한 모든 것을 살 수 있었다.

그 기간에 나는 일하지 않고 살았다. 교사 생활로 벌어놓은 돈이 충분히 있었다.

나는 세상을 멀찍이서 구경하는 것 외에는 아무것도 하지 않았다. 가장 좋았던 것은 나의 불행한 삶에서 도망쳐나온 것이었다. 여기, 나는 말도 다르고 길도 모르는 낯선 나라에 와있다. — 모든 것이 다르다. 그것이 나를 매혹했고, 게다가 마음을 넓혀 주었다. 한 나라에서는 올바른 행위가 종종 다른 나라에서는 그릇된 행위가 된다는 것도 깨달았다. 이것은 모든 민족과 그들의 생활방식을 더 폭넓게 받아들일 수 있는 여유를 가르쳐주었다. 대학에서 4년 동안 배운 것보다도 여행을 통해서, 사람들과 삶에 대한 실질적인 지식을 더 많이 얻을 수 있었다.

개인적으로는, 여행이야말로 나를 즐겁게 해주는 가장 멋진 방법임을 실감했다. 여행 다음이 자연 속의 캠핑이었다.

유럽에서도 나는 늘 마음에 드는 여자를 발견했고, 미국에서 그랬듯이 그렇게 지냈다.

1935년에 유럽에서 돌아온 나는 에어컨 기술자 일자리를 찾았다. 에어컨이 뜨는 사업이라고 내다봤기 때문이다. 그 분야는 당시에 막 시장 진출을 시작하고 있었다.

켈비네이터Kelvinator 회사에 원서를 냈는데 그들은 더 이상 기술자가 필요 없다고 했다. 나는 보수를 받지 않고 일하겠다고 하고 실제로 무보수로 봉사를 했다.

그들은 내게 일을 주더니 열흘쯤 지나자 주급 15달러를 주었다. 오래지 않아 나는 주급 50달러를 받기 시작했다. 그 당시로서는 아주 훌륭한 보수였다. 하지만 나는 곧 그 일이 지겨워져서 한 해도 못 채우고 그만뒀다. 나는 독자 사업을 벌이면 켈비네이터의 원가에 기계를 팔고도 그들만큼의 수익을 올릴 수 있다는 것을 알아냈다. 나는 법적 조건을 갖춘 사무실에서 사무일을 하는 친구의 주소와 전화번호를 빌렸다. 내가 있는 곳이 곧 내 사무실이었다. 나는 판매원, 기술자, 설치공, 전기공, 배관공에다 서비스맨까지 혼자서 다 해냈다.

첫 번째 주문을 받아 1937년 레드 크로스Red Cross 제화점에다 에어컨을 설치했다. 나는 내가 아는 가장 좋은 방식으로 기계를 설치했다. 팬은 좀 느리게 돌아가도록 조정하고 기계의 용량은 살짝 더 큰 걸로 넣은 것이다. 그러면 기계가 오래갈 거란 것을 나는 알고 있었다.

제화점에 에어컨을 팔 때 주인이 물었다. "냉방이 정말로 될지 어떻게 알겠소? 2,000달러면 적은 돈도 아닌데 말이요."

나는 생각이 있었다. "냉방이 안 되면 돈을 안 주셔도 됩니다! 설치만 하게 해주세요. 단 계약서에 서명은 지금 해주세요."

서명만 있으면 바로 옆에 있는 은행에 가서 기계를 설치할 돈을 대출받을 수 있다는 것을 나는 알고 있었다.

나는 기계를 설치했고, 작동이 잘 되자 주인은 돈을 지불했다.

그것이 나의 에어컨 사업을 가동시켰다. 나는 그렇게 1년에 넉 달만 일해도 기술자로 1년 내내 일한 것보다 더 많은 돈을 벌 수 있다는 것을 발견했다.

그것은 아버지가 돌아가시면서 간이식당 사업과 만 달러의 빚을 남기셨던 때였다. 그래서 나는 간이식당 사업과 에어컨 사업을 동시에 가동했다. 그저 집안의 빚을 갚고 간이식당 사업을 내려놓고 싶었다. 그리고 실제로 그렇게 했다.

나는 잠을 못 이룰 정도로 바쁘면서도 따분했다. 대도시인 뉴욕으로 진출해야겠다고 마음먹었다. 1938년에 나는 좋은 아이디어를 하나 가지고 뉴저지주를 떠나 뉴욕으로 갔다. 나는 힛칭 포스트Hitching Post라는 이름의 아주 작고도 효율적인 간이식당을 열었다. 그건 원형 카운터 둘레로 열한 개의 좌석을 가진, 뉴욕에서도 가장 작은 식당이라고 신문에 소개됐다.

나는 물푸레나무로 만든 카운터를 직접 설계했고, 독일 출신의 늙은 목수가 수제 의자를 만들어주었다. 그것은 당시에 유행했던 크롬제 골격에 빨간색 플라스틱을 입힌 의자보다 훨씬 더 우아하고 예뻤다. 벽은 마호가니로 마감했다. 공간 전체가 목제의 자연스러운 분위기로 꾸며졌고 한구석에는 난로가 놓였다.

나는 나만의 외식사업을 그야말로 교묘하게 잘 운영해냈다. 가격은 매우 낮으면서도 이윤은 매우 높았다.

우리는 자연산 고깃국물 소스를 적신 따뜻한 소프트롤에 갓 구운 비프나 버지니아 햄을 얹은 샌드위치를 10센트에 팔았다.

아이스크림이나 치즈를 얹은, 주방에서 직접 구운 사과파이도 10센트였다. 파이는 정말 맛있었다.

가격은 쌌는데도 불구하고 이윤은 다른 대부분의 식당들보다 훨씬 더 높았다.

1941년에 나는 힛칭 포스트 식당을 세 군데 열고 있었고, 네 번째 식당을 준비하고 있었다. 당시에 나는 일주일에 1,200달러를 벌어들이고 있었고, 뉴욕하고도 브로드웨이에 있는 태프트 호텔에서 살고 있었다.

나는 일주일 내내 하루에 열두 시간에서 열네 시간까지 쉬지 않고 일했다. 내가 장시간 일을 한 이유는 두 가지였다. ─ 첫째, 나는 언제나 무일푼으로 사업을 벌였기 때문이고, 둘째, 소란스럽고 불행한 마음에서 도망치려면 힘든 일이 필요했기 때문이다.

그러다가 전쟁이 끼어들었다.

1941년 7월에 나는 워싱턴에 있는 미국 해운중개소의 엔지니어로 소집됐다. 영국으로 전쟁물자를 운송할 배가 필요했던 것이다. 나는 배의 배관 및 기계 운용계획 승인부처에서 일했다.

이 일을 시작하던 날부터 나는 거기서 떠나 식당 일에만 전념할 수 있도록 집으로 돌아갈 생각만 했다. 하지만 나는 복무에 묶여 있었다. 전쟁 때문에 그 자리를 떠날 수가 없었다. 그들은 나를 전쟁 임무에 필수적인 요원으로 간주하여 징집 위원회에 복무기간 연장요청서를 보냈다.

토요일 오후 1시만 되면 나는 워싱턴을 떠나 뉴욕으로 가서 힛칭 포스트를 돌봤다. 그리고 일요일 저녁 7시마다 왕복 750킬로미터의 먼 거리를 운전해서 돌아왔다.

하지만 먼 곳에 있으면서 식당을 운영하기란 불가능했다. 그리하여 나는 힛칭 포스트 식당을 다 잃어버렸다.

해운중개소에서 나는 동료 기술자들 중에도 강경한 반유태주의자가 있다는 것을 깨닫고 놀랐다.

처음 해운중개소에 들어섰을 때, 한 나이 많은 기술자가 말했다. "이리 오슈." 나는 그에게로 걸어갔다. 그는 내가 유태인이냐고 물었다. 그렇다고 하자 그가 말했다. "흠, 난 유태인을 증오하오."

"왜요?" 하고 내가 물었다.

그가 대답했다. "유태인들은 모두 사기꾼이니까."

"날 사기꾼이라고 부르고 있는 겁니까?" 내가 물었다.

"글쎄, 브루클린의 유태인들은 다 사기꾼이지." 그가 대답했다. 그래서 내가 대꾸했다. "나도 브루클린 출신입니다." 사실은 아닌데도 말이다. 그는 고개를 돌리고는 더 이상 나와 말을 하려 들지 않았다.

그것이 해운중개소의 첫인상이었다. 반유태주의에 부딪힐 때마다 나는 피가 끓었지만 적어도 외면적으로는 분노를 억눌렀다.

또 한번은 동료 하나가 내게로 와서 말했다. "맙소사, 내가 당신네 가게 중 한 곳에서 이걸 샀소."

내가 말했다. "무슨 말이요?" 나는 워싱턴에 가게를 가지고 있지 않았다.

"그런데 사기를 당했소." 그가 말했다.

"내 가게에서요?" 내가 다시 물었다.

"유태인 가게에서 샀단 말이요."

이런 식이었다. 그것도 동료 기술자들이 거듭거듭 말이다.

1936년에 켈비네이터 사에서 기술자로 일할 때, 하루는 고참 기술자가 나에게 이렇게 말했다. "레스터, 난 자넬 만나기 전엔 유태인과 흑인들은 다 똑같다고 생각했었는데 말이야, 지금은 유태인이 흑인보단 좀 낫다고 생각해."

이것은 특별한 일도 아니다. 이런 종류의 일들은 평생 동안 늘 일어났다. 마음의 구속으로부터 해방되어, 나에게 일어나고 있는 모든 일은 나의 책임이라는 사실을 깨달았을 때까지 말이다. 그 이후로는 그런 일이 더 이상 일어나지 않았다.

어릴 적에는 유태인이란 이유로 아이들에게서 얻어맞았다. 고등학교 때는 종종 왕따를 당하거나 공격을 받았다. 대학교에서는 유태인 학우회에 가입했다. 나와 터치볼을 하고 놀았던 길 건너편 비유태인 학사의 친구들은 학교의 춤 수업 시간에는 나를 만나도 말을 걸지 않았다.

나는 1952년까지 평생 동안 끊임없이 이런 식의 대우를 받았다. 길에서도 어디서나 늘 이런저런 말을 들어야 했다. 거기서 결코 벗어날 수가 없었다.

일자리 구하기가 하늘의 별 따기인데 일을 해야만 했을 때, 나는 맨해튼 프로젝트에 처음에는 합격했다가 나중에 유태인이라는 이유로 불합격당했다. 그것은 원자폭탄을 개발하기 위한 프로젝트였다. 거기에 불합격한 것에는 전혀 서운하지 않았다.

나는 '2B'로 분류됐다. 우스개로 나는 그것이 그들이 갈 때도 여기에 있고(be) 돌아올 때도 여기에 있는(be) 것을 뜻하는 것으로 여겼다.

2B는 전쟁에 꼭 필요한 요원을 뜻했다. 기술자들은 특히 물자 생산에 필수적이었다. 그 때문에 나는 전쟁이 끝날 때까지 복무가 연장됐다. 나는 제복을 입은 사람들만큼이나 꼼짝없이 매여 있어야 했다. 내 상관들은 모두 군인이었고, 그것도 장성이거나 장성이 다 되어가는 사람들이었다. 나는 마음대로 움직일 자유가 없어서 그들이 보내는 대로 어디든 가야만 했다. 그러니 그건 제복을 입지 않은 군인이나 마찬가지였다.

나처럼 복무연장된 동료들 일부가 군인으로 징집되는 것을 보았을 때 나는 생각했다. '흠, 언젠가는 나도 가야 하는구나.'

그러나 나는 누군가를 죽여야 할 수도 있는 곳으로는 도저히 갈 수가 없었다. 나는 결코 사람을 죽일 수 없다고 느꼈다.

하지만 다음 순간 이런 생각이 들었다. '글쎄, 전선으로 배치될지도 모르니까 죽여야만 할 거야.' 그래서 만약에 내가 징집된다면 사람을 죽일 수도 있을 거라고 자신을 단련시키기 시작했다. 나는 나치의 유태인 학살에 대한 온갖 글을 읽었고, 내가 그중의 하나였을 경우를 상상해보곤 했다.

하지만 여러 달 동안 자신을 단련시켜 봐도 나는 여전히 사람을 죽일 수는 없겠다고 느꼈다.

나는 생각했다. '좋아, 만약에 죽여야만 한다면, 눈을 감으면 할 수 있을지도 몰라.'

1943년에 나는 필라델피아로 전보되었다. 거기서 배와 파이프를 신물 나게 보고 나서 월스트리트로 와서 육군기지의 건설 계획을 수립하는 미 공병대의 일을 맡게 됐다. 마침내 원했던 대로 뉴욕으로 돌아온 것이다!

하지만 이 모든 기간에 나는 불안과 우울증으로 마음의 병을 앓았고, 위궤양과 건초열과 위장 부조와 편두통으로 몸의 병을 앓았다.

워싱턴에서 일할 때부터는 다리 밑이나 건물 안에 들어가면 그것이 머리 위에서 무너질 것 같다는 생각에 공포증이 자라나기 시작했다. 이성적으로는 그럴 리가 없다는 것을 알면서도 공포증을 없앨 수가 없었다.

나는 내가 미쳐가고 있다고 생각했다. 자신이 미쳐가고 있다고 생각하면 정말 겁이 난다! 그것은 나로 하여금 탈출구를 찾게 만들었다. 나는 프로이트를 맹렬히 공부하기 시작했다.

그러다가 정신분석을 받기 시작했다. 지그문트 프로이트의 동료였다는 사람에게서 4년 동안, 그것도 일주일에 네 번씩 말이다. 1946년에 나는, 어떤 사람들은 도움이 불가능하다는 의사의 소견과 함께 진료 종료 처분을 당했다.

그것은 아무런 도움도 되지 않았다.

심리상담이 종료된 후로 나는 평소의 삶으로 되돌아갔다.

전쟁이 끝난 후에 나는 해운 기술자로 2년, 건설 기술자로 3년을 보냈던 내가 진출할 만한 좋은 사업 분야를 찾아보았다. 집이 너무나 부족했다. 목재를 구하기도 힘들었다. 그래서 나는 원목 사업을 하기로 했다.

사업에 뛰어들 때 나는 늘 돈이 한 푼도 없었다. 나는 언제나 아이디어를 내서 일해야만 했다. 돈이 돈을 만들어내는 게 아니라 아이디어가 돈을 만들어낸다.

캐나다의 한 제재소에서는 1,000피트의 목재를 3달러에 팔았다. 그것이 미국에서는 10달러에 팔렸다. 1,000피트당 평균적인 이윤이 7달러라는 것이다. 그건 좋은 사업거리였다.

나는 자동차를 몰아 캐나다로 갔다. 퀘벡 시 외곽 50킬로미터쯤 있는 세인트 레이먼드St. Raymond의 한 목재 제재소 주변의 모든 공간을 단돈 1달러에 빌렸다. 대신에 제재소 주인은 내 사업에서 발생하는 모든 주문을 독점할 것이었다. 나는 주변의 원목 제재소들을 물색하여 그들의 원목을 그곳에서 자연 건조시키게 했다.

나는 뉴욕 웨스트사이드 23번가 나의 아파트에 있는 사무실을 돌봐줄 직원을 하나 구했다. 우리는 뉴욕과 뉴저지 지역에서 원목을 팔 작정이었고, 그는 주문을 받고 고객을 관리할 것이었다.

캐나다에서는 내가 자연 건조된 원목을 컨베이어 라인에 올려서 제재한 후 화물열차에 실리게 할 것이었다. 제재소 주인이 열차를 봉인하고 선하증권을 나에게 써주면 나는 원목값과 제재 비용을 어음으로 지불할 것이었다.

나는 선하증권을 뉴욕 사무실의 직원에게 항공우편으로 보내고, 그러면 그가 고객에게 달려가서 수표를 받아서 입금하면 나의 어음이 결제된다.

나는 아침에 일어나서 하루에 두 차량 분량의 목재를 실어 보냈다. 화물차량 하나가 300달러를 벌어주었다. 한 차에 400달러나 500달러를 벌 수도 있었지만 나는 300달러로 만족했다.

이 사업을 시작한 아주 초창기에, 한 고객이 여름휴가를 떠나서는 몇 주 동안 돌아오지 않았다. 내가 방금 그에게 보낸 화물차 두 대 분의 어음을 결제하려면 그의 수표가 필요했으므로 그 상황은 나의 파산을 초래할 수도 있었다. 나는 언제나 신용이 좋았지만 캐나다에서는 이방인이었고, 어음 하나만 돌아와도 나는 곧장 파산할 수밖에 없는 상황이었다. 화물차 한 대 분량의 원목은 2,500달러였으니, 나는 5,000달러의 어음 부도를 막아야만 했다.

만약 5,000달러를 막지 못하면 갓 시작한 사업을 잃게 될 판이었다. 나는 나의 자신감이 상대방에게로 흘러들어갔던 과거 경험의 기억을 떠올렸다. 그리고 내가 자신감이 모자랐다는 사실을 알아차렸다. 그래서 자신감을 키우기 위해 이틀 동안 일을 쉬었다. 나는 자신감이 절로 뿜어져나올 때까지 계속 그 느낌을 일궈내어 강화시켜나갔다. 그리하여 드디어 자신감을 회복해냈다.

나는 34번가에 있는 트레이드 뱅크 앤 트러스트 컴퍼니Trade
Bank and Trust Company라는 낯선 은행 안으로 걸어 들어갔다. 나는 그
들이 큰 원목 회사들과 거래하니까 원목 사업에 대해서는 잘 알
것으로 짐작했다.

나는 행장을 만나고 싶었지만 그는 휴가를 떠나고 없었다.
"그럼 부행장님을 만나겠소." 내가 말했다.

그들은 나를 부행장에게 안내했다. 그는 거기서도 가장 만만
찮게 보이는 인물이었다. 나는 대출을 할 것이었다. 그러니 거기
서 결코 양보하여 물러서지 않을 것이었다.

그는 여러 가지 질문을 했고, 나는 거기에 대답했다. "좋습니
다. 내일 오십시오. 대출해드릴 수 있을 겁니다." 그가 말했다.

다음 날 그를 찾아가자 그는 몇 가지를 더 물어보았다. 나는
그가 대출을 해주고 싶어하지 않는다는 것을 알아차렸다.

그가 물었다. "당신이 이 말을 했었나요?"

내가 말했다. "아뇨, 난 이렇게 말했어요." 그는 내가 속으로
만 생각하고 입 밖으로 내지는 않았던 매우 긍정적인 생각에 대
해 나에게 묻고 있었다. 나는 그 생각을 말하지 않았다. 그런데
그가 나서서 그걸 거론한 것이다! 그건 참 희한한 일이었다. 그
시절의 나는 독심술 같은 것은 말도 안 되는 것으로 여겼는데
말이다.

그는 한참 질문을 하고 나서는 일어서더니 두 손을 내밀어 내
손을 부여잡으면서 말했다. "조심하세요, 부디 조심만 하세요.
대출해드리겠습니다."

대출에 대한 나의 담보는 송장이었다. 나는 송장을 고객에게 보내고 그 송장을 이 은행에 양도하면 은행은 송장 금액의 80퍼센트를 나에게 대출해줄 것이었다. 그것은 나의 모든 비용을 처리해줬다. 만 달러의 신용을 얻은 것이다. 그것으로 나의 사업은 아슬아슬한 순간에 되살아났다. 어음을 처리하는 데 엿새 내지 여드레가 걸렸고, 나의 어음은 결제됐다.

또 하나의 신기한 사건이 있었다. 한번은 값이 좋은 원목을 사들이고 싶은데 4,000달러가 필요했다. 당시에 나는 퀘벡의 레이먼드 가에 있었다. 나는 로열 뱅크로 들어가서 나의 뉴욕 뱅크 앞으로 4,000달러짜리 개인수표를 써서 창구직원에게 주면서 현금을 달라고 했다. 그녀는 매니저를 불렀고, 매니저가 나에게 물었다. "무엇에 쓰실 겁니까?"

"원목을 구입할 겁니다." 내가 대답했다.

그러자 그는 간단히, "알았습니다" 하고는 현금을 내주었다. 은행을 걸어 나오다가 나는 이 상황이 너무나 기이하다고 생각했다. 낯선 사람인 내가 현금 4,000달러를 호주머니에 넣고 문을 나서고 있다니!

나는 돌아가서 매니저에게, 왜 망설이지도 않고 낯선 사람에게 현금을 주었냐고 물어보았다. "제가 저 문을 나서면 당신은 4,000달러를 잃을 수도 있었는데요." 그러자 그가 대답했다. "전 걱정하지 않습니다."

나는 그의 손을 잡고 흔들면서 말했다. "감사합니다. 당신은 100퍼센트 안전합니다. 아무 일 없을 거예요." 그러고서 나는 걸어나왔다.

낯선 나라의 낯선 사람이 전에 와본 적도 없는 은행에서 4,000달러짜리 개인수표를 끊은 것이다. 이런 일을 이해하려 들면 나는 늘 머리가 아팠다. 그래서 나는 그에 대한 생각을 내려놔버리고 혼잣말을 했다. "내 안의 자신감이 그에게 흘러간 거야. 하지만 그가 그걸 믿게 만든 건 뭘까? 이해할 수가 없어."

나는 언제나 신용을 받았고, 언제나 갚았다.

＊

나는 캐나다의 중개업자들을 건너뛰어 제재소에서 원목을 직접 사들였으므로 오래지 않아 그들은 담합하여 나를 협박해왔다. 나는 그들을 우회해서 그들도 구하지 못하는 원목을 매입하고 있는 유일한 미국 업자였다. 나는 제재업자들에게 웃돈을 얹어줬으므로 일순위로 좋은 원목을 고를 수 있었다.

처음에 그건 이렇게 시작됐다. — 나는 열네 명의 아이를 키우고 있는 캐나다의 한 제재업자를 만났다. 나는 그에게 왜 한겨울에 아이들이 신발도 안 신고 뛰어다니게 하느냐고 물어보았다. 그러자 그는 주저앉아 눈물을 흘리면서 아이들 신발 사줄 돈이 없다고 했다. 캐나다의 중개업자들은 제재업자들에게 이토록 잔인했다. 원목값이 금값인데도 그들은 제재업자들이 먹고 살도록 해주지 않았던 것이다.

나는 그에게 그의 원목을 1,000피트당 3달러 더 쳐주겠다고 했다. 그게 그가 벌었어야 할 정상적인 이윤이었다. 당연히 그 후로 나는 그를 포함한 여러 제재업자로부터 내가 원하는 원목을 다 구할 수 있게 됐다.

캐나다의 중개업자들이 나에게 시비를 걸어왔을 때, 나는 8만 달러에 상당하는 재고를 보유하고 있었다.

그들은 내가 그들에게 15,000달러를 빚진 채 국외로 도망가려 한다고 날 고소했다. 그들은 내가 월요일이 될 때까지 보석금을 마련하지 못할 것을 노리고 일부러 금요일 오후 늦게 나를 제소했다.

판사는 내게 보석금을 낼 때까지 구류를 명령했다. 나는 불같이 화가 나서 쇠창살을 부여잡은 손을 놓지를 않았기 때문에 교도관도 나를 유치장 안으로 밀어 넣지 못했다. 우리는 둘 다 몸씨름을 벌이며 유치장에 갇혀 있었다.

마침 거기에 있던 한 변호사가 그 상황을 지켜보다가 동정심을 느끼고는 나의 보증인이 되어주었다. 그가 보증을 해주어서 나는 풀려났다. 그 이후로 나는 그를 나의 변호인으로 고용했다.

재판이 진행되는 동안 법원에서 일하는 어떤 낯선 사람이 나에게 와서 말했다. "당신이 승소할 겁니다. 하지만 그들은 당신이 5만 달러를 빚진 것으로 또 제소할 겁니다. 아시겠어요?"

내가 변호사를 돌아보자 그는 내가 낱낱의 고소 혐의에 대해 일일이 출두해서 무혐의를 입증해야만 할 거라고 했다. 중개업자들은 내가 혐의에 묶여 있도록 의도적으로 그렇게 고소를 한 것이다.

그들은 내가 손을 들게 만들려고 했다. 판결이 떨어지기 전에 나는 집으로 가서 짐을 싸서 뉴욕으로 갔다. 무엇을 어떻게 해야 할지 숨을 돌리고 결정내리기 위해서였다.

제재소 주인은 좋은 사람이었다. 그래서 나는 떠나기 전에 그에게 말해놓았다. "내 물건을 좀 돌봐주세요. 돈을 지불한 8만 달러어치의 원목이에요. 나 대신 법정에서 반론을 해주세요." 그는 그러겠다고 했다.

결국 법원이 원목을 원가로 처분하라는 명령을 내릴 때까지는 여러 해가 걸렸다. 나는 모든 것을 잃고 다시 무일푼 신세가 됐다.

기분이 좋을 때는 사랑하고 있는 것이다
기분이 나쁠 때는 사랑하지 않고 있는 것이다

사업을 말아먹는 것은 나를 따라다니는 습관 같았다. 하지만 그것이 나를 멈추게 하지는 못했다. 캐나다를 떠나온 지 일주일 후에 나는 캘리포니아 북부의 원목 시장을 살펴보기 위해 샌프란시스코로 날아갔다. 거기에 몇 주일밖에 안 있었을 때 누군가가 뉴멕시코에 좋은 물건이 있다고 귀띔을 해줬다. 일주일도 채 안 돼서 나는 앨버커키Albuquerque에 정착하게 되었다.

나는 1달러에 제재소를 샀다. 그 제재소는 거의 10만 달러의 부채가 있어서 은행이 강제로 폐업시킨 곳이었다. 은행은 내가 다달이 은행 빚을 먼저 갚고 그다음에 일꾼들의 임금을 지불해야 한다는 조건하에 그것을 내게 1달러에 판 것이다.

이 사업은 해본 적이 없지만, 너무나 귀한 상품인 원목을 원산지에서 날것으로 얻을 수 있는 기회를 잡은 것이다.

원목 제재소는 다틸Datil에 있었다. 목재 제재소는 막달레나Magdalena의 철길을 따라 반 마일이나 되는 매우 넓은 부지를 차지하고 있었다. 거기에는 거대한 트럭들과 컨베이어 등의 장비들이 있었다. 곧 그 엄청난 공장이 돌아가기 시작했고, 나는 그 큰 규모가 마음에 들었다.

그런데 제재소를 가동하여 가까스로 빚을 다 갚았을 때, 원목 시장이 붕괴되어버렸다! 전후 재건사업 시장의 반 이상을 나와 같은 영세 제재업자들이 차지하고 있었는데, 가장 큰 거물 업자 둘이 서로 담합하여 갑자기 목재 가격을 우리의 가격보다 싸게 떨어뜨려버린 것이다. 나는 은행에서 대출한 15,000달러어치의 대금을 이미 지불하고 제재해서 건조 중인 수백만 피트의 목재를 산더미처럼 쌓아두고 있었다. 나는 그것을 원가도 안 되는 가격에 처분하고 은행 빚을 갚은 후, 또다시 무일푼이 되었다.

오래된 목재가 조금 남아 있었다. 그래서 나는 그것으로 주택을 지어보기로 했다. 나는 연방주택사업부에서 10만 달러 융자를 받아서 열두 채의 주택을 짓는 계약을 따냈다. 필요한 것은 집 지을 땅을 확보하는 것뿐이었는데, 그것도 운 좋게 거의 공짜로 충분한 땅을 구할 수 있었다.

나는 마치 내가 그 집에 들어가서 살 것처럼 정말 정성스럽게 집을 지었다. 같은 도시의 터줏대감들은 비슷한 집을 12,500달러에 팔고 있었는데 나는 그것을 8,000달러에 팔고도 1,500달러를 남겼다.

당시의 임금은 시간당 40센트였다. 나는 인부들에게 말했다. "시급 80센트에서 시작해서 일을 잘하면 1달러를 드리겠습니다. 대신 일을 못하면 해고하겠습니다." 나는 내가 그 지역의 저임금 노동시장의 물을 흐리게 하고 있다는 사실을 깨닫지 못했다.

그래서 도시의 터줏대감들이 나를 주목했다.

그들은 나를 잡으러 레슬리를 보냈다. 그는 정신병으로 조기제대한 사람이었다. 그는 내 집 뒷문을 통해 주방으로 들어와서 식탁 모서리를 깔고 앉은 채 나에게 그 도시를 떠나라고 했다. 내가 거절하자 그는 45구경 권총을 꺼내더니 식탁에 손을 받치고 손가락을 방아쇠에 걸면서 말했다. "내가 떠나게 해주지." 나는 방아쇠에 걸린 그의 손가락에 눈을 고정한 채 생각했다. '이게 사실일까? 내가 죽을 수 있을까? 어쩌면 그는 빗맞히거나 내 어깨를 맞출지도 모르지.'

그가 방아쇠를 당기기 시작할 때 나는 속으로 이렇게 생각했다. '이건 불가능해! 있을 수 없는 일이야!'

그 생각을 떠올린 순간 현관에서 갑자기 문을 세게 두드리는 소리가 났다. 깜짝 놀란 레슬리는 행동을 멈추고 나에게 거실로 나가서 바쁘다고 말해서 사람을 돌려보내라고 했다.

내가 문을 열고 바쁘다고 말하려고 하는 찰나 그 이웃집 사람은 내 말은 듣지도 않고 나를 밀치고 들어오면서 레슬리에게 소리쳤다. "총을 가지고 뭐 하는 거요?" 그리고 그는 그에게서 총을 빼앗아버렸다.

무엇이 그를 하필 그 순간에 집안으로 밀고 들어오게 만들었는지, 도무지 이해할 수가 없었다. 그 자신도 "들어가야겠다는 육감을 느꼈어요"라고 말밖에는 아무것도 설명하지 못했다.

원칙을 수호하기 위해서는 싸움을 불사하던 내가 혼잣말을 내뱉었다. "이자에게 감방 맛을 보여줘야겠어." 그러나 다음 순간 생각했다. '젠장, 그에겐 처자식이 셋이나 있잖아.' 그래서 나는 그에게 가서 말했다. "레슬리, 이번 일은 없었던 걸로 해주겠소." 그는 너무나 안도하여 내 손을 덥석 잡고 흔들며 외쳤다. "고맙습니다, 고맙습니다."

그다음엔 마누엘이 나를 잡으러 왔다. 그는 집으로 들어와서 말했다. "내가 한 석공 일의 임금 600달러를 안 내놓으면 흠씬 두들겨주겠소." 그 일의 공임은 단지 50달러였다.

마누엘은 덩치 큰 싸움꾼이었는데다 그보다 더 덩치 큰 친구도 하나 데리고 왔다. 이곳은 험한 동네였다.

내가 "지옥에나 가시오!" 하고 소리치자 그들이 달려들었다. 나는 속셈이 있었다.

나는 손을 내밀어 그들을 저지하면서 말했다. "좋소, 돈을 드리겠소." 나는 자리에 앉아서 600달러짜리 수표를 써주었다.

그들이 떠나자마자 나는 은행에 전화를 걸어 내 계좌의 지불을 중지시켰다.

그리고 은행으로 차를 몰아갔다. 입구에 도착하자 그들이 나오고 있었다. 나는 그들을 면전에서 놀렸다. "하하하." 사람들이 보는 앞에서는 그들도 아무 짓 못할 것을 알았기 때문이다.

마누엘이 말했다. "이런 개자식! 기다려, 널 잡을 테니."

그 후에 나는 생각했다. '한 번 그랬으니 또 그럴 수 있겠지. 조치를 취하는 게 좋겠군.' 그래서 나는 시내의 광산 대학교에 다니는 내가 아는 학생에게 가서 P-38형 속사권총을 빌렸다. 또 다른 친구에게 가서는 소총을 한 자루 빌렸다.

나중에 마누엘과 그의 친구가 또 찾아왔다. 나는 집 밖에서 그들을 만나서 권총을 들이댔다.

"앞으로 내 눈에 보이기만 하면 죽여버릴 테다!" 내가 말했다.

덩치 큰 친구가 말했다. "오, 너도 권총을 들고 있으니 꽤 커 보이는걸."

내가 대꾸했다. "지금 당장 널 죽여버릴 수 있을 정도로 크지." 나는 그의 머리통을 겨누고 방아쇠를 당기는 척했다. 그는 다리를 후들거렸지만 간신히 서 있었다. 그때 나는 나 자신을 완전히 통제하면서 침착하게 행동했다.

그들은 겁에 질려 돌아갔다. 그들은 더 이상 나를 괴롭히지 않았다.

침대로 돌아갔을 때, 나는 침대 옆에 놓인 소총과 손에 들린 권총을 내려다보면서 혼잣말을 내뱉었다. "레스터, 도대체 이게 무슨 짓이야? 너 미쳤니? 넌 총잡이가 아니잖아. 대체 뭘 하고 있는 거야?"

이 모든 일은 내가 편두통을 가라앉히기 위해 수면제를 먹고

암페타민에 의지해서 몸을 움직여 살아가던 때 일어난 일이다. 너무나 무거운 세상을 잠시 내려놓기 위해서는 주말마다 술을 마셔야만 했다. 그래야 월요일이면 다시 그 세상을 마주할 수 있으니 말이다. 나는 정말 깊이깊이 가라앉고 있었다.

권총을 바라보면서 나는 당장 그 자리에서 이 모든 짓을 그만 두기로 결심했다. 내 가족과 친구들은 동부에 놔두고 이 먼 곳 까지 와서 이게 대체 무슨 짓이란 말인가?

나는 짐을 싸서 그 동네를 빠져나와 동쪽으로 향했다.

뉴욕에 도착하자마자 나는 다시 또 바쁘게 설쳐댔다. 베를린 과 뉴멕시코에서 납 채굴권을 따서 광산업을 시작한 것뿐만 아 니라, 동시에 자금을 모집해서 켄터키주에서 석유시추를 시작했 다. 일의 부하와 나의 불안증은 결국 심장혈전증으로 발전했다.

결국 이런 극에 달한 상황이 내 삶에 전환점이 되었다.

자유

사랑은 두려움을 물리친다

의사는 나에게 언제 쓰러져 죽을지 모르니 나다니지 말고 앉은뱅이로 살아야 한다고 말했다. 이것은 나를 거의 죽을 정도로 겁에 질리게 만들었다! 며칠간 마음을 진정시킨 다음에 나는 자신에게 말했다. "넌 아직 살아 있어! 이런 쓸데없는 두려움일랑 내려놓고 네가 가진 걸 총동원해서 무엇을 할 수 있을지나 알아봐."

나는 답을 얻든지, 아니면 심장병이 날 죽이기 전에 스스로 이 땅을 떠나기로 결심했다. 그리고 나는 그것을 ─ 심지어 가장 편안한 방법으로 ─ 하기에 충분한 양의 모르핀을 가지고 있었다. 의사들이 신장결석의 통증이 덮쳐올 때는 모르핀을 사용할 수 있게 해주었기 때문이다.

심장혈전증에 걸린 후에 내가 한 중요한 일은 세상에서 백 퍼센트, 완전히 벗어나는 것이었다. 이전에는 뉴욕에 있을 때마다 미술전람회, 오페라, 발레, 연극 등을 열심히 보러 다녔었다. 그것은 세상을 잠시나마 벗어나기 위한 탈출구였다.

하지만 이 석 달 동안은 모든 사회활동을 멈추고 데이트도 하지 않고 심지어 주말에 누이들과 가족을 방문하는 일도 그만두었다. 전화까지도 차단해버렸다.

나는 세상으로부터 완전히 격리됐다. 뉴욕 한복판에서 자신을 고립시킨 것이다. 거리가 가장 텅 비어 있는 새벽 2시에서 5시 사이에 식료품을 사기 위해서만 외출을 했다. 맨해튼에서는 가게들이 밤새도록 영업을 했다. 가게 주인 외에는 아무도 눈에 띄지 않았다.

나는 전력을 다하여 필사적으로 답을 구했다.

나는 40여 년의 삶을 대부분 불행하게 지냈다. 친구들은 말했다. "엄살떨지 마, 레스터. 넌 모든 걸 다 갖고 있잖아." 그런데도 나는 아무것도 가진 게 없는 느낌이었다.

우리 가족은 화목했고, 어머니는 보기 드물게 사랑이 깊은 분이셨다. 나는 좋은 교육을 받았다. 그리고 센트럴 파크 116번지, 그것도 펜트하우스에서 살고 있었다. 친구도 많았다. 하지만 나의 인생은 불행하고 병투성이였다. 나는 건초열로 20년을 고생했고 15년은 위궤양으로, 6년은 위천공, 간비대증, 신장결석으로 고생했다. 1년에 두 번씩은 황달에 걸렸고 편두통도 생겼다. 그러다가 급기야는 심장에도 문제가 생겼다. 게다가 공포증, 불안증, 울화가 평생을 따라다녔다.

심장병 발작 후, 나는 언제 죽을지 모른다는 말을 들었다. "꼭 계단을 오를 필요가 없다면 계단 사용은 자제하세요." 나는 이렇게 경고받았다.

그것이 마흔세 살 때인 1952년이었다.

나는 필사적인 심정이었다.

죽음에 대한 이 공포는 지금껏 살아오면서 느꼈던 어떤 두려움보다도 무서웠다. 이것이 나로 하여금 이렇게 결심하게 만들었다. ─ 답을 얻든지, 아니면 심장병이 날 죽이기 전에 스스로 지구를 떠나기로 말이다.

나에게 삶이란 무엇이고 행복이란 무엇인지를 온전히 깨닫게 해준 것은 바로 그 답을 얻고야 말겠다는 결심이었다.

죽음에 대한 공포에 휩싸인 채 며칠을 지낸 후, 나는 그것에 대해 깊이깊이 생각해보는 것 외에는 내가 할 수 있는 일이 없다고 결론을 내렸다.

나는 빠져나갈 길을 생각해보기 시작했다. 아파트에 홀로 앉아서 나는 그저 생각하고 생각하고 또 생각했다.

문제를 가졌으니, 답을 얻어야만 했다. 그래서 나는 자리에 앉아 말했다. "레스터, 넌 똑똑하다는 놈이야. 고등학교는 수석으로 졸업했지. 전국적으로 경쟁해야 하는 시험을 통해서 세 가지 장학금밖에 안 주는 루트거 대학교에서도 장학금을 받았어. 대학도 수석 졸업을 했어." 하지만 그래 봤자 뭘 하겠는가, 난 아둔하고 우둔하고도 어리석었다! 난 인생에 가장 기본적인 것조차도 얻는 법을 모르고 있었다. ─ 행복해지는 법 말이다!

글쎄, 뭘 해야 하나?

과거의 모든 지식은 소용없었다. 그래서 나는 그걸 다 버리고 백지부터 다시 시작하기로 했다.

좋다, 그럼 나는 무엇인가? 이 세상은 무엇인가? 세상과 나의 관계는 무엇인가?

나는 내가 맛보았던 자잘한 행복들을 되짚어봤는데, 그것은 언제나 여자와 관련되어 있었다.

'아, 여자의 사랑을 받는 것이 행복의 실체로구나!' 그러다가 생각했다. '글쎄, 여기 있는 나는 여자의 사랑을 받았고, 아직도 나를 원하는 사랑스러운 여자들이 있어. 하지만 여전히 불행하잖아!'

나는 생각했다. '그렇다면 행복은 사랑받는 게 아니군!' 나는 그것을 다시 살펴보기 시작했다. 그리고 내가 그들을 사랑하고 있었을 때, 그때 행복했었다는 것을 발견했다.

결론: 사랑할 수 있는 내 능력만큼이 나의 행복이다.

그래서 나는 '다른 사람들을 사랑하기'에 힘을 쏟는 아주 치열한 과정에 돌입했다. 과거의 내 행동들을 돌이켜봤다. 나는 내가 사랑하고 있다고 생각했던 때도 사실은 사랑받기를 원하고 있었다는 것을 깨달았다. 그 여자에게서 뭔가를 바랐기 때문에 잘 대해줬던 것이다. 그런 구체적인 사실을 깨달을 때마다 나는

"이런 레스터, 이건 당장 고쳐!" 하고 자신을 야단치곤 했다. 앞으로는 여자에게서 뭔가를 원해서가 아니라 그녀의 있는 그대로의 모습을 사랑할 것이었다. 나는 고칠 점이 더 이상 발견되지 않을 때까지 그렇게 계속 자신을 고쳐나갔다.

그다음의 큰 깨달음은 지성의 정체에 대해서였다. 나는 우리가 제각기 저도 모르는 가운데 사용하고 있는 단일의 전체적 지성(a single overall intelligence)을 감지했다. 그것은 우리 개개인이 그것을 차단하지 않고 있는 정도만큼 각자에게 열려 있었다. 나는 또 나에게 일어나는 모든 일은 나 자신의 책임이란 사실을 발견했다. 그리고 모든 생각은 늦든 빠르든 간에 물질적 차원에서 실현된다는 것도 깨달았다. 그래서 나는 나에게 일어나고 있던 모든 일에 대한 나의 책임을 받아들였다. 그 책임을 찾다가, 그 일을 일으키고 있는 원인이 되는 생각이 마음에 떠올라오면 그것을 알아차리게 되고, 그러면 나는 그것을 내려놓을 수 있었다.

나는 내가 스스로 만들어냈던 지옥을 놓아 보내어 없애고 있었다. 모든 것을 사랑으로써 바로잡고, 사랑받으려고 하기보다는 사랑하려고 애쓰고, 나에게 일어나고 있는 모든 것의 책임을 지고 잠재의식 속의 생각을 찾아내어 바로잡자 나는 점점 더 자유로워지고 갈수록 더 행복해졌다.

내가 감지했다고 여겨지는 그 지성의 전체상은 흥미로웠다. 운전하기 어렵게 만들어져 있는 범프카를 탄 사람들이 끊임없이 서로 부딪히는 놀이공원의 광경이 문득 떠올랐다. 그들은 모두가 천정에 달린 전원 와이어로부터 범프카로 연결되는 전선을 통해 전기에너지를 공급받고 있다. 천정의 전원은 전체적 지성의 상징이고, 범프카로 연결된 전선은 우주로부터 내려오는 에너지의 상징이다. 우리는 모두가 그 에너지를 사용하여 서로 좌충우돌 부딪히고 있었다. ― 조화롭게 한 방향으로 함께 달리지 못하고 말이다.

우리는 삶 속에서 이 지성을 기껏 이리저리 서로 부딪히는 데만 사용하고 있었던 것이다! 그것이 내가 이 삶과 지성에 대해 떠올렸던 첫 번째 통찰의 전모였다.

우리는 모두가 저 위에 있는 무한한 지성에 직통으로 닿은 연결선을 가지고 있지만 그것을 맹목적이고 그릇되게, 서로를 대적하는 용도로 사용하고 있는 것이다.

첫 두 달 동안 나는 '무엇이 행복이고, 지성이고, 사랑인가'에 대한 답을 얻고 있었다. 그리고 그 답을 하나씩 얻어가는 동안 나는 점차 불행과 긴장의 짐을 벗어 내려놓고 있었다.

맨 첫 번째 통찰은 사랑에 관한 것으로, 나의 행복은 사랑할 수 있는 나의 능력에 의해 정해진다는 깨달음이었다. 그것은 엄청난 통찰이었다. 그것이 나를 해방시켜주기 시작했다. 병에 걸려 있을 때는 한 조각의 자유도 너무나 달콤하게 느껴진다. 나는 내가 올바른 방향을 향해 가고 있음을 알았다. 나는 사슬의 한 고리를 붙잡았고, 그 사슬 전체를 손에 넣기 전에는 그것을 놓아 보내지 않을 작정이었다.

그다음엔 내 생각들의 총합이 나에게 일어나고 있는 모든 일에 책임이 있다는 것을 깨달았는데, 그것은 내게 더 큰 자유를 가져다주었다. 나는 과거에 굳어져서 지금은 모두 잠재의식 속에 감춰져 있는 강박적인 행동들을 지워냄으로써 내 삶을 내 손으로 운전해갈 수 있게 됐다.

세 번째 단계는 내가 진정 누구이고 무엇인지를 깨닫는 것이었다. 나는 우리가 한계 없는 무한한 존재라는 사실을 깨닫기 시작했다. 그리고 모든 한계는 과거에 학습하여 붙들고 있는 우리 마음속의 관념들일 뿐임을 말이다.

자신이 진정 무엇인지를 깨달으면 우리는 자신이 스스로 생각하는 것처럼 그렇게 한정된 존재가 아니라는 것을 알 수 있고, 그러면 그 제약들을 쉽게 떨어낼 수 있게 된다.

이 세 가지에 대해 작업해가는 동안 나는 갈수록 자유로워졌다. 가슴은 갈수록 가벼워졌다. 나는 더 행복하고 평화로워졌다. 마음은 더 고요해졌다. 그러자 호기심이 발동하여 나를 끝까지 데려갔다. '이것만으로도 이토록 좋으니 얼마나 더 좋아질 수 있는지를 밝혀봐야겠다. 끝까지 한번 가볼 테다.'

나는 대부분 불행했던 삶을 살아왔다. 그래서 행복이라는 이 멋진 것이 들어오기 시작하자 그것을 모두 갖고 싶었다. 나는 집요하게 그것을 파고들었다.

그러자 갑자기 신기한 능력이 생겨나기 시작했다. 모든 곳의 모든 것을 알 수 있게 된 것이다.

우리와 같은 사람들이 무수한 행성들에 살고 있는 것이 보였다.

다음엔 대륙을 가로질러 로스앤젤레스를 바라보았다. 그리고 친구에게 전화를 걸어 "거기 거실에 사람이 세 명 있군" 하면서 그들이 무엇을 하고 있는지를 말해주기 시작했다. 그러자 갑자기 분위기가 얼어붙었다! 문득 내가 그를 겁에 질리게 만들고 있었음을 깨달았다. 나는 통화를 얼른 마무리해야 했다.

나는 신성한 법칙이 작용하고 있는 것을 지켜보는 너무나 흐뭇한 느낌에 경이를 느꼈다. 나를 매혹한 것은 그런 능력 자체가 아니라 신성한 법칙이 작용하고 있는 광경을 목격자가 되어 지켜보는 것이었다. 내가 행위자라는 느낌이 전혀 느껴지지 않았다.

그런 것은 집착할 일이 아니란 것을 알았다. 그런 것에 빠져들면 나아가기를 멈춰버리게 되리라는 것을 알았다.

나는 이 세상이 정신작용의 산물, 곧 꿈이라는 것을 깨닫고 있었다. 그러니 꿈속에서 다시 그런 능력에 매혹되어 빠져버린다면 그것은 내가 빠져나오려고 하던 그곳에 도로 갇히는 꼴이 되는 것이다.

나의 구도가 끝을 향해 다가가던 어느 날, 맙소사! 나는 그것을 보았다. 이 모든 것이 내 마음속의 꿈과도 같아서 하나의 일장춘몽이라는 것을 말이다! 그리고 그것은 간밤의 꿈과 매한가지로 실재한 적이 없는 하나의 꿈이었다. 당신이 간밤에 꾼 꿈은 현실이었는가? 아니다. 그것은 단지 당신의 마음속에서 일어난 것이다. 우리의 이 '현실'도 마찬가지다. 하지만 물론 이 매일의 깨어 있는 상태로부터 깨어날 때까지는 그것은 생생한 현실처럼 느껴진다.

내가 발견한 새로운 현실이란 나의 있음(my beingness), 그것이었고, 그것이 존재하는 것의 전부였다! 나의 있음이 우주의 불변하는 본질이요 핵심이라는 사실에 나는 물론 펀치를 맞은 것처럼 혼수상태가 되어 해롱해롱 얼떨떨해하고 있었다.

이 상태에서는 온 세상이 완벽해 보였다. 내 몸을 내려다보면서, 나는 그 또한 완벽한 그것의 일부분으로 바라보았다. 이것은 나의 모든 병증을 단숨에 치유시켰다.

영적으로 상승해가는 그 길에서 몇 번인가 몸에 엄청난 기운을 충전시켜주는 깨달음을 경험할 때는 빠른 걸음으로 수 킬로미터를 하염없이 걸어야만 하곤 했다.

그중 어떤 깨달음은 정말이지, 몸이 감당할 수 있는 이상의 것이었다. 가만히 앉아 있을 수가 없었다. 여러 번이나 나는 그 새롭고 강렬한 에너지를 털어내기 위해 하염없이 걷지 않을 수가 없었다.

나는 자유로운 존재이며 자유야말로 나의 본성임을 새록새록 깨달으면서, 나는 잠재의식의 장애물과 습관과 경향성을 하나씩 하나씩 지워나갔다. 갈수록 더욱더 자유로워졌고, 마음의 제약이 충분히 지워진 이후로는 나의 참자아가 내 앞에 스스로 자신을 드러내기 시작하는 상태 속으로 절로 미끄러져 들어갔다.

나는 나의 진정한 '나'는 오직 있음, 오직 존재일 뿐임을 깨달았다. 그리고 '나의 있음'은 곧 정확히 '우주의 있음'임을 말이다. 그리고 그것을 알았을 때, 나는 이 우주 속의 모든 존재와 하나가 되었다. ─ 그 안의 낱낱의 원자와. 그리고 그렇게 되면 그는 자신이 분리된 개인, 에고라는 느낌을 완전히 잃어버린다.

그것을 깨달았을 때, 즉 나는 곧 이 우주의 있음임을(that I AM the Amness of this universe) 깨달았을 때, 나는 온 우주를 내 상상 속의 한 심상으로, 하나의 꿈으로 바라보고 있었다.

나는 내가 하나의 몸이라고 상상, 아니, 꿈꿨다. 그리고 바로 지금도 나는 내가 이 몸이라는 꿈을 꾸고 있다.

사실은, 있는 유일한 것은 있음(Isness)뿐이다. 그것이 만물의 배후에 있는 변함없는 실체이다.

그리고 당신 또한 그것이다.

처음 시작했을 때 나는 거의 바닥을 치고 있었다. 오랜 세월 누적되어온 온갖 병에다 심장병까지, 그리고 깊은 우울증에다 깊은 불행감까지 겹쳐 있었다.

그로부터 석 달 후에 나는 그 반대쪽 극에 와 있었다. 너무나 행복해서 입이 귀에 걸려 있었고, 미소를 떼놓을 수가 없었다. 실로 형용할 수 없는 가벼움과 황홀한 행복감을 느꼈다.

삶 자체의 모든 것이 나에게 활짝 열리어, 그 모든 것을 너무나 잘 이해할 수 있게 됐다. 그것은 단순했다. ― 우리는 한계 없는 있음인데 스스로 그 위에다 제약적인 관념들을 들씌워놓은 것이다. 그러고는 스스로 현실로 받아들인 그 제약 아래서 괴로워하고 있는 것이다. ― 그것은 완벽하게 자유로운 우리의 본성에 반하는 것으로 느껴지므로. 하지만 그것은 한갓 정신적 관념의 산물일 뿐이다.

이전의 삶과 이후의 삶은 양극단이었다. 처음의 내 삶은 그저 극도의 우울증과 병에 찌든 삶이었다. 그러나 사건 이후의 삶은 형언할 수 없는 행복과 평온 그 자체였다.

삶 자체가 너무나 아름답고 너무나 조화로워져서 매일같이 하루종일 모든 것이 제자리에 완벽하게 맞아떨어졌다. 뉴욕 시내를 운전해서 다녀도 신호등에 걸리는 일이 거의 없었다.

주차하려고 하면 사람들이 ― 때로는 두세 명씩이나 ― 가던 걸음을 멈추고, 심지어는 길에까지 나와서 빈자리를 가리켜주기도 했다. 어떤 때는 택시 기사들도 내가 주차할 곳을 찾는 모습을 보고는 자기 차 대기를 포기하면서까지 내가 들어갈 수 있게 해주었다. 그러고 나서도 그들은 자신이 왜 그랬는지 의아해했다. 더블파킹*을 하면서까지 말이다!

심지어는 경찰관도 자신의 자리에서 차를 빼서 나에게 공간을 내줬다. 마찬가지로 그들도 그러고 나서는 자신이 왜 그랬는지를 이해하지 못했다. 하지만 나는 알았다. ― 그렇게 하는 것이 기분이 좋았던 것이다. 나는 그것을 늘 감사히 여겼다.

아무튼 당시에는 내가 하는 모든 일이 주변의 모든 사람에게 영향을 미쳤다. 내게서 나오는 진동은 그들의 기분이 좋아지게 만들었다. 그래서 베풀고 싶은 마음이 들게 했다. 그것은 그들로 하여금 모든 것을 더 사랑하게 만들었다. 그래서 그들이 나를 도와주려 나서곤 한 것이다.

가게에 가면 점원들도 하던 일을 멈추고 기꺼이 나를 도와줬

---

* 도로변에 정차하지 않고 도로변에 주차된 자동차 옆에 차를 대고 손님을 내리는 위법행위. 역주

다. 혹은 식당에서 내가 무엇을 주문하고 나서 마음이 바뀌면 웨이트리스는 내가 말하기도 전에 내가 원한 것을 갖다 주곤 했다. 사실상 그저 둥둥 떠다니고만 있으면 모든 사람이 날 돌봐 주기 위해 움직이는 것이다.

우주의 기운에 동조된 상태로 있으면 한 생각을 품을 때마다 우주의 낱낱의 원자들이 그 생각을 실현시키기 위해 움직인다. 그리고 그것은 여지없는 사실이다.

우주와 조화되는 것은 너무나 환희롭고 유쾌한 상태이다. 단지 일이 술술 잘 풀려서만이 아니라 '신께서 역사하고 있는' 그 느낌 때문에 말이다. 그건 엄청나게 좋은 기분이어서 그게 얼마나 멋진지를 당신은 상상도 할 수 없다. 우주의 기운에 동조된 조화로운 느낌은 너무나 환희롭다. 모든 곳에서 신을 본다! 신께서 역사하시고 있는 현장을 목격하고 있는 것이다. 일어난 어떤 특정한 일이 아니라, 바로 이것이 당신을 즐겁게 해주는 것이다. 신의 역사는 실로 비할 데가 없는 궁극의 무엇이다.

우주와 동조되면 사랑할 수 있는 우리의 능력은 극대화되어서 모든 사람을 지극히 사랑하게 되고, 삶은 그보다 더 환희로울 수가 없게 된다.

의식이 깨어난 이후의 삶

: A.C. (Life After Consciousness)

사랑은 모든 것을 참아내고
사랑은 모든 것을 믿는다

다른 사람들도 모두 내가 발견한 것을 알았으면 좋겠다고 느꼈다. 그게 나에게 가장 먼저 떠오른 느낌이었다. 하지만 어떻게 해야 할까?

나는 이 지식을 학교 다니는 아이들, 특히 1학년부터 알게 하는 것이 가장 효과적일 수 있겠다고 생각했다.

롱아일랜드의 마을들은 모두가 연방주택사업부의 대출을 갚지 못했기 때문에 이 교육을 하기에 용이하리라는 생각이 들었다.

부동산 사업을 하면 이 계획이 발을 들여놓기에 좋은 입지를 확보할 수 있을 테니까, 나는 그 일에 착수하기로 했다. 하지만 일에 착수하고 나서 하루는 생각 중에, 나에게는 자녀가 제도권 교육을 받기를 원하는 학부모들과 그 자녀들 사이에 끼어들 권리가 없다는 것을 문득 깨달았다. 그것은 부모와 자녀들의 카르마에 끼어들어 훼방을 놓는 결과가 될 것이었다. 그래서 나는 그 계획을 접어야 했다.

카르마는 보상의 법칙이다. 우리가 세상에 주는 모든 것은 자신에게로 돌아온다. 나는 아이들의 미래의 삶의 방식에 끼어들 권리가 없었다. 그들의 삶은 그들 자신의 선택에 따라 펼쳐질 것이기 때문이다.

나는 원하는 이들에게 내가 깨달은 것을 전해주는 것만이 내가 해야 할 일의 전부임을 깨달았다.

그리고 나는 그 일을 할 것임을 알았다.

두 번째로 떠오른 것은, 모든 것을 눈앞에서 증명해 보여야 한다는 것이었다. 과학을 공부한 사람으로서 그것은 당연한 일이었다. 모든 것이 증명된다면 그에 대해 이야기할 때도 더 효과적일 것이었다.

그래서 나는 나에게 찾아온 이 새로운 앎을 모두 검증하는 작업에 돌입했다. 먼저 내가 원하는 자잘한 것들을 상상하기 시작했고, 그것은 매우 빨리 실현됐다.

내가 큰일을 성취하지 못하는 유일한 이유는 단지 내가 크게 생각하려 들지를 않았기 때문임을 깨달았다. 그래서 나는 자신에게 물어보았다. '내가 생각할 수 있는 가장 큰 것은 뭘까?' 그러자 답이 들려왔다. '특수 제작된 캐딜락!' 나는 특수 제작된 캐딜락을 운전하여 달리고 있는 나의 모습을 마음속에 그렸다. 그것은 내 것이었다. 그런 다음 나는 그 심상을 놓아 보내버렸다. 내가 그것을 가지고 있다는 느낌이 너무나 확연해졌기 때문이다.

2주일쯤 후에 아는 사람이 하나 찾아와서 말했다. "레스터, 내가 방금 자네에게 주려고 끝내주게 멋진 캐딜락을 샀다네." 그러면서 그는 그 차의 모습을 묘사했다. 그것은 내가 상상했던 색깔이었고 모든 것이 마음속에 그렸던 그대로였다. 그가 말했다. "내 친구 하나가 특수 제작된 그 차를 샀다가 싫다고 해서 내가 그걸 단돈 4,000달러에 산 거라네."

나는 그저 그를 쳐다보고만 있었다. 나에겐 돈이 없었다.

"아, 돈 걱정은 말게." 그가 말했다. "내가 낼 테니까."

내가 말했다. "내일까지 대답을 기다려주겠나?"

그는 의아해하는 표정으로 나를 쳐다봤다. 이런 일에 하루나 대답을 고민을 하고 앉아 있는 사람이 어디에 있단 말인가? 하지만 그가 말했다. "물론이지."

나는 그에 대해 곰곰이 생각해봤다. 안 그래도 얼마 전에 나의 고물차를 폐차시킨 참이었다. 뉴욕에서 그런 차는 흉물이었다. 하지만 캐딜락을 타고 거드럭거리는 것도 내 성미는 아니었다. 나는 사람들과 일체감을 느끼고 있었다. 캐딜락을 가진 사람은 드물고, 사람들이 부러워하는 자리에 있고 싶지는 않았다. 게다가 이런 생각도 들었다. '지금 해냈으니 언제든지 또 할 수 있겠지.'

그래서 다음 날 나는 그것을 사양했다. 그것은 친구에게는 아주 놀라운, 거의 충격적인 일이었다.

이런 식으로 나는 내가 깨달은 다른 모든 법칙도 검증했다.

처음부터 나는 내가 세상으로 돌아가야 한다는 것을 알고 있었다. 하지만 당시에는 세상에서 너무나 멀리 떨어져 있어서 그럴 수가 없었다.

모든 사람의 마음이 마치 활짝 펼쳐져 있는 책과도 같았다. 나는 사람들에게 이렇게 저렇게 하면 당신의 문제가 풀릴 것이라고 말해주곤 했다. 나는 그들이 무엇을 필요로 하는지를 알아낼 수 있었고, 그 필요한 것을 한 문장의 말로 말해주곤 했다. 하지만 그것은 그들에겐 너무나 먼 나라 이야기여서 거의 효과가 없었다.

어떤 때는 묻지도 않는데 사람들이 궁금해하는 답을 말해주거나, 아니면 사람들이 무엇을 물어볼 때 전혀 엉뚱해 보이는 대답을 해주기도 했다. 말로 표현된 질문보다는 그 사람이 속에서 진정으로 알고 싶어하는 것에 답을 준 것이다.

그러다가 이런 주제, 곧 형이상학 쪽을 공부하는 그룹의 사람들이 있다는 것을 알게 되었다. 내가 알고 있는 것을 언어로 표현할 수가 없었는데, 그에 대해 토론하고 있는 사람들이 있다니! 나는 이런 것에 대해 토론하고 있는 그 사람들을 만나봐야겠다고 마음먹었다. 그러자 나는 그 무리 속으로 인도됐다.

나는 사람들에게 이야기하기 위해 모든 주요 철학 사상을 독파하고 그 용어들을 익혔다. 하지만 결국 최상의 언어는 가장 단순하고 단도직입적인 말, 곧 일상적인 영어라는 것을 깨달았다.

나는 뉴욕의 스타인웨이 홀Steinway Hall에 자주 가서 다양한 철학 강의를 들었다. 그리고 거기에 온 사람들을 만나서 자잘한 도움을 주었다. 하지만 그저 몇 명뿐이었고, 그게 다였다. 나는 대중적인 스승이 아니었다.

가족은 나의 변화에 대해 당혹스러워했다.

동생 도리스가 나를 저녁식사에 초대하려고 전화를 했다. 그녀가 묻기도 전에 나는 "그래, 도리스. 저녁 먹으러 갈게. 15분 안으로 가지" 하고는 전화를 끊었다. 그러고 나서야 도리스가 아직 그것을 내게 물어보지도 않았다는 사실을 깨달았다!

동생의 집에 가면 매부인 냇은 "레스터, 처남은 기술자니까 라디오 좀 고쳐줘요" 하고 물건 수리를 부탁하곤 했다.

나는 그것을 살펴보고는 말했다. "냇, 이건 그저 진공관이 느슨해져서 그래." 그러면서 진공관을 소켓에 잘 고정시키면 금방 소리가 나곤 했다.

이런 식으로 예닐곱 번을 고쳐주자 냇이 마침내 따져 물었다. "이봐요, 레스터. 이건 좀 이상해요. 라디오나 축음기가 탈이 날 때마다 그건 매번 진공관이 느슨해졌기 때문이고, 처남이 만지기만 하면 소리가 나다니, 대체 어째서 그런 거죠?"

내가 대꾸했다. "그냥 진공관이 느슨해진 거지 뭐." 설명을 해봤자 그가 믿지 않으리라는 걸 나는 알고 있었다. 그는 일상적인 일 외에는 받아들일 줄을 몰랐다.

나는 그저 완벽한 상태의 라디오를 '바라본' 것일 뿐, 그가 이해하게끔 만들기 위해서 괜히 진공관을 만지작거린 것이다.

깨달음을 얻은 후, 나는 사람들에게 우리가 원하는 것은 무엇이든지 가질 수 있음을, 심지어는 백만장자가 될 수도 있음을 입증해 보여주고 싶었다.

그래서 나는 부동산 사업을 시작했다. 내 생각은, '무일푼으로 맨해튼에서 빌딩을 몇 개나 사들일 수 있을까?' 하는 것이었다. 당시에 내가 가진 게 그것이었으니까. — 무일푼!

나는 돈을 하나도 들이지 않고 맨해튼 전체를 사들일 수도 있다는 것을 깨달았다! 나는 그 생각의 실현에 착수했다.

내가 사들인 첫 번째 건물은 서로 붙어 있는 두 채의 열 세대 공동주택이었다. 나는 그 건물을 너무나 싼 가격에 계약해서, 그것을 평가한 은행은 구입가보다 천 달러나 많은 액수를 융자해 줬다.

그래서 나는 이제 두 채의 건물에다 덤으로 천 달러를 갖게 됐다. 그다음에 나는 500달러를 계약금으로 걸고 이스트사이드 79번가에 나란히 지어진 열여덟 채의 단독주택을 계약했다. 그리고 3주 후에 나는 그것을 2만 달러의 이익을 남기고 팔았다.

그 후로 2년 만에 나는 20 내지 40가구가 사는 아파트 23채를 소유했다. 그것은 모두가 현찰 없이 1차 혹은 2차 융자와, 정 필요할 때는 나의 변호사에게서 사채를 얻어서 매입한 것이다. 건물로부터 나오는 수입은 모든 대출에 대한 상환액을 포함한 모든 비용을 지불하고도 남았다.

나의 재산은 멋지게 쌓여갔다.

내가 한 모든 거래는 각 당사자들에게 모두 이로워야만 했다. 그것이 나의 성공의 비결이었다.

나는 은행에 가서 처분할 부동산이 있는지를 물어보았다. 나는 은행이 현금화하기 위해 매각하는 부동산이 많이 나온다는 사실을 발견했다. 낡은 아파트는 매각하기가 어려우므로 그들은 그것을 시가의 반값에 내놓곤 한다. 나는 그것을 보지도 않고 즉시 매입해서 시가의 4분의 3 값에 얼른 팔았다.

일은 아주 순조롭게 잘 굴러갔다. 나는 대부분의 시간을 명상으로 보냈다. 일이 그만큼 있기나 하면, 하루에 최대 네 시간밖에 일하지 않고 말이다.

하루는 깊은 명상에 들어 있던 중에 문득 이런 말이 들려왔다. '예수가 그랬던 것처럼, 셔츠 하나만 걸치고 걸어나가라. 들고 갈 수 있는 것만 가지고 그냥 걸어나가라.'

나는 그 즉시 일어서서 문으로 걸어갔다. 그러다가 이런 생각이 들었다. '잠깐만, 레스터. 이 건물들 때문에 1, 2차로 융자받은 것과 사채가 있잖아. 우선 이 사람들부터 돌봐야지.'

그 생각은 착오였다. 나는 그마저 신께 내맡겼어야 했다. 그러면 모든 사람이 보살핌을 받았을 텐데 말이다.

아무튼 그 내면의 지시를 들은 후에 나는 부동산을 모두 헐값에 처분해버렸다. 그러니까 팔리지 않는 건물 다섯 채를 제외한 모든 건물을 처분한 것이다. 그 다섯 채는 몇 달 후에 시의 재개발사업으로 보상받으면 이익이 되리라는 말을 듣고 산 것이었다.

나는 그 건물들의 관리를 중개인에게 맡겨놓고 크라이슬러

새 차를 사서 몰고 서부를 향해 떠났다.

나는 어디든 멀찍이 외떨어진 장소를 원했고, 그래서 지금 살고 있는 애리조나주 세도나의 도로 끝에서 약 20만 평의 이 부지를 발견했다. 이곳은 모든 것으로부터 자연스럽게 떨어져 있어서 숨어 지내기에는 아주 그만이었다!

나는 계약금도 없으면서 중개인에게 그것을 사겠다고 했다. 한 이틀 후에 우편으로 그것을 묶어놓을 수표가 왔다.

수표가 올 줄은 몰랐다. 그건 뉴욕에 있는 부동산에서 생긴 소액의 수표였다. 나는 그것으로 1차분 할부금을 지불했다. 얼마 후에 시에서 남아 있던 다섯 채의 건물을 매입하겠다는 연락이 왔다. 나는 그 돈으로 땅값을 완불하고 거래를 마무리할 수 있었다.

1958년에 뉴욕을 떠난 이래로 나는 줄곧 오로지 놓아 보내기와 신께 맡기기로 보살핌을 받아왔다.

셔츠 한 장만 걸친 채로 뉴욕의 아파트를 걸어나오라는 그 지시를 들었을 때, 내가 얻은 것이 또 한 가지 있다. 쌓아놓는 것은 곧 불신을 뜻한다는 깨달음 말이다. 늘 보살핌을 받고 있다면 아무것도 쌓아 놓을 필요가 없다. 새와 짐승들이 쌓아놓을 필요가 있던가? 신께서 새와 짐승들을 보살펴준다면 나도 당연히 보살펴주실 것이다.

보살핌받을 것임을 온전히 확신한다면 앞날은 걱정하지 않아도 된다. 실제로 존재하는 유일한 안전망은, 의지로써 창조해낼 수 있는 능력이다.

그날로부터 모든 것은 내가 필요한 대로 왔다. 그리고 지금도 여전히 그렇다.

사랑은 사랑 속에서 꽃핀다

1958년 애리조나의 세도나에 도착했을 때, 나는 아무런 계획도 가지고 있지 않았다. 그저 몸을 이곳에 부려놓고 거의 2년 동안 황홀경 속에 머물러 있었다. 이 기간에 나는 혼자였지만 가끔 밖으로 나가라는 재촉을 내면으로부터 받았다.

나는 작은 그룹의 사람들에게 강연을 하러 뉴욕에 갔다. 거기서 했던 이야기가 받아 적어져서 《궁극의 진실》(The Ultimate Truth Book)이라는 제목의 책으로 나왔다.

그로부터 다른 그룹들도 저절로 생겨났다. 나는 그들에게 몇 차례 강연을 해주고 떠났다가 6개월쯤 후에 다시 찾아가곤 했다. 그러면 전에 왔던 사람들과 새로운 사람들이 다시 모였고, 나는 그들과 몇 차례씩 시간을 가지곤 했다. 중간에 시간을 둔 것은 그들이 내가 한 이야기를 소화할 수 있게 하기 위한 것이었다.

하지만 나는 1년 전부터 이것도 그만두었다.

나는 정말이지 자신을 스승으로 여긴 적도 없고 새로운 운동을 창시하고 싶은 생각도 없다. 사람들이 나를 끌어당겼고, 나는 그들이 끌어당기고 있기 때문에 주었다. 그 과정에서 그들은

1964년의 이 강연들을 녹음했다. 그 녹음테이프로부터 이제《레스터와의 담화》(Sessions with Lester) 시리즈가 책으로 나왔다.

세상으로 돌아오니 모든 것이 달리 보였다. 처음에 사람들에게 이야기할 때는 어떤 반론도 나오지 않았다. 나는 신에게 이야기하고 있는 신이었다.

그런데 이제는 사람들에게서 많은 반론이 제기된다. 처음에는 어떤 반론도 없었다. 이제 나는 사람들이 내가 하는 말에 반론을 제기하면 그것을 나 자신이 그들에게 참견한 결과로 본다.

나는 남의 일에 참견할 권리가 없다. 이제 나는 내가 할 말을 글로 하고, 사람들은 그것을 읽을지 말지 선택할 수 있다. 그래서 이제는 더 이상 밖으로 나갈 필요를 느끼지 않는다.

대부분의 사람들은 진실을 알고 싶어하지 않는다는 것을 나는 안다. 그들이 원하는 것은 더 나은 세상을 만드는 것이다. 그것은 좋은 일이고, 나도 그들이 더 나은 세상에서 사는 것이 좋다. 그러니 그 목적을 위해서라면 나를 통해 나온 데이터를 얼마든지 써도 좋다. 그것만으로도 한 걸음 나아가는 것이다.

대부분의 사람들, 말하자면 95퍼센트의 사람들은 단지 안락한 삶을 추구한다. 그들은 궁극의 것을 추구하지 않는다. 멋지고 안락한 삶을 살 수 있는 지점에 이르면 그들은 성장을 멈춘다.

높은 지위에 올라가서 삶이 아주 편안해지면 그들은 거기에 안주한다. 하지만 실제로 일어나는 일은, 거기에 계속 행복하게 머물러 있지는 못한다는 것이다. 길의 끝까지 가기 전에는 그들은 결코 만족하지 못한다. 그러니 그들은 거기서 막혀 있는 것이다. 나와 밀접한 관계를 가졌던 로스앤젤레스의 한 그룹을 예로 들 수 있다. 그들은 사업이 잘 나가고 있었고, 커플들은 사이가 아주 좋았다. 삶이 잔치가 됐다. 하지만 4년이 지난 지금 그들은 끔찍한 지경에 처해 있다. 사업은 이전처럼 잘 굴러가지 않아서 골치가 아프고, 그들은 실의에 빠져서 정말 불행하게 살고 있다.

삶은 한자리에 가만히 머물러 있지 않는다. 앞으로 나아가지 않으면 뒤로 간다. 세상을 향해 가고 있는 사람은 자유로부터 구속을 향해 가고 있다. 세상이 곧 구속이기 때문이다.

하지만 마침내는 모든 사람이 성공을 거둔다. 세상에서 행복을 찾고 있을 때, 우리 모두가 내몰려 가고 있는 곳이 바로 그곳이기 때문이다. 우리는 사실 가능한 한 가장 높은 경지의 행복을 찾아 헤매고 있다. 세상은 그것을 행복이라 부른다. 하지만 행복은 거기에 있지 않다. 그래서 우리는 늦든 빠르든 간에 언젠가는 그것을 배워 깨닫고 올바른 방향을 찾아간다.

✳

이제 나의 모든 가르침은 책으로 나왔고 '풍요의 코스'(The Abundance Course)라는 수업에서 가르쳐진다. 하지만 내가 줄 수 있는 것을 진정으로 원하는 사람은 매우 적다. 인용하자면, '천 명 중 한 명이 나를 찾고, 나를 찾는 천 명 중 한 명이 나를 발견한다.'

우리는 진실에 대해 너무나 무지한 시대를 살고 있다. 우리는 너무나 눈이 어두워서 물질을 통해 영으로 가는 길을 찾고 있다. 우리는 물질적 이상을 실현하려고 한다. ─ 더 많은 자동차, 더 많은 기계, 더 많은 권력, 더 많은 돈.

오늘날은 돈이 곧 신이다. 이 나라는 그 무엇보다도 달러를 숭배한다. 숭배한다는 것은 거기에 삶을 바친다는 뜻이다. 사업가들이 돈에 몸을 바치지 않는 것 같은가? 그들은 돈을 먹고, 돈을 숨 쉬고, 돈과 잠자리를 함께한다. 그들은 정말 헌신적이다. 돈에게 말이다. 그리고 그 때문에 그들은 불행하다. 그들에게 차분함이나 평화 같은 것은 없다.

처음 애리조나주에 와서 두 해 동안 나는 그저 홀로 앉아 있었다. 나는 높고 아름다운 경지 속으로 물러나 있었다. 당신의 경험에서 그와 비슷한 유일한 것은 꿈이 없는 깊고 깊은 잠일 것이다. 그것은 너무나 느낌이 좋아서 깨고 나서도 기억에 남는다.

나는 그 상태에 있었지만 깨어서 있었다. 그것은 깨어 있는 상태 그 자체다. 그런 상태에 있을 때는 의식될 필요가 있는 특별한 일은 무엇이든지 의식하게 된다.

그것은 정말 세상으로부터 멀찍이 물러난 은둔생활이었다. 하지만 내가 지금 거치고 있는 이 일을 해야겠다는 마음만은 늘 품고 있었다.

2년 후에 작은 그룹들, 특히 로스앤젤레스와 뉴욕에 있는 그룹들에게 다시 강연을 했다. 1962년에는 피닉스에 갔는데 거기서 사람들과의 접촉이 더 잦아지게 되었다. 나는 1965년에서 70

년까지 꽤 많은 활동을 했다. 대부분의 시간은 로스앤젤레스에서 보냈다.

로스앤젤레스에서 나는 한 비범한 과학자를 만났다. 그의 아이디어는 원자의 에너지를 꺼내어 쓸 수 있게 만듦으로써 전 세계의 빈곤을 퇴치하는 것이었다.

나는 그를 위해 30만 달러의 프로젝트 자금을 모았다. 우리는 열전도율이 가장 높은 것으로 알려진 은보다도 더 열전도율이 좋은 알루미늄 금속을 만드는 작업을 했다. 이것은 원자 속의 에너지를 끌어낼 수 있는 높은 전도성을 지닌 금속을 만들어낼 것이었다.

로스앤젤레스에 있는 동안 나는 사람들 가르치는 활동을 활발하게 했다.

나의 목적은 세상으로 더 나오는 것이었다. 나에게 세상으로 돌아온다는 것은 곧 대부분의 사람들이 바라보는 것처럼 세상이 비참하고 고통스러운 곳인 듯 행동하는 것이었다.

지고한 삶의 방식을 깨닫고 나면 그 반대의 삶을 택한다는 것은 엄청난 노력이 필요한 일이다.

'왜'의 지혜

사랑은 전염된다

깨달음 후 초기에 나는 개인적으로 만나는 사람들의 병을 치유
해주게 됐다. 그들은 한 가지 병을 치유해주고 나면 다른 병으
로 또 찾아오곤 했다. 그러다가 사람들에게 스스로 병을 치유하
는 법을 가르치는 편이 훨씬 낫겠다는 생각이 들었다.

영적 치유가 최선이다. 즉석에서 치유되기 때문이다. 영적 치
유를 못한다면 정신적으로 치유하면 된다. 그러면 즉석에서, 혹
은 신속하게 치유된다. 둘 다 안 된다면 의사를 찾아가라.

늘 거기에 있는 완벽함을 알면 영적 치유가 일어난다. 오로지
완벽함만을 보면 불완전함은 놓아 보낼 수 있게 된다.

정신적 치유란 병에서 마음을 떼내어 건강한 몸을 생각하고

심상화하는 것이다. 병의 심상을 마음속에 품지 않았는데 병이 나는 것은 불가능한 일이다!

나는 1952년부터 1956년까지의 짧은 기간 동안 개인적인 인연으로 만난 사람들만 치유해줬다. 이때 만난 사람들은 즉석치유를 경험했다. 심지어는 전화를 통해서도 말이다.

한번은 한 소녀가 나에게 전화를 걸어 말했다. "병원에 갔더니 횡격막이 파열됐다고 수술하라고 하는데, 어떡할까요?"

나는 그녀를 하나의 온전하고 완벽한 존재로 바라보며 말했다. "그냥 다 완벽하다고 생각하고 횡격막을 바라보세요. 아무 문제도 없어요."

그러자 소녀가 말했다. "예! 그래요!" 나는 소녀가 자신의 완벽함을 받아들이는 것을 느낄 수 있었다.

내가 말했다. "좋아요. 이제 병원에 가서 검사해보세요." 그녀는 병원에 가서 검사했지만 문제는 사라져 있었고, 의사는 깜짝 놀랐다.

이런 치유의 과정에서 나는 나 자신에게는 주의를 보내지 않았다. 나는 언제나 배후에 물러나 있었다. 나 자신을 치유자로 여기지 않는 것이다. 자신은 그저 무대 밖으로 내보내버린다. 자신을 놓아 보내고 신께서 역사하시게 하는 것이다. 그렇게 하면 치유가 일어난다.

예수는 자신을 통해 역사하시는 것은 하나님 아버지라고 말했다. 대중의 스승은 밖으로 나가서 대중에게 말해야 한다. 그러나 그는 그것으로 자만하여 으스대지 않는다. 그는 그것을 신께서 신에게 말하고 있는 것으로 느낀다.

예수는 징표를 보지 않고는 믿지 말라고 했다. 그래서 사람들의 믿음을 돕기 위해 징표를 보여준 것이다. 이 모든 치유는 그로 하여금 영적 계시를 얻도록 돕기 위해서 행해지는 것이다. 치유를 위한 치유는 행해지지 않는다. 그것은 치유 이상의 것이 되어야만 한다.

성장해오는 과정에서 나는 내가 할 수 있는 것만을 안다는 생각을 마음 한구석에 늘 품고 있었다. 내가 뭔가를 할 수 있다고 한다면, 내가 몸소 그것을 하기 전에는 그것을 아는 것이 아니다. 이런 태도가 나로 하여금 자신을 속이지 못하게 했다.

하지만 여기에는 역설이 있다. 만일 나 레스터가 어떤 기적을 행하려고 한다면 그것은 일어나지 않는다. 자신을 놓아 보내고 신께서 역사하시게 함으로써 레스터가 끼어들지 못하게 하는 데 성공해야만 기적이 일어나는 것이다.

거기에는 행위자라는 느낌이 없어야만 한다.

신께 온통 내맡기는 것이 기적을 일으킨다.

만약 누군가가 기적을 행하려고 하는데 제대로 안 된다면, 그것은 그의 앎이 온전하지 않은 것이다. 올바른 이해가 있어야만 한다. 자신의 작은 자아는 그 자리에서 내보내야 한다. 자신을 놓아 보내고 신께서 역사하시게 하면 기적은 즉석에서 일어난다. 하지만 그것을 시험 삼아 해보려고 해서는 안 된다. 그저 그것이 그러함을 알고 그렇게 되도록 놔두는 것이다.

사람들은 이렇게 묻는다. "레스터, 당신은 기적을 행할 수 있나요?"

그러면 나는 대답한다. "아뇨, 못합니다." 그건 맞는 말이다. 하지만 나 레스터를 자리에서 내보냈을 때, 내가 경험해보지 못한 일은 없다. 에고의 느낌을 놓아 보내면 그 어떤 일도 일어날 수 있다.

예수가 "내 아버지의 집에는 거처할 곳이 많다"고 했듯이, 사람은 육신을 벗으면 이 세계와 비슷한 세계로 가서 오래된 친구들을 만난다. 주된 차이는, 거기에 있는 모든 것은 즉석에서 생겨난다는 점이다. 생각만 품으면 모든 것이 즉석에서 현실화된다. 이곳보다는 사는 것이 훨씬 더 쉽다.

이 세상에 비하면 그곳은 천국과 같다. 그러나 모든 것이 너무나 수월해서, 거기에는 성장을 부추겨주는 자극이나 동기가 없다. 이곳은 성장해가기에 가장 좋은, 기회의 땅이다.

이곳에 있는 어떤 것과 함께하고 싶은 강렬한 욕망을 품은 채 죽으면 그것과 함께 머물게 된다. 큰 회사의 경영자들은 돌아와서 자신의 자리에 앉으려고 하지만 거기에 다른 사람이 앉아 있는 것을 보고 불같이 화를 낸다. 그러나 그는 그를 쫓아낼 수 없다. 이곳에서 뭔가를 원하는 사람은 이곳에 머물게 되고, 그것이 귀신이다.

그들 중 일부는 벽을 두드리는 것과 같은 작은 소리를 내거나, 담요 같은 자잘한 물건들을 움직이게 할 수 있다. 하지만 그들이 할 수 있는 것은 그게 전부다. 어떤 사람들은 귀신을 보고 겁에 질리지만, 그들은 우리에게 아무 짓도 할 수 없다.

자신이 해를 입을 수 있다는 생각을 스스로 받아들이는 것 외에 우리를 해칠 수 있는 것은 이 우주에 아무것도 없다.

＊

깨달음 이전의 경험으로부터, 나는 자신감을 품고 있으면 그것이 상대방에게도 전해진다는 것을 알고 있었다. 이제 나는 그것을 설명할 수 있다. 무엇이든 우리가 절대적으로 확신하는 것은 있거나(is), 아주 신속하게 있게 된다(becomes so). 나는 내가 은행에서 대출받을 수 있다는 것을 너무나 확신하고 있었다! 나는 그것을 한 치의 의심도 없이 알고 있었고, 그것이 그 은행원으로 하여금 마음이 기울게 만들어서 담보도 없이 만 달러의 현금을 내주게 한 것이다.

모든 사람이 무의식중에 다른 모든 사람의 마음을 읽는다. 두 사람이 만날 때 그들이 무의식중에 서로의 마음을 읽고 반응하는 것을 지켜보노라면 미소가 절로 지어진다. 나는 그것을 안다. 우리는 모두가 서로를 읽고 있다.

깨닫기 전에는 나도 이런 모든 것에 반박했다. 그것을 합리적인 생각으로 이해해보려고 하다가 안 되면 그것을 비상식적인 일이라고 물리쳐버렸다.

나는 마음속의 불안감에 쫓기면서 일주일 내내 하루에 열두 시간 내지 열네 시간씩 일을 하곤 했다. 늘 일 속에 빠져 있음으로써 불안감에서 벗어나려고 했던 것이다. 열심히 일한 주된 이유가 바로 그것이었다. 그 핑계로, 나는 언제나 무일푼으로 사업을 시작하니까 열심히 일해야만 한다고 자신을 속였다. 하지만 그건 단지 도피 행위일 뿐이었다.

이 점은 분명히 말해야겠다. ― 나는 보통 사람이 살아야 할 방식으로 살았다. 선한 사람이 되려고 애쓰고, 내 직업에서 최고가 되어 돈을 많이 벌려고 애쓰면서 말이다. 사람들이 하려고 애쓰는 모든 일을 하려고 애썼다. 나는 사회가 내게 주입시킨 목표를 좇고 있었다. ― 성공과 부와 명성 말이다.

그리고 나는 그것을 사회적 규칙 안에서 하려고 애썼다. 그러나 나의 육체적, 정신적 건강은 끝없이 떨어져서 결국은 언제 죽을지 모르는 심장병까지 얻었다.

사회의 규칙을 지키면서 자기에게 주어진 길을 아무리 발버둥치며 헤쳐나가도, 그리하여 마침내 그 목표에 이른다 하더라도, 원하는 것은 얻지 못한다.

결국 우리는 위기에 봉착한다. 사실 세상은 그렇게 되게끔 짜여 있다. 세상의 게임에서 승자가 될 수는 없다.

세상은 그렇게 지옥 게임처럼 짜여 있다. 그리하여 언젠가는 그것을 초월하여, 한계에 갇힌 육신만 제외하고는 무엇으로라도 돌아가게끔 말이다. 육신은 우리가 될 수 있는 최후의 것이다.

나는 자신의 느낌을 표현할 수 없을 정도로 지극히 감정이 억압되어 있었다. 세상을 이해하지 못하니 다른 사람들의 인정을 받기 위해서 자신의 모든 느낌을 억눌러왔기 때문이다. 나는 이것을 아주 어릴 때부터 해와서, 그것이 결국 신경증으로까지 발전했다.

세상이 올바르다고 제시하는 방향을 따라 그들이 원하는 일을 하기 위해, 나는 나 자신의 느낌을 억눌렀다.

나는 세상이 중시하는 가치를 결코 이해하지 못했다. 내가 돈에 정말 관심이 있었던 것은 아니다. 돈을 벌어야 하니까 억지로 자신을 끌고 나온 것일 뿐, 나에게 돈은 결코 즐김직한 것이 아니었다. 나는 경쟁도 좋아하지 않았다. 그것은 옳지 않다고 느꼈다. 나는 뛰어난 핸드볼 선수이자 테니스 선수였지만 — 챔피언들을 물리칠 만큼 — 경쟁하지 않을 때는 이겼지만 경쟁에서는 한 번도 이기지 못했다. 그래서 시합 팀에는 낄 수가 없었다.

경쟁은 옳다고 느껴지지 않았다. 그것은 무엇을 반대하는 것이다. 상대방을 이긴다는 것은 옳지 않았다. 스포츠 게임은 그저 재미로, 기술연마를 위해, 운동을 위해 하는 것이어야지 이기기 위해서 하는 것이어서는 안 된다.

영적 추구의 기간 동안 잠은 점점 짧아지다가 마침내는 완전히 없어져버렸다. 우리는 오로지 한 가지 이유 때문에 잠을 자야 한다. — 너무나 생생한 현실로 여겨지는 이 세상에서 벗어나기 위해서 말이다. 우리는 세상을 너무나 원하지만 그것은 우리에게 너무나 무거워서 하루 평균 여덟 시간은 거기서 완전히 빠져나와 있어야 한다.

우주의 에너지와 동조되고 조화되어 있으면 결코 피로해지지 않는다. 피로는 오직 마음의 갈등으로 인해서 생기는 것이다. 정신적인 갈등이 모두 사라지면 결코 피로해지는 법이 없다. 동조되어 있을 때는 우주의 모든 에너지가 다 나의 것이 된다. 사용하고자 하기만 하면 마음껏 사용할 수 있도록, 그것은 늘 거기에 준비되어 있다.

잠을 자지 않던 때가 잠을 자던 때보다 훨씬 더 기운에 차 있었다. 나는 다른 사람들과 같아지기 위해 다시 잠을 자기 시작했다. 처음에는 한 시간 동안, 그다음엔 두 시간 동안, 마침내는 여섯 시간 동안 잠을 잤다. 이제는 불규칙적이긴 해도 그것이 평균이다.

나는 한 시간을 잘 수도 있고 여섯 시간을 잘 수도 있지만 나에게 그건 아무런 차이가 없다.

깨닫기 전에는 단백질은 아무리 많이 섭취해도 괜찮다고 하는 의사와 영양사들의 말을 믿었다. 그래서 아침에는 계란과 커다란 햄 스테이크나 베이컨 한 조각을 먹었고, 점심과 저녁에도 언제나 고기를 먹었다.

깨달음을 얻고 나니 우리의 동물 가족은 우리의 친척과도 같음을 알게 됐다. 나는 그들을 내가 좋아하는 존재들로 바라봤다. 좋아하는 동물을 어떻게 먹을 수가 있는가?

허기가 몰려오면 나는 그 스위치를 끈다. 그러면 허기는 사라진다.

그래서 나는 결코 허기에 시달리지 않는다.

이것은 연습만 하면 누구든지 할 수 있다. 배고플 때 먹지 말고 배고프지 않을 때 먹으라. 그렇게 해도 하루에 세 끼를 먹을 수 있다. 이것은 그저 몸을 다스리는 하나의 방법이다. 그러면 위에게 지배당하는 대신 당신이 지배권을 갖게 된다.

＊

1952년에 깨닫기 이전의 삶에서는 가장 행복한 순간이란 아름다운 여자와 사랑에 빠질 때였다. 그것은 늘 똑같이 반복됐다. 나는 미친 듯이 사랑에 빠졌고, 그러다가 결국은 헤어지고 나서 한참 속앓이를 하곤 했다.

처음으로 여자와 헤어진 것은 고등학교와 대학교에 걸쳐 사귀었던 안네트였다. 그 이별의 후유증에서 완전히 벗어나는 데는 약 5년이 걸렸다. 그 충격은 너무나 깊어서 그것과 싸우는 데 모든 에너지를 탕진했고, 그로 인해 오랜 세월 동안 늘 우울한 기분으로 살아야 했다.

그러다가 버지니아를 만나고, 사랑에 빠졌다. 그리고 또 헤어졌다. 이번에는 후유증에서 벗어나는 데 3년밖에 걸리지 않았다. 나에겐 사랑에 빠지는 것이 삶 속의 다른 무엇보다도 더 흥미로운 일이었다. 문제는, 내가 워낙 자유롭지 못하여 결혼이 초래할 것으로 느껴지는 더 많은 부자유는 견뎌낼 수가 없었다는 점이다. 그리고 내가 결혼을 하지 않으려고 하니 여자들은 떠나버렸다.

그런 괴로움은 더 이상은 겪고 싶지 않아서 뭔가 조치를 취해야만 했다. 결혼을 하지 않으려고 하면 여자들이 떠나간다는 것을 알고, 나는 헤어질 때 겪어야 할 극도의 슬픔과 불행을 예방

할 수 있는 시스템을 만들어냈다.

애정이 최고조에 달했다가 내려가기 시작하는 것이 보일 때, 나는 헤어질 준비를 시작하곤 했다.

하지만 내가 고통을 경험해봤기 때문에 상대방도 나처럼 그런 고통에 시달리게 하고 싶지는 않았다. 그래서 나는 그들이 나를 버리게 만들곤 했다.

나는 남자가 여자의 뒤를 졸졸 따라다니면 여자는 달아난다는 것을 발견했다. 남자가 달아나면 오히려 여자가 달려든다. 그래서 나는 말로써 여자들 주위에 사랑의 울타리를 둘러치곤 했다. 이렇게 말이다. "자기, 어디 갔었어? 빨리 왔어야지. 난 네가 곁에 있어야만 해. 다시는 그러지 마." 그러면 그들은 구속감을 느끼고 불편해했다. 울타리 속에 가두기, 그게 다였다. 나는 그걸 감쪽같이 하는 방법을 터득했다.

이것은 모두가 머리를 굴려서 해낸 일이었다. 나는 그저 사람들을 움직이는 것이 무엇인지를 관찰하여 이 방법을 터득했다. 심리학 따위를 통해 이해한 것이 아니었다.

연애가 나에게 가져다준 최종 결과는 불행이었다!

하지만 사랑과 열정, 그다음의 상심이 가져다주는 일격은 정말 좋았다. 그런 일격들이 없었으면 우리는 잠시의 쾌락을 뒤따르는 긴 고통일 뿐인 이 환영 속에 빠져서 영원히 헤매고 있을 것이다. 그것이 이 세상의 패턴이다. ― 한 줌 쾌락의 대가로 갚아야 하는 산더미 같은 고통 말이다. 고통이 너무 커지면 대부분의 사람들은 거기에 익숙해져버려서 그것이 얼마나 큰지조차 모르게 된다.

애정관계에 내리막길이 시작되는 것을 알려주는 최초의 단서는 여자가 결혼에 대해 처음으로 암시를 던지는 것이었다. 그 다음엔 그에 대해 이야기하기 시작하고, 마침내는 바가지를 긁는다. 바가지가 시작되면 그것은 관계가 끝을 향해 다가가고 있다는 신호였다. 그때쯤 되면 나는 이전에 겪었던 찌르는 듯한 고통에 또다시 시달리지 않기 위해 다른 여자를 맞춰놓았다.

그 고통보다 더한 고통은 없었다. 그것은 스위치를 끌 수가 없었다. 거기에는 연고를 바를 수도 없었다. 내가 발견한 유일한 연고인 다른 여자를 만나는 것 외에는 말이다!

대부분의 애정관계에서 상대방에게서 얻고자 하는 것은 거의가 에고의 인정이다. 그 때문에 대부분의 사람들의 결혼은 행복하지 않다. 그들은 에고의 인정을 받고자 허구한 날 서로 상대방을 들볶는다. 그것이 결혼생활의 불행을 재촉한다.

무엇이 성공적인 결혼생활을 가져다줄까? 두 가지이다. — 공통의 관심사와 우정.

나는 두 명의 친구와 뉴욕 23번가의 한 카페테리아에 앉아 있었다. 그것은 1945년쯤이었다. 테이블에 앉아 커피와 파이를 먹고 있다가 조가 말했다.

"젠장, 난 섹스도 못하고 살고 있어."

내가 말했다. "조, 지난주에 아무개하곤 아무 일 없었어?"

조가 말했다. "아, 그건 빼고."

"그럼 그 전 주의 아무개는?"

"아니, 그것도 빼고."

"그리고 그 전 주의 아무개는 어떻고?"

"그것도 빼고."

프레드가 끼어들었다. "젠장, 나도 섹스를 못하고 살아."

내가 말했다. "지난주에 아무개하고는 별일 없었어?"

"그건 빼고."

"그럼 그 전 주의 아무개는?"

"그것도 빼고."

그 순간 나는 엄청난 깨달음을 얻었다. 나도 똑같이 느끼고 있다는 사실을 발견한 것이다. 섹스를 한 적이 없다는 사실 말이다! 그래서 내가 말했다. "우리 미친 거 아냐? 이게 뭐지?" 나는 우리가 원한 것은 섹스가 아니라 사랑이라는 것을 깨달았다. 그러니까 우리는 사랑을 얻지 못했기 때문에 '섹스를 못하고 있다'고 말하고 있었던 것이다.

그 후로 나는 '섹스를 못하고 있다'는 느낌을 놓아 보냈다. 하지만 그건 별로 도움이 되지 않았다. 나는 여전히 사랑을 얻지 못했다고 느꼈고, 아직도 사랑을 가지지 못하고 있다고 느꼈다.

나는 이것이 바로 오늘날까지도 많은 사람들이 그토록 섹스에 탐닉하고 있는 이유라고 생각한다. 그들은 그것을 사랑과 동일시하고 있다. 그리고 그 섹스를 통해 사랑을 얻지 못하니까 늘 더, 더 많은 섹스를 추구하는 것이다.

세상과 맞싸워서는 세상에서 해방되지 못한다. 그 속에서만 해방을 얻을 수 있다.

한 토크쇼에서 낸시 시나트라가 여성해방운동에 대해서 어떻게 생각하느냐는 질문을 받았을 때, 그녀는 그것을 이해하지 못하겠다고 대답했다. "자유는 개인적인 것입니다. 난 자유를 위해 싸워야 한다고 느끼지 않아요."

그녀는 자신이 그 자유를 이미 가지고 있다고 느끼고 있음을 암시한 것이다.

그녀에게는 그 운동이 전혀 의미가 없었다. 그리고 그녀는 올바른 생각을 가지고 있었다. ─ 자유는 개인적으로 성취하는 어떤 상태라는 것 말이다.

우리 사회에서 여성들은 2등 시민처럼 행동하고 있다. ─ 그것은 너무 지나쳐서 많은 여성들이 스스로 자신이 그런다는 것을 알아차리지도 못한다!

여성들이 2등의 지위에 있는 이유는 그들이 자신을 부차적인 존재로 여기기 때문이다. 그들이 자신의 사고방식을 바로잡고 실제로 자신을 모든 면에서 남성과 동등하게 여기면 실제로 동등해질 것이다. 그러면 여성해방은 모든 여성의 내면에 깃들 것이고 운동은 불필요해질 것이다.

미국 헌법은 언제나 여성을 포함하여 모든 시민에게 동등한 권리를 부여한다.

그럼에도 여자 대통령은 몇 명이나 있는가? 여자 국회의원은 몇 명이나 있는가? 회사의 경영자는 몇 명이나 있는가?

우리가 알고 있는 대부분의 위대한 스승들은 남자였다. 여자 스승들은 세상이 남자들에게 해주는 것과 같은 인정을 받지 못한다. 그래서 눈에 띄지 않고 남아 있기 쉽다.

남자의 본성은 이성이고, 여자의 본성은 느낌이다. 느낌은 이성보다 참자아에 더 가깝다. 그러므로 느낌으로 움직이는 여성들이 참자아에 더 가깝다.

중요한 결정을 내리지 못해서 쩔쩔매던 사업가가 고객을 집으로 데려와서 아내의 승인을 얻고서야 결정을 내릴 수 있었다는 이야기가 생각난다. 그는 경험을 통해 아내의 느낌과 통찰이 언제나 옳음을 배운 것이다. 그는, 설명은 할 수 없지만 그렇다는 걸 안다고 했다.

알겠는가? 두 가지 다른 본성이 존재하고, 이 때문에 양성은 서로를 이해하기에 어려움을 겪고 있는 것이다.

내가 함께했던 일부 그룹에서도 남자들은 늘 질문을 했다. 그들은 머리가 비상했다. 여자들은 거의 아무 말도 하지 않았다. 하지만 그들은 남자들을 앞서 갔다! 여성들은 그것을 느끼고, 경험했다. 여자들은 느낌으로 수행하고, 남자들은 생각으로 수행한다.

여성이 유리한 것이다.

일부 남녀들이 왜 동성애를 하는지가 깨우쳐졌다. 무수한 생애를 거쳐가는 동안의 어떤 시점에 우리는 자신의 성을 바꾼다. 예컨대 전생에서는 여자였다가 이번 생에서는 남자의 몸을 가지고 태어났다면 남성의 몸을 가짐으로 인해서 어느 정도 자연히 여성에게 끌리긴 하지만, 전생으로부터 넘어온 여성의 느낌이 더 강할 수도 있다. 그렇게 남성의 몸으로 여러 번 태어날수록 나의 느낌은 더욱 남성적으로 변해가고, 그러면 동성애적인 성향도 줄어들 것이다.

모든 사람에게는 동성애적 성향이 있다. 그것은 자연스러운 것이다. 우리는 더 많은 경험을 얻기 위해서 자신의 성을 바꾼다.

오늘날에 와서 동성애가 좀더 잘 받아들여진다는 것은 좋은 일이다. 최근까지만 해도 동성애는 범죄였다. 그것은 잔인한 관습이었다.

＊

나는 또 유아들은 정신적으로 백지가 아니라는 것을 깨달았다. 자신이 유아였던 시절을 기억한다면, 태어난 날까지도 기억이 난다면 당신은 자신이 엄마가 누구였는지, 아빠가 누구였는지, 심지어는 의사가 누구였는지도 알고 있었음을 깨달을 것이다. 말은 못해도 당신은 이 모든 것을 알고 있었다. 어떤 일이 일어나고 있는지를 다 알고 있었다.

당신의 유일한 관심사는 자신의 요구를 만족시키는 것이었다. 엄마가 젖을 주지 않으면 당신은 울었다. 그러면 엄마가 젖을 주었다.

나의 누나는 태어난 후 여섯 달 만에 말을 했다. 하지만 나는 세 살 때까지 말을 못 했다. 이 때문에 모든 사람이 나를 걱정했다. 그들은 내가 바보인 줄 알았다. 하지만 나는 말을 할 필요가 없었다. 손가락으로 가리키며 소리를 내기만 해도 원하는 것을 모두 가질 수 있었다. 나는 그들이 왜 나를 걱정하고 있는지를 의아해하곤 했다.

말할 필요가 없었기 때문에 세 살 때까지 말을 안 했지만, 이제 나는 그것을 충분히 보충하고 있다!

깨달은 후에 나는 유아기의 기억을 되살렸다. 모든 유아가 원하는 것은 자신의 요구를 만족시키는 것이다. 만족하면 그들은 행복해하고, 만족하지 않으면 그때는 자신이 아는 유일한 언어를 사용한다. ― 울음 말이다!

아이는 울도록 내버려둬서는 안 된다. 그것은 폐활량 훈련이 아니다. 아이가 원하는 것이 무엇인지를 찾아서 돌봐주지 않고 내버려두는 것은 잔인한 짓이다. 아이가 요구하는 것이 무엇인지를 잘 돌보고 보살펴주면 아이가 성인이 되었을 때 불안감에 훨씬 덜 시달린다.

오늘날의 교육은 전적으로 비교육적이다.

한계 없는 존재를 데려다놓고 기계적으로 암기해야 할 것들을 쑤셔 넣으려고 한다. 창조적으로 진화해갈 능력을 마비시키면서 말이다. 우리는 아이들의 진화를 너무나 무지막지하게 훼방하고 있다.

꽃에게 아름답게 피는 방법을 가르쳐야 하는가? 우리는 아이들에게도 같은 태도를 취해야 한다. 아이들이 자연스럽게 진화해가며 내면의 능력을 표현하도록 허용해주어야 한다.

이런 관점에서 바라보면 우리의 교육제도가 얼마나 사람을 답답한 틀 속에 쑤셔 넣고 있는지를 알 수 있다.

대학교를 보라. 그들은 스스로 사고하는 법을 배워야 한다고 말하지만, 교수와 다른 생각을 내놓으면 낙제한다.

내가 대학교 신입생이었을 때, "이제 대학생이 되었으니 스스로 사고해야 한다"는 말을 들었다. 그래서 나는 독자적으로 사고하기 시작했다. 그래서 나는 1학년 때 두 학기 동안 스스로 사고해야 하는 과목에서 모두 낙제 점수를 받았다.

나는 그 때문에 정말 깊은 고민에 빠졌다가 결국 한 교수에게 찾아가서 성적이 좋은 다른 학생들의 답안지를 좀 보고 싶다고 했다.

그들의 답안지를 보니 그들은 교수가 우리에게 했던 말을 정확히 받아 적어놓았다.

그때야 나는 실상을 깨달았다. 교수와 같은 방식으로 사고하면 나는 영리한 학생이었고, 그렇지 않으면 멍청이였다. 교수 자신이 이젠 너희 스스로 생각하라고 말해놓고는 말이다.

그러니 그들이 내가 독자적으로 사고하기를 원한다는 것은 진실이 아니다. 그들은 당신도 그들처럼 사고하기를 원한다.

그다음부터는 쉬웠다. 나는 필기를 똑소리 나게 해서 언제나 교수의 생각을 정확히 그대로 제출했다. 나는 거의 공부하지도 않고 최고의 성적을 올릴 수 있었다.

＊

모든 환각제는 독이다. 환각제는 당신을 몸에서 밀어내서 그 중압감에서 벗어난 느낌을 선사해준다. 몸에 대한 집착을 놓아 보내면 의식이 신체의식 너머로 확장된다.

마리화나를 피우거나 기타 환각제를 복용하는 것이 해로운 것은, 그것 없이도 스스로 할 수 있는 일을 환각제가 대신해주도록 맡겨버리게 만든다는 점 때문이다. 고양된 의식상태는 우리의 자연스러운 상태이므로 자신의 힘으로 스스로 얻어야 한다. 마리화나나 기타 환각제를 많이 사용할수록 그는 고양된 느낌을 느끼기 위해 그것에 더욱 의지하게 된다. 그러면 스스로의 힘으로 고양된 의식상태가 될 수 있는 능력은 점점 줄어든다.

환각제에 의지하지 않고 스스로의 힘으로 그렇게 할 수 있게 되면 우리는 환각제가 가져다주는 것 너머로 훨씬 더 멀리 나아갈 수 있고, 우리의 상상력이 그려내는 환상보다 훨씬 더 환상적인 세계를 경험할 수 있다. 사실 환각제 없이 우리 스스로 오를 수 있는 높이에는 한계가 없다.

하지만 한 가지 좋은 점은, 마리화나는 그것 없이는 꿈꿀 수조차 없었던 것의 예고편을 보여주어서 눈을 열어주는 역할을 할 수 있다는 점이다. 하지만 환각제를 복용하는 것은 권장하지 않는다. 마음을 충분히 고요히 잠재우면 그보다 훨씬 더 강력한 예고편을 볼 수 있다.

＊

사자자리 옆의 게자리가 나의 별자리이다. 점성학의 데이터는 무수한 유명인들의 생애를 집계하여 얻어진 것이다. 그래서 점성술은 많은 사람에게 적중한다.

하지만 나의 소견은, 외계의 천체들이 나에게 그만큼 영향을 미친다면 이 행성 지구는 나에게 얼마나 큰 영향을 미치겠느냐는 것이다. 점성학자들이 당신의 별자리를 분석할 때 지구는 고려하지 않는다. 하지만 지구의 영향력은 다른 모든 별자리를 다 합친 영향력보다 더 크다.

또, 누가 더 똑똑한가? 우주공간에 떠 있는 흙덩어리인가, 나의 지성인가? 별들은 물질이다. 그것이 나의 지성을 결정하게 해야겠는가? 나는 안 된다고 말하겠다! 이것이 점성학에 대한 나의 태도다. 별들과 같은 물질이 우리의 운명을 결정한다고 한다면 우리는 그것을 뒤집어 별자리의 운명을 우리가 스스로 결정해야 한다. 나는 먼 곳에 있는 차가운 흙덩어리가 나에게 영향을 미치고 나를 인도하도록 자신을 복종시키지 않을 것이다.

＊

지성이란 새로운 문제를 해결하는 능력으로 정의되고 있지만, 나는 그것을 행복해질 수 있는 능력이라고 정의한다. 인간은 그 무엇보다도 행복을 원한다. 그렇다면 인간의 지성은 자신이 가장 원하는 것을 얻을 수 있는 능력으로 판단되어야 하지 않겠는가?

✳

우리는 자동차를 타고 돌아다니는 데에 사용하지만 "나는 이 자동차다"라고 말하지는 않는다. 마찬가지로 인체도 우리의 탈 것이다. 그것을 사용하면서 "나는 이 몸이다"라고 말한다면 그것은 자동차를 운전하면서 "나는 이 자동차다"라고 말하는 것과 똑같다.

사랑은 수단이요, 목적이다

'원자原子'라는 말의 정의는 더 이상 쪼갤 수 없는 가장 작은 입자라는 뜻이다. 1952년까지도 물리학 공부를 했던 나는 원자에 관한 최신의 발견과 이론을 예의주시했다. 원래 우주의 가장 기본적인 벽돌인 것으로 가정됐던 원자는 이미 그 안에 서른 개 이상의 입자를 가지고 있었다. 나는 원자가 더 이상 쪼갤 수 없는 우주의 가장 작은 벽돌로 인정되지 않는다는 사실을 깨달았다.

모든 자연현상에 대한 우리의 지식을 다 끌어모아봤자 무에 가깝다는 것을 나는 깨달았다. 우리는 중력, 자기력, 전기, 빛, 열 같은 것이 무엇인지도 모르고 있다.

오늘날의 과학은 자연현상을 이해하지 못하기 때문에 시행과 착오를 통해 발전해간다. 그 이유는 존재의 과학에 대한 인간의 이해 수준이 낮기 때문이다. 이런 이해 부족의 결과로 세계는 파멸을 향하는 길을 가고 있다.

오늘날 우리는 물질을 파괴하여 에너지를 얻어내고 있다. 물질을 계속 파괴하면 자연의 법칙에 따라 물질에 의해 우리가 파괴될 것이다. 그것이 오늘날 전 세계가 실제로 겪고 있는 일이다. 눈에는 눈, 이에는 이 — 카르마의 법칙 말이다!

우리는 화석연료인 석탄과 석유를 파괴하여 공기를 오염시키고 있다. 이 짓을 계속하면서는 살아남을 수가 없다.

우리는 자연을 파괴해서는 안 되고 자연과 함께 가야만 한다. 방향을 바로잡지 않고 현재의 방향으로 계속 가면 우리는 파멸하리라는 사실을 깨달아야만 한다. 이 사실은 이미 확연해지고 있다.

우리는 방향을 바꿀 수 있고, 바꿔야만 한다. 그리고 그 길은 인간과 인간의 존재에 관한 연구를 통한 길이다. 이것이야말로 모든 과학의 밑바탕이 되는 과학이어서, 다른 모든 과학을 바로잡아줄 것이다.

늦든 빠르든 간에 우리는 자연의 과학을, 원자를 이해해야만 한다. 그러면 우리는 무한한 공짜 에너지를 품고 있는 원자를 이용할 수 있게 될 것이다.

자신의 파괴성과 증오만 놓아 보내면 우리는 마음이 맑아져서 자연과 자연법칙의 단순성을 이해할 수 있게 될 것이다. 우리의 물리학은 모든 것을 복잡하게 만들려고 애쓰고 있지만, 자연은 복잡하지 않다.

자연의 무한정한 힘이 바로 우리 눈앞에 있지만 우리는 그것을 보지 못한다. 자연은 우리를 보살피기 위해 여기에 있다. 우리는 자연과 싸우려고, 자연을 짓밟으려고 여기에 있는 것이 아니다. 하지만 우리가 하는 모든 짓은 모질다. 물리학의 기본 연구장비인 입자가속기는 원자를 파괴한다.

그것은 가장 주된 과학, 모든 과학의 바탕되는 과학인 존재의 과학에 인간이 거의, 아니, 아무런 관심이 없기 때문이다. 존재의 과학은 다른 모든 과학을 설명하여 이해할 수 있게 만들어줄 것이다.

우리가 자연과, 그리고 우리 자신과 조화를 이루어 무엇이든 미워하는 대신 사랑하면 자연은 비로소 온전해지고, 그 큰 상으로서 우리의 존재는 자연의 보살핌을 받아 풍요로워질 뿐만 아니라 지극히 행복해질 것이다.

우리는 끊임없이 바뀌는 이론을 가지고 있다. 모든 물리학자가 이 사실을 안다. 이론이 맞다면 바뀔 필요가 없다. 원자는 다른 모든 것을 축조하는 가장 작은 벽돌로 가정되었지만, 이제 우리는 그 이론이 틀렸다는 것을 안다. 그럼에도 우리는 아직도 그것을 붙들고 있다.

우리는 중력과 자력의 정체를 모른다. 전기가 무엇인지조차 모르지만 우리는 그것을 사용하고 있다. 우리는 시행과 착오를 통해서 그 사용법을 터득했다. 자기장을 도체가 지나가게 함으로써 전류를 얻는 것이다.

우리는 그런 방법으로 전기를 만들어내는 법을 터득했다. 그러나 왜 그런 일이 일어나는지는 아직도 모른다.

우리는 중력의 정체를 모른다. 아무것도. 그래서 우리는 지구에 꼼짝없이 묶여 있는 것이다. 중력의 정체를 깨닫게 되면 우리는 우주를 마음대로 쉽게 여행하게 될 것이다.

자연 속의 모든 것은 두 갈래 길을 간다. 양이 있으면 음이 있다. 뜨거운 것이 있으면 차가운 것이 있다. 중력이 있으면 반중력이 있다. 중력을 이해할 때만 우리는 반중력의 열쇠를 갖게 될 것이다. 그때에만 우리는 이 지구를 떠나 우주를 맘대로 여행할 수 있게 될 것이다. 우리는 우주의 자기력선을 따라 여행할 것이다.

인간이 지금처럼 파괴적인 마음을 품고 있는 한 자연은 인간을 지구에 묶어둔다. 그러지 않으면 인간은 다른 행성으로 가서 그곳을 정복하려 들 것이다. 인간은 우주의 조화를 어지럽히고 파괴할 것이다.

그래서 자연은 인간을 이곳에 가둬놓고 있다. 모든 것을 더 깊이 이해하고 더 깊이 사랑하여 마음이 더 고요해지면 우리는 자연의 법칙을 깨닫기 시작할 것이다. 그러면 우리는 중력의 정체를 깨달아 지구를 쉽게 벗어나는 법을 발견하게 될 것이다.

우리는 파괴적이지 않은 방법으로 원자로부터 공짜 에너지를 무한정 얻어내는 방법을 알아낼 것이다.

에너지가 거기에 있다는 것은 우리도 알고 있다. 우리는 그것을 원자폭탄으로 사용한다.

말했듯이, 우리가 원자를 연구하는 방식은 입자가속기로 그것을 파괴하는 방법을 통해서이다. 매우 유감스럽게도 우리는 파괴를 통해 배운다.

우리는 이것을 뒤집어 생산적인 방식을 통해 배워야 한다. 그러면 올바른 답을 얻게 될 것이다. 우주를 관찰하여 우주가 자신을 ─ 그리고 그 과정에서 원자를 ─ 어떻게 생산해내고 있는지를 배워야 한다. 원자가 어떻게 만들어지는지에 그 무한정한 힘의 비밀이 들어 있다.

우리 물질우주의 진정한 원자는 광자光子이다. 그것이야말로 우리가 측정할 수 있는 가장 작은 입자이다. 빛의 입자로서, 광자는 우리의 망막에 부딪혀서 빛으로 인식된다. 동시에 바로 이 입자야말로 중력과 자력의 힘이요, '원자原子'의 에너지 수준(the energy level of the atom)이다.

하지만 이것은 너무 나아간 물리학이어서 물리학자들은 웃기는 얘기라고 할 것이다.

물질이란 한자리에 정지해 있는 에너지와 다름없다. 물리학자들은 이것을 알고 있다. 이 테이블 위에 놓인 커피잔에도 가만히 정지해 있는 특정량의 에너지가 있다. 커피잔이 움직이면 그것은 에너지가 된다. 내가 이 컵을 가지고 당신을 때리면 당신은 거기에 있던 에너지가 당신을 향해 온 것을 깨닫게 될 것이다. 그것은 이처럼 단순하다.

가장 높은 관점으로부터, 나는 물질이란 얼어붙은 에너지이고, 에너지는 움직이고 있는 마음과 다름없음을 깨달았다. 이 모든 것이 단지 정신현상에 지나지 않는다는 것을 말이다! 온 우주가 단지 하나의 정신현상이다. 모든 것이 우리 마음속의 한 이미지일 뿐이다!

내가 "마음을 주차시켜놓고 잠자러 가라"고 말할 때 보여주려고 애쓰는 것이 이것이다. 그렇다면 이 우주는 어디에 있단 말인가? 깨어나지 말라. 깨어나면 그것은 다시 볼 수 없다!

당신의 마음속이 아니면 우주가 어디에 있겠는가? 당신의 마음을 영구히 한쪽에 밀쳐놓으라. 그러면 우주는 다시는 나타나지 않을 것이다.

자신의 일체성을 깨달으면, 당신의 진정한 자아를 깨닫고 나면, 당신은 이 온 우주가 자신의 마음속의 한갓 꿈, 일장춘몽임을 깨달을 것이다.

당신은 꿈속의 모든 것을 — 등장인물들, 그들의 행동, 인물들 사이의 관계 등등을 — 상상으로 지어낸다. 꿈에서 깨어나는 것과 마찬가지로, 언젠가는 당신도 이 깨어서 꾸는 꿈에서 깨어나, 이 모든 것을 자신이 꿈으로 지어내어 꾸고 있었다는 사실을 깨달을 것이다.

그러면 당신은 이렇게 말할 것이다. "오, 이런 세상에! 이 모든 게 다 꿈이었다니!" 그러면서 당신은 한바탕 웃음을 웃을 것이고, 이것이 당신이 환영의 피조물로 놀아났던 얘기의 끝이다. 만일 그 환영 속으로 다시 돌아온다면, 당신은 나머지 사람들도 깨어나도록 도와주려고 애쓰게 될 것이다.

실재(reality)에 대한 나의 정의는 이것이다. ― 오로지 변함없는 그것이 실재이다. 실재는 변함이 없다. 그것은 절대적이다. ― 진실은 결코 변하지 않는다. 그것은 언제나 참이다.

동양의 한 우화를 들어보자. 어스름 녘에 길을 걷고 있는데 땅바닥에 밧줄이 하나 떨어져 있다. 당신은 그것을 뱀으로 오인한다. 그러면 당신은 깜짝 놀라면서 물려서 죽을지도 모른다는 공포에 휩싸인다.

뱀은 세상을 상징한다. 밧줄은 실재를 상징한다. 밧줄은 해롭지 않다. 감정도 없고 변함도 없다.

그러나 뱀은 끔찍하게 위험한 동물이다.

세상은 뱀과 같다. 한갓 상상이요 환영이다. 세상에 관한 모든 의문은 뱀에 관한 의문이다. 이 뱀이 날 물까? 어떻게 하면 안 물리지? 하는 등등.

그것은 모두가 실재하지 않는 것을 두고 일으키는 반응이다! 실재는 밧줄이다. 세상의 실체는 그 배후에 있는 '있음(beingness)'이다.

깨달음을 얻는다고 세상이 사라지지는 않는다. 하지만 그에 대한 알음알이는 완전히 바뀐다. 세상은 당신의 통제력 밖의, 분리되어 존재하는 무엇이 아니라 오로지 당신의 있음으로 인해서 존재하는 무엇임을 깨닫게 된다. 당신이 그 모든 것을 심상으로 지어내고 있는 것이다.

그러면 당신은 그것을 꿈으로 바라보게 된다. 전에는 너무나 생생한 현실 같아 보이던 그것을 말이다. 이것이 깨닫기 이전과 이후의 유일한 다른 점이다.

하지만 밧줄을 뱀이라고 생각하는 한 당신은 거기에 꼼짝없이 갇혀 있다.

이것을 다른 식으로도 이야기해줄 수 있다.

세상은 사막의 신기루와 같은 하나의 환영이다. 사막 저편을 보면 때로 거기에 물이 있는 것처럼 보인다. 그쪽으로 건너가서 확인해보지 않는 한 당신은 늘 그것이 물인 줄로 안다.

그러나 그곳까지 가보면 거기엔 물이 없고 모래밖에 없다는 것을 발견한다. 그다음에 그곳을 바라봐도 여전히 신기루가 보이지만, 한 가지 달라진 것이 있다. 이제 당신은 그것이 환영임을 안다.

자신의 참자아를 알면 당신은 그것이 그 자체로서 스스로 너무나 충족하여 원하는 모든 것을 풍족하게 가지고 있음을 깨닫는다. 그리하여 오아시스를 찾는 갈증은 사라져버린다.

사랑은 자신과 닮은 것을 찾는다

각 사람의 본성에게는 자신을 깨달을 저마다의 자연스러운 길이 있다.

당신에게 자연스러운 것이 당신에게 가장 좋은 길이다. 모든 사람의 본성을 포용하는 네 가지의 큰 길이 존재하는 것은 이 때문이다.

그 네 가지 길이란 곧, 정신적인 길인 합리성의 길, 구체적 방법론의 길인 과학의 길, 사랑과 헌신의 길인 감성의 길, 그리고 인류에 사심 없이 봉사하는 행위의 길이다.

묻혀 있는 자신을 밝혀내기 위해서는 오로지 올바른 방향을 원하고 바라보는 것만이 필요하다.

'나인 나'(I-that-I-am)를 찾는다면 마음 바로 뒤를 찾아보아야 한다. 마음은 그 자체가 유한하여, 무한을 결코 상상할 수 없다.

마음이 충분히 고요해져서 마음의 소음을 뚫고 바라볼 수 있게 되면 당신은 자기 자신인 진정한 '나'를 발견할 것이다.

마음을 고요히 가라앉히기를 힘쓰면 힘쓸수록 성공의 가능성이 높아진다. 완전한 성공을 발견할 때까지 계속하라.

마음은 오로지 창조한다. 우리가 마음에 품는 것은 실제로 현실이 된다. 마음은 형상을 통해 생각한다. 내가 '신발'이라고 말하면 마음은 그 단어가 아니라 신발의 모습을 그린다.

마음은 '아니'나 '하지 마'라는 등의 말을 형상화하지 못한다. 무엇이든 간에 '안 돼'라고 말할 때, 당신은 그 원치 않는 것의 형상을 마음에 품고 있게 되고, 고로 당신은 원치 않는 그것을 만들어내고 있는 것이다. 내가 자신에게 '레스터, 손목시계 잃어버리지 마'라고 말하면 꼭 손목시계를 잃어버린다. '차 엎지르지 마'라고 하면 차를 엎지르게 된다.

이건 지켜보기에 섬뜩한 일이다. 대부분의 사람들이 부정적인 말을 얼마나 많이 쓰는지를 알면 놀랄 것이다. 살펴보라. 흥미로운 결과를 발견할 것이다.

하지만 나에게는 그것을 사용하지 않는 것이 자연스러운 일이었다. 그래서 내가 세상으로 돌아오는 법을 배우기 시작했을 때, 나는 '~하지 말라'는 말을 입에 붙여야 했다. 이제 그것은 나의 습관처럼 되어버렸다.

하지만 명심하라. 마음은 오로지 창조만을 한다. 뭔가를 '하지 않으면', 당신은 자신이 원치 않는 '그것'의 형상을 마음에 품고 있게 되고, 그래서 그것을 창조해내게 된다. 알겠는가? '하지 않음'은 마음속의 형상이 아니고, 당신이 '하지 않는 그것'이 마음에 품어지는 형상이다. '떨어지지 마'라고 하면 그 이미지는 '떨어지는 것'이다.

진정으로 원하지 않는 것은 무엇이든 마음 밖으로 던져버릴 수 있다. 무엇이든 하기로 작정한 것은 하게 되어 있다.

긍정의 형태로 생각해야 한다. 사람들에게, "당신이 생각하고 있는 부정적인 것의 반대를 말해보세요" 하면 그들은 못한다. 어려운 것은 습관 때문이다. 하지만 부정의 습관은 긍정의 습관으로 바꿔놓을 수 있다.

습관적인 부정적 생각보다 긍정적인 생각에 그저 힘을 더 많이 실어주라. 그러면 그것이 부정적인 생각을 압도하여 물리칠 것이다. 하나의 긍정적인 생각이 잠재의식 속의 수백 가지 부정적인 생각들을 일거에 물리칠 수 있다.

생각의 힘에 차이를 만들어내는 것은 무엇일까? 그 생각의 뒤를 받쳐주는 당신의 각오의 정도, 결심, 혹은 의지력이다.

당신의 진정한 실체가 스스로 모습을 드러낼 때까지 모든 것을 멈추고 '나는 무엇인가?'라는 의문을 품고 있을 수만 있다면, 이것이 온전한 자유를 성취하는 가장 빠른 길이다. 그것을 해낸 사람을 아직은 보지 못했다. 하지만 오로지 '나는 무엇인가?'라는 의문만을 하루종일 품고 있으면서 다른 모든 생각을 물리치면 당신은 몇 주일 안에 답을 얻을 것이다.

어떤 상황에서도, 무엇을 하고 있든지 간에, '나는 무엇인가?'라는 이 의문을 늘 마음의 배후에 품고 있어야만 한다.

이것으로 성공하지 못한다면 그다음에 해야 할 중요한 일은 에고의 느낌을 버리는 것이다. 에고가 더 이상 남아 있지 않으면 남는 것은 무한한 당신뿐이다.

처음부터 에고를 한꺼번에 다루는 것이 버겁게 느껴진다면 에고의 소산인 당신의 성향, 성질, 호불호 등을 버리는 것부터 시작하라. 성향과 성질은 진정으로 원하기만 한다면 누구나 쉽게 버릴 수 있다.

말했듯이, 작은 것부터 시작해서 점점 더 큰 것으로 나아가라. 길의 왼쪽으로 다니는 것 같은 단순한 성향은 오른쪽으로 다니는 것으로 바꿀 수 있다. 여덟 시간 자는 습관은 여섯 시간 자는 습관으로 바꿀 수 있다.

습관적인 성향을 영원히 잘라내야만 하는 것은 아니다. — 누가 주인인지를 보여주기 위해 그저 잠시 동안만 해도 된다.

인정받고 싶어하는 성향은 다루기 버거운 문제다. 모든 사람의 주의가 인정을 구하는 데에 동원되고 있다. 모든 사람이 그러고 있으니, 그것은 엄청난 시간과 노력의 낭비이다.

'나는 무엇인가?'라는 궁극의 의문을 품든지, 에고의 느낌이나 성향 버리기를 하든지 간에, 그것을 할 때는 홀로 있을 필요가 있다는 점을 강조하겠다. 마음의 고요를 확보하라.

홀로 지내는 것이 마음을 고요히 가라앉히는 데 도움이 된다. 도시의 한복판에서도, 아니면 당신이 있는 어느 곳에서나 당신은 홀로 있을 수 있다. 나는 뉴욕의 한복판인 59번가 웨스트 116번지에서 홀로 지냈다.

온갖 다양한 인간관계와 만남을 통해서도 날마다 성장해갈 수 있다. 우리는 시험받기 위해서가 아니라 성장하기 위해 이곳에 있다. 이곳은 자신을 입증하는 무대가 아니라 배움의 무대요, 교실이다.

행성들마다 각기 다른 등급의 교실이 있다. 이곳은 대학원 과정이다. 이것은 가장 어려운 과정이고, 동시에 가장 크게 성장할 수 있는 기회다. 이곳에 있는 우리는 모두가 상급의 영혼들이다. — 거하기가 지극히 힘든 이 행성을 택했다는 점에서 말이다. 우리는 더 높은 과정, 힘든 과정을 원했고, 거기에 합격했다!

*

사실 대다수의 사람들에게 사랑이란 그저 사랑이란 개념일 뿐이다. '난 네가 필요해, 넌 내 곁에 있어야 해, 너 없인 못 살아, 넌 내 거야.' — 이런 것은 모두 사랑이 아니다.

사랑이란 상대방이 원하는 것을 가지게 하는 것이다. 내가 원하는 것을 가지게 하는 것이 아니다. 이 세상에서 사랑이라 부르는 것은 대개가 세속적이고 이기적인 감정이다. 그것은 하나의 거래다. ― 내가 원하는 대로 한다면 널 사랑할 거야. 그러지 않으면 사랑하지 않을 거야.

섹스와 사랑은 종종 같은 것으로 묶여 있지만, 같지 않다. 섹스가 무엇인지 알고 싶다면 동물을 관찰해보라. 섹스는 생식의 수단이다. 정상적으로 성생활을 한다면 우리는 오직 그 목적을 위해서만 섹스를 할 것이다. 인간은 섹스 위에다 사랑을 얹어놓는다.

다행으로, 그리고 불행히도, 섹스는 우리를 신께 가장 가까이 데려간다. 그것은 대개 우리의 가장 순도 높은 느낌을 꺼내어준다. 우리가 그것을 통해 사랑의 느낌을 맛보기 시작한다는 것은 다행스러운 일이지만, 그것이 우리를 거기다 못 박아놓아서 더 깊고 강렬한 사랑의 느낌으로 나아가지 못하도록 가로막는 것은 불행한 일이다.

대부분의 사람들이 모르고 있는 것은, 사랑이 감각을 통해 한정되지 않고 직접적으로 표현되면 그것은 한계를 모르고, 따라서 우리의 희열에도 한계가 없다는 사실이다. 희열은 우리가 섹스를 통해 경험하는 그 어떤 희열보다도 수천 배 더 클 수 있고, 더 커야만 한다.

나는 두 가지를 권한다. ― 첫째, 앞의 말을 기억할 것. 둘째, 섹스가 줄 수 있는 것보다 큰 희열을 지속적으로 느낄 때까지 절제, 아니, 억제할 것. 그런 다음에는 그것을 놓아 보내기가 쉬워진다. 한정된 희열만을 느끼고 싶지는 않을 테니까 말이다. 궁극의 희열에 이를 때까지 그것을 계속 키워가고 싶어진다.

배우지 않은 사람이 온전한 자유를 성취하기에 더 유리하다. 왜냐하면 그는 도그마와 사상과 교육과 관념의 껍질들에 덕지덕지 싸여 있지 않기 때문이다. 관념이 적을수록, 교육을 적게 받을수록, 세상의 요구에 행동이 덜 지배받을수록 더 거침없이 자신의 참자아 속으로 뛰어들 수 있다.

사회로부터 받아들인 것이 적을수록 자신을 깨달아가는 길에 쳐진 거미줄이 적다. 왜냐하면 사회는 매우 그릇된 방향을 향하고 있기 때문이다. 그러니 사회가 우리에게 주입하는 것은 모두가 장애물이 된다.

최초의 실패감은 인생의 초기에 생겨난다. 부모들은 우리에게 해도 되는 것과 하면 안 되는 것을 일러준다. 우리가 무엇을 하고 싶어하는데 그들이 "하지 마"라고 할 때마다 우리는 할 수 없다는 느낌, 어떻게 해야 할지 모르겠는 기분을 느낀다.

우리는 무엇을 하기 싫은데 그들이 "해"라고 할 때도 우리는 다시금 어떻게 해야 할지 모르겠는 기분을 느낀다.

부모들이 말하는 모든 "해"와 "하지 마"는 첫날부터 우리에게 할 수 없다는 기분, 어떻게 해야 할지 모르겠는 기분을 느끼게 만든다. 그리고 이것은 계속 이어진다. 왜냐하면 이것이 모든 사람의 삶에서 하염없이 반복되고 있는 일이기 때문이다.

모든 교사가 자신의 성격의 일부로서 '너희는 할 수 없어'라는 느낌을 지니고 있다. 그래서 그들은 우리에게 무엇을 해야 할지를 반복적으로 말하여 우리 안에 못을 박듯이 심어준다. 그렇게 우리는 유아기부터 부정성을 키워나가게 된다.

그러니 아마도 99퍼센트의 사람들은 할 수 없다는 실패의 느낌을 지니고 있을 것이다. 우리는 어떻게 해야 할지를 모른다.

자신을 있는 그대로 바라보아 자신의 참모습을 발견하면 우리는 자신에게는 모든 것이 가능하며, 모든 지성을 마음껏 동원하여 사용할 수 있으며, 전지전능한 경지로 이어진 지름길이 있다는 것을 깨닫는다. 그리고 그것을 사용하지 못하도록 가로막는 유일한 것은 우리의 부모와 교사들로부터 주입받은 이 한정의 말들이다. ─ "해." "하지 마."

그러니 우리는 할 수 없다는 관념을 붙잡고 있는 것이 얼마나 우스운 일인지를 스스로의 발견을 통해 깨닫는다. 그리고 모든 것이 가능함을 깨닫고 나면 그런 관념들은 가차 없이 버려진다.

어떤 언어에서든 "할 수 없다", "하지 마라", "아니야" 등의 부정적인 단어는 없어져야 한다. 그것을 모든 언어에서 빼버린다면 그건 정말 멋진 일이 될 것이다.

그러면 하고 싶은 말을 무엇이든 긍정적인 방식으로 말할 수 있다는 것을 발견할 것이다. 오로지 원하는 것만을 생각하라. 그러면 그것이 당신이 가지는 것의 전부가 될 것이다.

요약하자면, 우리를 한정 짓고 있는 것은 태어나던 날부터 우리에게 주입되어온 무능함의 느낌이다. 우리의 부모들이 그것을 가지고 있었고, 그들의 부모들이 그것을 심어주었다. 무의식 속에서 그것은 우리가 너무나 사랑한다고 생각하는 귀한 후세들에게 대를 이어 끊임없이 전해져 내려왔다.

사랑은 상대방을 자유롭게 놓아주는 것이다

나는 내가 이야기하는 모든 것을 몸소 경험했다. 그래서 나의 이야기가 설득력이 있는 것이다. 책에서 읽은 것을 얘기한다면 그것은 듣는 사람에게 별로 의미 있게 들리지 않을 것이다. 그러나 경험을 하고 나서 그것을 이야기하면 그가 얻은 무한한 힘이 그가 말하는 동안에도 바로 그 배후에 거한다.

그의 말에는 힘이 있다. 그 말을 받아 적어놓았을 때조차도.

하지만 직접 만나서 이야기할 때는 더 생생하게 그 힘이 느껴진다.

인간은 실로 무한한 존재인데도 스스로는 그와 반대로 생각한다. 그러나 마음을 충분히 고요하게 가라앉히면 마음 바로 배후에 있는 그것을 발견하게 된다. — 모든 것을 알고 있는 자신을 말이다. 어디에 있든지 간에 우리는 모든 일, 모든 관계를 성장을 위해 활용할 수 있다. 그저 구도를 멈추지만 말라.

구도는 24시간의 끊임없는 탐색이 되어야만 한다. 우리가 하고 있는 거의 모든 짓이 자유롭지 못한 행동들이다. 그것을 잘 살펴보고 놓아 보내라. 사랑이 아닌 것이 눈에 띌 때마다 그것을 사랑으로 바꿔놓으라. 오로지 온통 사랑이 될 때만 자유를 얻는다.

아무도, 아무것도 당신을 방해할 수 없는 장소로 가라. 당신에게 일어나고 있는 일들에 대해 전적인 책임을 떠맡으라. 무의식 속의 씨가 되는 생각들을 의식 속으로 가져오는 습관을 들이라. 그리하여 그것을 내려놓음으로써 그로부터 자유를 얻으라.

나는 불쾌한 일이 일어날 때마다 '내가 무엇을 했기에 이런 일이 일어났지?' 하고 물어보는 습관을 들였다. 그러면 그것의 씨앗이 되는 생각이 올라오고, 나는 그것을 직시하고 내려놓았다.

어느 날 나는 빌과 함께 로스앤젤레스로 자동차를 몰아가고 있었다. 우리는 밤낮으로 운전해 가던 중이어서 몹시 피곤했다. 그때 우리는 산 베르나르디노San Bernardino에 가까워지고 있었다.

빌이 말했다. "레스터, 눈 아프지 않아?" 나는 피곤해서 대답도 하지 않았지만 그가 하는 말은 듣고 있었다.

그때 라디오에서 그 지역에 짙은 스모그가 끼었다는 주의보 방송이 들렸다. 그러자 빌이 다시 물었다. "레스터, 눈이 쑤시지 않아?" 이번에도 나는 너무나 피곤해서 대답을 하지 않았다. 하지만 무의식중에 그의 생각이 나에게 침투된 것 같다.

다음 날 눈이 화끈거리고 눈물이 났다. 로스앤젤레스의 모텔 침대에 누워서 눈을 감은 채 나는 자문했다. '자, 내가 무엇을 해서 이 일이 일어났을까?'

그러자 빌이 처음 물었던 말이 떠올랐다. 나는 그것을 뒤집었다.

그다음엔 라디오에서 들은 말이 떠올랐다. 나는 그것도 뒤집었다.

그리고 빌이 두 번째로 했던 말도 떠오르고, 나는 그것도 뒤집었다. 눈을 뜨자 더 이상 눈이 화끈거리지 않고 눈물도 나지 않았다. 그것으로 끝이었다!

자신이 들은 모든 부정적인 말을 뒤집어야 한다. 그러지 않으면 그것은 무의식 속으로 들어간다. 그것의 부정적인 뜻을 떼어내고 긍정적인 확언을 하라. "내 눈은 좋다. 내 눈은 완벽하다."

만약 빌이 나에게 눈이 쑤시지 않느냐고 물었을 때 내가 "괜찮아" 하고 대답했더라면 아무런 일도 없었을 것이다. 스모그 때문에 눈이 아프고 눈물이 난다는 것을 무의식에 받아들이지 않았을 테니까 말이다.

귀에 들리는 모든 부정적인 말을 늘 뒤집어놓으라. 우리는 사방에서 온통 부정적인 말들이 강조되고 부각되는 시대를 살고 있기 때문에 건강하고 행복한 삶을 살려면 이렇게 해야만 한다.

부정성이 세상에 만연해 있어서 마음을 고요히 침묵시키기가 매우 어려워졌다. 그러니 정말로 혼자가 되어야 한다. 그리고 뉴욕의 한복판에서도 혼자가 될 수 있다.

세상에서 떨어져 나와 혼자가 된다는 것은 곧, 외부세계가 좇고 있는 방향을 벗어나서 자신의 참자아를 찾아 깊은 내면으로 다이빙해 들어가겠노라는 불굴의 결심이다. 그리하여 주의가 언제나 내면으로만 향하고 있게끔 말이다.

언젠가는 우리 모두가 이 꿈에서 깨어나서 자신이 꿈을 꾸고 있었음을 깨닫고 그 모든 것에 대해 한바탕 큰 웃음을 터뜨릴 것이다.

그때까지 나는 꿈속에서 다른 이들을 깨워주려고 애쓸 것이다. 그들이 원한다면 말이다.

급한 마음은 없다. 하지만 원하는 이들에게는, 깨어나기를 원하는 또 다른 '나'들에게는, 이제 가르침이 주어져 있다. 나는 그들이 원하기만 한다면 기꺼이 손을 내밀어 깨어 있는 의식 속으로 일으켜줄 것이다. 그들이 방향을 바꾸어 날마다 그것을 수행하고자 한다면, 마침내 온전한 자유를 얻을 때까지 날마다 한 겹 한 겹 구속을 벗어나 계속 성장해가고자 한다면 말이다.

사랑은 받아들임이다

예수에게 자신을 내맡기는 사람들은 기쁘고 놀라운 경험을 하게 된다. 그것은 '올바른' 느낌이다. 거기에는 사랑과 선한 느낌이 함께한다. 그런 느낌은 계속 확장되어가야 한다.

하지만 젊은 사람들은 그렇게 할 제대로 된 방법을 모르기 때문에 계속 성장해가지 못한다. 제대로 된 방법, 올바른 길을 모르면 목적지에 다다를 수가 없다.

성장은 궁극의 목적지에 다다를 때까지 지속되어야 한다. 그것은 날마다 일어나야 한다. 앞으로 나아가지 않으면 당신은 뒷걸음질을 하고 있는 것이다. 목적지에 이르고자 한다면 지속적인 성장이 절대적으로 필요하다. 그리고 이를 위해서는 올바른 길을 알아야만 한다.

예수에 의해 의식이 고양된 사람들에게는 이것이 도움이 되리라고 생각한다. — 예수를 믿지 말고 예수가 믿은 대로 믿으라. 예수를 본받으라.

예수가 한 대로 행동하라.

그리고 그의 길의 끝판은 부활, 곧 불멸성의 성취였다. 십자가의 고난은 부활로 가기 위한 중간단계였을 뿐이다.

그가 성취한 그것 — 불멸성 — 을 성취하도록 힘쓰라!

신神과 선善에 대해서 가르친다는 점에서는 제도권 종교도 좋다.

나는 거기서 더 나아간다. 나는 그 정점에서부터 가르치려고 한다. 나는 신은 모든 것이고 완벽하다고 말한다. 만일 신이 모든 것이면 거기에는 우리도 포함되어야만 한다.

제도권 종교는 이 완벽성을 깨닫거나 계시받지 못한 너무나 많은 사람들에 의해 이끌리고 있다.

죄에 대한 설교는 하지 말아야 한다.

설교자는 사람들에게 그들이 신의 형상으로 지어진, 한계 없고 위대한 존재이지 한갓 미천한 죄인이 아니라는 것을 말해줘야 한다. 인간에게 너희는 악하다고 말하는 것은 끔찍하게 파괴적인 짓이다. 실은 그 반대인데도 말이다! 인간의 본성은 무한히 선하니, 그것이 밖으로 표출되게 해야 한다.

신은 모든 것이므로 우리의 실상은 신이며, 선함과 사랑이 우리의 본성이다.

그럼에도 신과 선을 논하는 한, 모든 종교는 다른 어떤 학문보다도 앞서 있다. 과학은 기계를 신으로 모신다. 물질주의는 돈과 이름을 신으로 모신다. 올바른 방향을 지향하고 있는 종교는 심리학이나 철학보다 앞서 있다.

창세기로부터 시작하여 성경은 우리가 신(God)으로부터 신들(gods)로, 그리고 인간으로 내려온 이야기다. 요한계시록은 그와는 반대의 이야기다. 그것은 인간이 신의 경지로 돌아가는 과정에 거치는 일곱 단계의 상태에 대해 이야기하고 있다.

원래 성경은 당연히 구체적인 방법론을 포함한, 매우 선하고 수준 높고 영감 어린 내용으로 되어 있었다. 그러나 그것은 중세의 암흑기에 박해를 받아 지하로 쫓겨났고, 내용을 제대로 이해하지 못하는 사람들이 재번역을 하는 과정에서 대부분의 방법론은 배제되어버렸다.

성경에 방법론이 있는가? 가장 중요한 것 — 방법 말이다!

오직 동양의 가르침들에만 방법론이 보존되어 있다.

게다가 우리의 성경은 암호화되어 있다. 요한계시록은 영감 어린 계시를 바탕으로 쓴 암호문이다. 성경을 평생 공부한 목사들조차 성경에서 가장 중요한 대목인 요한계시록의 의미를 제대로 이해하지 못한다.

나는 늘 사람들에게 신약성경 붉은 글씨 판을 사서 붉은 글씨로 쓰인 부분만 읽으라고 권했다. 붉은 글씨 판은 예수가 한 말은 모두 붉은 글씨로 인쇄하고 나머지는 모두 검은 글씨로 인쇄했다. 그래서 이 책에서는 성경의 가장 알짜배기인 예수가 직접 한 말만을 읽을 수 있다.

만일 예수가 오늘날 거리를 걸어간다면 아무도 그를 알아보지 못할 것이다. 아마도 예수에 대한 할리우드식의 선입견 때문에 말이다. 그는 으스대는 왕과 같은 모습이 아니라 말 없고 온순하고 잘난 척하지 않는, 당신이 만난 그 어떤 사람보다도 겸손한 인물이다. 하지만 그와 이야기를 나눠보면 그가 범상한 인물이 아님을 분명히 느끼게 될 것이다.

그 표징은 가시적이라기보다는 내면적이다. 감수성 있는 사람이라면 그의 힘을 느낄 것이다. 그의 자력과 그의 사랑을 말이다.

예수는 오로지 우리에게 자신의 신성으로 돌아가는 길을 보여주기 위해서 왔다. 그는 우리에게 불멸성과 무한성으로 가는 길을 보여주기 위해서 왔고, 우리를 거기로 데려다줄 길을 가르쳐주었다.

그는 말했다. "이보다 더 큰 일을 너희가 하리라." 그것은 그가 하고 있었던 일보다도 더 위대한 일을 우리가 하게 될 것임을 암시한다.

그는 우리에게 따를 만한 하나의 본보기를 세워주었다. 그 본보기는 우리가 그의 발자취를 따라 그가 한 것과 같은 일을 하게 하기 위한 것이다. 그리하여 그를 통해 그와 같은 존재가 되도록.

예수에게 자신을 내맡긴다면 그것은 말로만 하는 것이어서는 안 된다. 예수에게 자신을 내맡긴다는 것은 그의 뜻과 그의 길을 따라 실천하는 것을 뜻한다. 그것은 한 사람의 그리스도로서 사는 것과 같다!

예수처럼 내가 발견한 것을 발견했던 사람들이 이전에도 있었고, 그들이 아직도 우리 곁에 있다는 것을 나는 깨달았다.

그들은 육신보다 미묘하고 섬세한 질료로 된 몸을 지닌 채 존재한다. 그들은 도움을 찾는 사람들을 도우면서 아직도 세상과 함께한다. 그들은 높은 영역의 존재여서 언제 어디에나 있을 수 있기 때문에 훨씬 더 큰 도움을 줄 수 있다.

그들은 분리는 꿈이라는 사실을 알고 있다. 그들은 꿈속에 있는 이들을 깨워서 나오도록 돕고자 했던 자신의 맹세를 의식하고 있고, 꿈속의 사람들 또한 무한한 존재들임을 알고 있다.

이 위대한 존재들이 손을 내밀어주지 않는 일은 없다. 그것을 은총이라 부른다. 우리는 그것에 스스로 마음을 여는 그 정도만큼의 은총을 받는다.

은총은 오직 한 길을 통해서만 받을 수 있다. — 내맡김의 길 말이다. 우리의 뜻이 아니라 '당신'의 뜻이 이루어진다. 이것은 에고의 느낌을 당분간 뒤로 밀쳐서 놓아 보내는 것이다. 그것이 은총이 들어올 수 있게 한다.

알다시피 에고의 느낌이란 이 작은 나가 뭘 좀 알고 있다는, 완강한 확신이다. 그것을 밀쳐놓으면 도움의 손길이 뻗쳐온다.

우리로 하여금 자신을 내맡기도록 허용하는 것은 스스로 내맡기고자 하는 열망이다. 진정으로 자신을 내맡기고 싶다면 당신은 실제로 그렇게 한다. 하지만 이 거물급 에고 덩어리의 욕망은 너무나 강력해서 쉽사리 놓아 보내지지 않는다. 그것은 대개 위대한 존재를 만나고 싶은 소망보다도 더 강하다.

자신을 내맡길 수 있다면 예수를 만날 수 있다.

이 위대한 존재들과의 만남은 번번이 당신을 이전과는 다른 모습으로 남겨놓는다. 그들은 언제나 당신을 위해 뭔가를 해준다. 그들은 엄청난 새로운 계시를 주고 간다.

그들은 당신을 결코 이전과 같은 모습으로 놔두지 않는다. 그리고 이것이야말로 그 만남이 실재였는지, 아니면 순전히 당신의 상상 속에서 일어난 일일 뿐이었는지를 판단할 수 있는 좋은 징표다.

많은 '스승'들 중에서 진정한 스승을 알아보기는 어려운 일이다. 왜냐하면 그는 대개 겸손하고, 진정한 스승의 품성은 내면의 품성이기 때문이다. 하지만 많은 것 중에서도 가장 중요한 것은 흔들림 없는 내적 평화라고 하겠다. 그는 찬양의 말에 우쭐대지도 않거니와 비난의 말에 주눅 들지도 않는다.

또 그는 만물을 동등한 마음으로 바라보고 모든 것을 동등하게 대한다. 그는 천사이든 악인이든 동물이든 간에 그 어떤 존재도 다른 존재보다 손톱만큼이라도 편애하는 모습을 보이지 않는다.

지족함과 있는 모든 것에 대한 온전한 받아들임도 찾아봐야 할 징표다. 그리고 마지막으로, 그는 자신의 앎을 거저 ― 공짜로 ― 나눠준다.

이 길은 인간에 관한 궁극의 진실로 가는 길이다.

스승이란 자신의 몸과 마음을 지배하는 주인이 되어 궁극의 자유를 성취한 사람이다.

'구루guru'라는 말은 스승을 뜻한다. 대문자로 구루GURU(Gee you are you: 아, 당신이 당신이로군요)는 온전히 깨달은 큰 스승을 뜻한다.

큰 스승은 우리가 해방되도록 도와줄 수 있다.

무한한 대양을 상상할 수 있는가? 존재의 대양인 우리는 물방울이라 불리는 우리의 부분들에 상상 속의 작은 원을 둘러친다. 그리고 이 물방울은 말한다. "난 저 물방울과 다르고 나머지 모든 물방울과도 달라." 대양의 일부에 상상으로 둘러쳐진 작은 원이 자신을 하나의 물방울이라고 부르고 있는 것이다.

하지만 사실은 모든 물방울이 곧 대양이다. 그것은 대양의 모든 품성을 다 지니고 있다. — 젖어드는 성질이 있고 맛은 짜고 성분은 H_2O라는 등등. 마찬가지로 우리 또한 무한의 모든 품성을 지니고 있다.

물방울이 대양과 다르다는 것은 알다시피 그릇된 확신이다.

오로지 진실을 깨달으면 그때 이것을 이해하게 된다.

모든 스승은 일체성, 자신이 곧 모든 것이라는 알음알이를 결코 잊어버리지 않는다. 하지만 그들은 잠들어 있는 그들의 나머지 참자아가 분리의 꿈에서 깨어나도록 돕기 위해서, 분리라는 게임의 역할놀이를 하기로 선택한 것이다.

그것은 이토록 단순하다. 깨달음을 얻으면 시각이 변한다. 분리의 시각으로부터 일체성의 시각으로 말이다. 단순하고 단순하고도 단순하다!

이전에는 모든 것이 나와 분리되어 있었다. 이제는 모든 것이 내 안에 있다. 이전에는 세상이 너무나 생생한 현실처럼 보였다. 이제 나는 삶의 파노라마를 하나의 꿈으로 바라본다. 나는 그것이 꿈의 재질로 만들어져 있음을 알고, 그것이 펼쳐져 지나가게 한다.

그러다가 꿈을 떠나갈 때가 되면 나는 자신의 모든 힘을 모으고는 만면에 미소를 띠면서 의식적으로 몸을 빠져나가 불멸성 속으로 들어선다.

진정한 당신은 당신 자신의 참자아, 있는 그대로의 당신의 '나'이다. 그것은 지금 당신이 자신으로 여기고 있는 몸이나 마음 따위에 한정되어 있지 않다.

우리의 실체, 우리의 진정한 자아는 영화관의 스크린과도 같다. 우리의 참자아는 변함없는 스크린이고, 세상은 스크린 위를 지나가는 그림자들이다.

우리의 참자아인 스크린은 움직이지 않지만 스크린 위의 그림자들은 끊임없이 움직인다.

우리가 스크린 위의 인물들과 온갖 사건들을 지켜보고 있을 때, 불도, 홍수도, 폭탄도 스크린을 건드리지 못한다. 불은 스크린을 태우지 못하고 홍수도 스크린을 적시지 못하고 폭탄도 스크린을 파괴하지 못한다.

스크린은 바로 우리의 참자아와 마찬가지로 변함없고 건드릴 수 없어서 온전하다.

하지만 스크린 위에서 그 모든 사건이 일어나듯이, 참자아 위에서 이 모든 행위가 일어난다. 우리 우주의 이 쇼가 영화만큼이나 만져지지 않는 그림자놀이라는 진실 속으로 깨어나면 그 때부터 당신은 세상 속의 액션들이 영화 속의 액션만큼이나 비현실적인 것임을 알아차리게 된다.

모든 사람을 위한 나의 소망은, 모든 사람이 가능한 최고의 경지를 성취하고 지상천국을 이루어, 모든 사람이 아름답고 평안한 삶을 살면서 서로를 향해 가장 큰 사랑과 존경을 품고 사는, 그런 꿈을 꾸는 것이다.

이것은 모든 불행과 병이 떨어져나가게 하고, 파괴적인 모든 생각이 우리의 마음에서 사라지게 하여 그 자리에 그 반대의 것들 — 사랑과 아름다움과 기쁨 — 만이 거하게 할 것이다.

요약하자면, 모든 사람(또 다른 '나'들!)을 위한 나의 온 소망은, 그들이 내가 아는 것을 온전히 다 깨달아서 모든 불행과 고통을 종식시키는 것이다.

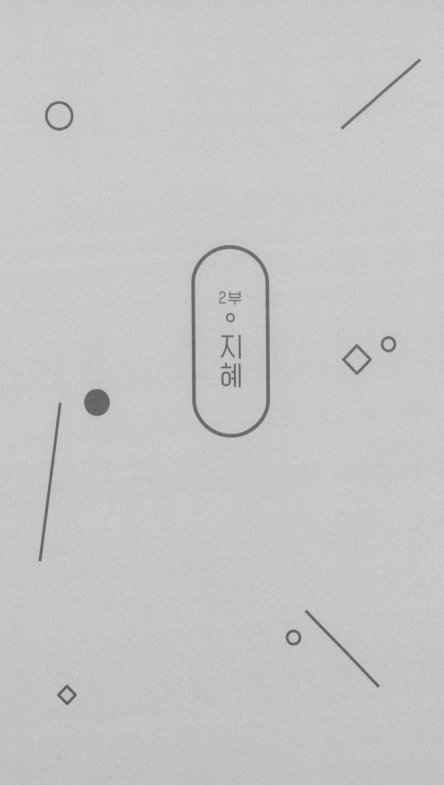

2부

지혜

모색

모든 사람이 같은 것을 찾고 있다. 모든 존재가, 심지어 동물들조차도 그것을 찾고 있다. 모든 사람이 찾고 있는 그것은 슬픔 없는 행복이다. 그 어떤 슬픔으로도 얼룩지지 않은 지속적인 행복의 상태 말이다. 이는 곧 '있음(Beingness)'의 상태라 할 수 있다.

이것이 왜 우리의 목표일까? 흔들림 없는 행복이야말로 우리의 본성이기 때문이다! 그럼 흔들림 없는 행복이란 무엇인가? 완전하고 총체적인 자유, 어떤 것을, 아니, 모든 것을 하거나 하지 않을 수 있는 자유이다. 이것은 우리가 거기에 제약의 멍에를 지우기 이전부터 존재해온, 우리 본연의 상태이다.

그렇다면 왜 대부분의 사람들은 이 슬픔 없는 지속적인 행복을 가지지 못하고 있는가? 이유는 한 가지뿐이다. 우리는 '나는 모든 것으로부터 분리되어 있는 한 개인이다'라고 생각함으로써 이 행복으로부터 떨어져나왔다. 그리고 이로써 한계 없는 존재인 우리는 제약을 뒤집어썼다.

자신을 모두로부터 고립시키려면 이 분리를 일으킬 수단이 있어야 하는데, 그 수단은 바로 마음이다. 우리는 마음을 사용하여 자신의 몸과 외부세계를 창조한다. 그러고는 바로 그 자신의 창조물 속에 갇혀버린다. 그리고 그 외부세계에서 온갖 것을 찾기 시작한다. 그러는 동안 우리는 더 많은 생각과 더 많은 물질을 창조해내고, 급기야는 그 생각과 물질 속에 흠뻑 빠져들어서 무한한 존재인 자신의 정체를 까맣게 잊어버린다.

'나는 모든 것으로부터 분리되어 있다'는 이 처음의 생각은 결핍감과 외로움을 만들어내기 마련이다. 왜냐하면 나는 오로지 모든 것일 때만 만족을 느낄 수 있기 때문이다. 그러니 세상에서 욕망의 만족을 찾는 것으로는 그 결핍감을 없앨 수 없다. 애초부터 결핍은 세상에 있는 것이 아니었기 때문이다. 결핍은 마음이 지어낸 것이다. 그럼에도 우리는 하염없이 외부로부터 욕망을 만족시키려고 애쓴다. 하지만 물론 우리는 결코, 결코 성공하지 못한다. 만일 성공했다면 우리는 욕망을 만족시킬 수 있었을 것이고, 그러면 모든 욕망이 사라져버렸을 테니까!

그렇다면 우리가 이 지상에 서 있는 진정한 목적은 우리 본연의 '있음'의 상태 — 흔들림 없는 행복과, 제약 없는 온전한 자유의 상태 — 를 기억해내고 체화하는 것이다. 이것이 우리 본연의 상태임을 깨닫고 나면 비로소 우리는 모든 제약을 놓아 보내기를 시작할 수 있다.

맨 처음의 가장 주된 제약은 '나는 모든 것으로부터 분리되어 있는 한 개인이다'라는 느낌이다. 이것을 제거하면 모든 외로움과 제약이 제거된다.

달리 말하면 이렇다. — '신은 모든 것이다! 자신을 놓아 보내고 신께서 거하게 하라. 나를 통해 역사하시는 것은 내가 아니라 아버지(Father)이시다.' 우리는 모든 것으로부터 분리된 애초의 느낌인 에고의 느낌을 놓아 보내고 우리 본연의 '있음'이 그 자리에 있게 해야 한다. 그러면 모든 것이 완벽하게 제자리로 돌아갈 것이다.

하지만 이 생각을 받아들인 후에도 그것을 실현하기는 쉽지가 않다. 태초로부터 쌓여온 습관 때문에 쉽지 않은 것이다. 게다가 어떤 이유로 우리는 그런 습관들을 좋아해서 그것을 계속 반복한다. 우리는 그것을 잠재의식의 지배를 받는 행동이라고 부른다. 그리하여 우리는 거듭거듭 그리고 또 거듭 자동기계 같은 행동을 반복한다. 마치 잠재의식의 꼭두각시처럼 말이다.

사실 잠재의식과 무의식은 우리가 들여다보기가 가장 힘든 마음의 부분이다! 하지만 자유로워지고자 하는 열망만 충분히 강하면 우리는 이 잠재의식의 습관을 파헤쳐서 들여다보고, 놓아 보내기 시작할 것이다.

본연의 있음

영적 수행을 하는 사람들은 대부분 '있음'의 상태를 성취하려면 열심히 수행을 해야만 한다고 믿는다. 하지만 당신 본연의 상태인 '있음'은 성장을 통해 얻어내는 것이 아니다. 그 '있음'은 지금 이 자리에서 온전하고 완벽하다. 제약이라는 관념을 놓아 보내는 것만이 필요할 뿐이다. 나는 한계가 있다 — 나는 문제가 있다 — 라는 믿음은 당신의 마음속에 있고, 오로지 마음속에만 존재한다. 그것이 문제가 존재하는 유일한 곳이다. 무엇이든 생각으로 품거나 볼 수 있는 것은 당신의 마음속밖에 없기 때문이다. 무엇을 보든, 무엇을 듣든, 무엇을 느끼든 그것은 마음을 통해서, 마음속에서 일어난다. 그곳이 모든 것이 존재하는 곳이다. 그러니 사고를 바꾸면 세상이 바뀐다. 해보라, 그러면 그 증거를 얻을 것이다!

그러니 자유에 이르는 길, 그 길 자체는 아주아주 단순 명쾌하다. 간단치 않은 것은 제약을 없애는 방법이다. 그것이 간단하지 않은 것은 습관의 힘 때문이다. 이 습관을 극복하려면 아주 강렬한 소망이 필요하다. 강렬한 소망 없이는 성장도 없다. 사실 이 소망이 외부세계를 통제하고 세상의 허락과 승인을 받고자 하는 욕망보다도 더 강렬해야만 한다.

세상이라는 꿈

지금 당신이 보고 있는 세상은 사실 당신의 상상의 산물이다. 진실을 깨달으면 세상은 하나의 꿈, 마음이 제 안에서 지어낸 허구임이 판명된다. 처음에는 그것이 꿈임을 깨닫고, 그다음에는 그것이 한 번도 존재한 적이 없는 꿈임을 알아차릴 것이다. 실제로 당신은 그것을 밤에 꾸는 꿈과 똑같이 경험하게 될 것이다.

잠속의 꿈에서 당신은 몸을 가지고 있다. 그리고 다른 몸들과 상호작용을 주고받고, 거기에는 선악이 존재한다. 그리고 그 꿈속에 남아 있는 한 그 안의 모든 것은 당신에게 현실처럼 보인다. 하지만 꿈에서 깨어나면 당신은 '맙소사, 꿈이었군! 실제로 일어난 일이 아니었어. 다 꿈이었네!' 하고 놀란다. '깨어 있는 상태'라는 이 꿈에서 깨어날 때도 이와 똑같다. 당신은 그것이 자신의 상상의 산물일 뿐이었음을 깨닫게 될 것이다. 그리고 그것을 모두 영원히 놓아 보내버릴 것이다. 그러고 나면 한계 없는 자신만이 남아 있을 것이다! 그러면 당신은 자신이 온전히 깨달았다고, 완전히 자유로워졌다고 말할 것이다.

사실 우리는 항상 온전히 깨달아 있다. 이것이 우리 존재의 역설이다. 우리는 자신이 깨닫지 못했다고 말하고 있는, 온전히 깨달은 존재다. 그러니 우리가 해야 할 일은 단지 '난 아니야'라는 생각을 놓아 보내는 것뿐이다. 그러면 남는 것은 우리 본연의 모습인 온전히 깨달은, 자유로운 '있음'이다.

지금까지 내가 한 말에 대해 의문이 있는가? 잠시 멈춰서 내가 한 말을 되살펴보라. 아마 당신은 이것을 머리로는 이해하지만 실제로 적용할 수는 없을 것이다. 만일 그렇다면 당신은 자신을 정직하게, 진실하게, 혹은 자신의 한계를 놓아 보낼 만큼 깊은 욕구를 가지고 돌아보지 못하고 있는 것일 것이다. 당신은 잠재의식 속에서 스스로 감히 들여다보고 싶지 않은 것들을 지정해 놓았고, 그것들이 결국은 '금단'의 느낌으로 떠오르도록 놔뒀을 것이다.

그렇다면 그런 금단의 느낌들을 해방시켜야만 한다. 지금 당신은 그런 느낌들의 지배를 받고 있다. 당신은 그것들의 희생양이다. 그것들을 풀어놓으면 마음은 고요를 회복하고, 당신은 자유를 얻는다.

그러니 이런 제약적인 느낌과 생각들을 지워서 마음을 고요히 가라앉히라. 그러면 본연의 당신인 이 무한한 있음(infinite beingness)이 당신 앞에 스스로 자신을 드러낸다. 그러면 당신은 그 마음, 그 몸이 당신을 지배한 적이 한 번도 없었음을 깨달을 것이고, 그 순간부터 그 마음과 몸은 당신에게 아무런 영향도 미치지 못할 것이다. 그러면 당신은 꼭두각시 인형을 부리듯이 몸을 부릴 수 있게 되고 몸은 ― 꼭두각시 인형이 그렇듯이 ― 당신에게 아무런 힘도 발휘하지 못한다.

그러니 모든 방법 중에서 최선의 방법은, 승인을 얻고자 하는, 통제하고자 하는, 안전을 확보하려는 잠재의식의 모든 느낌과 생각들을 내려놓음으로써 마음을 고요히 가라앉히는 것이다. 그러면 남는 것은 본연의 당신인 '있음'이다.

나는 무엇인가?

모든 사람이 답해야만 할 궁극의 의문 역시 단순하다. ― '나는 무엇인가?' 그러니 내가 당신에게 물을 질문은 이것이다. ― '왜 이 궁극의 의문에서부터 시작하지 않는가?' 할 수만 있다면 너무나 좋고 너무나 멋질 것이다. 하지만 그저 '나는 무엇인가?' 하는 이 의문만을 붙들고 늘어질 수 있는 사람은 매우 적다. 우리는 잠재의식의 생각과 느낌들로 자신을 너무나 습관에 젖어 있게 만들어놓아서, 그것을 쉽사리 놓아 보낼 수가 없다. 그래서 우리에게는 다른 방법, 다른 도움이 필요하다.

동양에서 온 그 다른 방법들은 야나Jnana 요가, 라자Raja 요가, 크리야Kriya 요가, 박티Bhakti 요가, 카르마Karma 요가 등으로 불린다. 당신에게 가장 좋은 길은 당신이 가장 좋아하는 길이다. 각각의 길은 다른 모든 길을 포함하고 있다. 유일한 차이는 그 각각의 길이 강조하는 부분이 다르다는 것뿐이다. 지적인 사람은 지성과 지혜의 길인 야나 요가의 길을 강조한다. 헌신적인 성격을 지닌 사람은 신에 대한 사랑과 헌신의 길인 박티 요가의 길을 강조한다. 인류에 봉사하기를 좋아하는 사람은 카르마 요가의 길을 따른다. 각각의 길은 마음을 고요히 가라앉혀서 본연의 자신인 한계 없는 '있음'을 깨달을 수 있게 해준다. 위에 열거한 모든 길이 마음의 고요를 이루게 하지만, 마음 자체를 직접 다루지 말아야 할 이유는 없다. 그것은 다른 어떤 방법보다도 더 직접적이고 실질적이며 효과적이다.

사실 마음을 직접 다루어보면 그것이야말로 우리의 모든 의식적, 무의식적 생각의 전부임을 깨달을 것이다. 그리고 특정한 일에 대한 과거의 이 모든 생각이 결국 어떤 느낌들로 귀결되어 있음을 깨달을 것이다. 이 느낌들이 이번에는 더 많은 생각들을 부추겨 일으킨다. 그러니 우리의 생각이 느낌의 부추김을 받아 일어난다면 우리의 '무한한 있음'을 기억해내기 위해 필요한 것은 단지 생각을 일으키는 이 느낌들을 해방시켜 풀어놓는 것이다. 그러면 마음이 고요히 가라앉고, 마음이 고요해지면 본연의 우리 자신인 한계 없는 '있음'이 스스로 자신을 드러내게 될 것이다. 간단하지 않은가?

존재하는 유일한 창조자는 마음이다

이제 세상이라 불리는 이 명명백백한 것을 한번 살펴보자. 이미 말했듯이, 세상은 우리의 마음이 지어낸 것일 뿐이다. 그것은 외부에 있지 않다. 그것은 우리 내부에, 우리의 마음속에 있는 한 현실이다. 당신도 언젠가는 이것을 깨달을 것이다. 창조는 우리가 마음이라 부르는 것을 먼저 창조함으로써 시작된다. 마음은 우리의 모든 의식적, 무의식적 생각과 느낌의 합성물이다. 그리고 우리는 이 마음을 통해 우리의 세상을 창조한다.

사실 우리에게 일어나는 자질구레한 모든 일은 우리의 마음 속에서 먼저 창조된다. 우리는 마음속에서 시간이라는 것을 창조해내는데, 이 시간이 우리로 하여금 창조의 과정을 더 알아차리기 어렵게 만든다. 왜냐하면 지금 생각하면 그 생각의 결과는 훨씬 나중에 일어나기 때문이다. 하지만 존재하는 유일한 창조자는 마음, 당신의 마음이다. 신은 창조주인가? 그렇다. 왜냐하면 당신이 창조주이기 때문이다. 당신이 바로 그분이다! 당신이 마음을 만들어놓고, 그 마음을 통해 창조한다.

우리에게 일어나는 모든 일이 우리의 느낌과 사고에서 기인한다는 깨달음은 필요하고 또 좋은 것이다. 우리에게 일어나는 모든 일은 먼저 우리의 생각 속에서 창조되었다. 이것을 깨달은 사람은 자신의 문제도 자기가 스스로 창조했음을 깨닫는다. 그리고 이것이 사실이라면 원하는 것은 무엇이든지 창조할 수 있다는 것을 깨닫고, 이후로는 오직 좋은 것만을 창조하기 시작한다.

하지만 자신이 창조할 수 없는 것이 없다는 사실을 깨닫더라도 당신은 만족을 느끼지 못한다. 이유는 당신이 자신을 무한한 있음, 일체인 자신으로부터 떼놓았기 때문이다. 그러므로 오로지 무한한 있음인 자신을 인식하고, 그것이 됨으로써만 당신은 완벽하게 만족할 수 있다.

그러니 아직도 문제가 남아 있다면 그것은 오직 당신이 생각으로써 그것을 붙들고 있기 때문이다. 그것은 당신이 놓아 보내는 순간 사라져버린다! 당신이 자신에게는 그게 그렇지 않다고 말한다면 나는 그렇다고 말해주겠다. 실상은, 당신이 아직도 문제를 붙들고 있으면서 나에게 그게 안 된다고 말하고 있는 것이다.

문제를 없애려고 애쓰는 것은 문제를 붙드는 것이다. 무엇이든 없애려고 할 때 우리는 마음속에 그것을 붙들고 있게 되고, 그래서 그것이 붙어 있게 만드는 것이다. 그러니 문제를 바로잡는 유일한 방법은 그것을 놓아 보내는 것이다. 문제에다 주의를 쏟지 말고 당신이 원하는 것에만 주의를 쏟으라. 이 순간부터는 원하는 것만 보고 있으면 그것이 당신이 얻게 될 것의 전부가 될 것이다. 하지만 당신은 원하지 않는 것을 마음속에 붙들고 있다. 당신은 원하지 않는 것을 제거하려고 용을 쓰고, 그래서 그것이 붙어 있게 만든다. 긍정적이고 행복한 삶을 원한다면 부정적인 것들을 놓아 보내고 긍정적인 것에 주의를 쏟아야 한다는 말이다.

수수께끼

내가 이 주제를 지적인 언어로 이야기하고 있긴 하지만, 이 주제는 지적으로 배울 수 있는 것이 아니다. 당신도 이것을 이해하려고 마음을 사용하고 있긴 하지만 그건 마음으로 배울 수 있는 것이 아니다. 보다시피 우리 존재의 실상은 마음의 바로 배후에서 발견된다. 마음을 차지하고 있는 것을 풀어놓기 위해 마음을 사용할 수는 있다. 그래서 마음이 더 고요해지면 마음 뒤에 있는 것이 보이는 것이다. 이것이 마음을 통해 지적으로 배울 수 있는 주제라면 그저 책만 읽으면 되었을 것이다. 하지만 그건 그렇게 되는 것이 아니다. 우리는 아주 용의주도하게 마음 바로 배후에 있는 우리의 참자아를 찾아내야만 한다. 마음을 풀어놓으려면 마음을 돌려 마음을 향하게 하라. 그러면 마음 너머 당신의 참자아에게로 갈 수 있다.

이것을 이해하려면 우리 각자가 마음 바로 뒤의 그곳으로 가서 거기서 그것을 봄으로써 그것을 경험하고 깨닫고 자신의 것으로 만들어야만 한다. 그러면 알게 될 것이다. 그러면 우리는 자신이 '안다는' 사실을 깨달을 것이다. 그러면 우리는 전지한 영역으로부터 직관적으로 삶을 영위하게 될 것이다.

말했듯이, 가장 높은 경지는 그저 '있는' 것이다. 오로지 있을 수만, 그저 있을 수만 있으면 우리는 자신의 무한성을 깨닫게 된다. 자신이 곧 만유임을 깨달을 수 있게 된다. 완벽하게 충만하고 영원히 변함없는 상태에 있을 수 있게 된다. 그리고 이 경지는 허무의 상태도, 따분한 상태도 아니다. 그것은 모두인, 만유인 상태, 영구히 완전한 충만의 상태이다. 그리고 이 체험에 도달하면 당신은 자신의 개체성을 결코, 결코 잃지 않으리라는 것을 알게 된다. 당신의 개체성을 가리킬 때 쓰는 '나'라는 느낌은 결코 당신을 떠나지 않을 것이다. 오히려 그 느낌은 확장되어간다. 자신의 참모습을 발견할 때 일어나는 일은, 다른 이들도 당신임을, 당신이 곧 그들임을, 당신과 내가 하나임을, 오로지 하나(One)밖에는 존재하지 않음을, 그리고 당신이 지금, 그리고 늘 그 하나요, 한계 없는 찬란한 있음임을 깨닫기 시작하는 것이다.

문제를 해결하는 법

기만

우리는 그 어느 때보다도 더 크고 많은 문제를 안고 있는 듯하
다. 이것은 어떤 특정한 사람에게만이 아니라 모두에게 다 해당
하는 말이다. 그리고 이처럼 문제가 극대화되고 있는 양상은 마
치 우리가 퇴보하고 있는 것처럼 보이게 한다. 하지만 그렇지는
않다. 실상은, 우리가 자신을 외부로 더 잘 표현할 수 있는 상태
로 솟아올라서, 자신의 문제를 잠재워서 잠재의식 속에 품고 있
는 대신 세상으로 표출시킬 수 있게 된 것이다. 그래서 사태가
더 악화되고 있는 것처럼 보이는 것이다.

반대로 우리가 서로에게 무심하거나 냉담하다면 자신을 표
현하기가 어렵고, 행동을 내보이기도 어렵다. 그래서 문제가 적

은 것처럼 보일 수도 있지만 실상은 단지 문제가 감춰져 있는 것일 뿐이다. 그것은 우리의 잠재의식 주위를 배회하고, 그 결과로 그것은 세상으로 나와서 현실화되지 않는다. 이것은 상황을 더 나은 것처럼 보이게 만들지만 사실은 그것이 오히려 해결책을 찾을 수 없게 만든다.

성장의 단계들

세상에 나가 활동하는 능력을 얻으면서 이 무관심하고 냉담한 상태를 지나 한 단계 더 나아가기 시작하면 우리의 문제도 세상 속에서 표출되기 시작한다. 말했듯이, 처음에는 이것이 마치 세상이 우리 위로 무너져 내리는 것처럼 느끼게 만든다. 하지만 이것은 사실 성장의 징표다. 우리가 냉담한 상태에서 한 단계 높은 행위의 상태로 진입하고 있다는 징표 말이다. 나는 이것을 냉담-행위 상태라고 부른다. 왜냐하면 이 냉담-행위 상태가 되면 우리는 대개 냉담하고 불안정한 상태로 행위하기 시작하기 때문이다. 물론 이런 상태에 있을 때는 세상에나 자기 자신에게나 공공연히 파괴적으로 행동한다. 하지만 냉담-행위 상태는 행위 하지 않는 냉담 상태보다는 높은 단계임을 기억해둘 필요가 있다.

냉담-행위 상태보다 높은 단계는 건설적이기도, 파괴적이기도 한 행위 상태이다. 거기서 한 단계 더 올라가면 우리는 건설적인 행위를 크게 벌이는 행위-존재 상태로 진입한다. 거기서 또 한 단계 더 올라가면 우리는 존재 상태에 진입하고, 거기서 는 무엇을 할 필요가 없이 그저 '있게' 된다.

성장의 단계들은 다음과 같다.

5단계 존재: 마음이 평정하여 활동하지 않음. 그저 있을 수 있는 능력. 그저 지켜보고 세상과 우주를 있는 그대로 놓아두고 받아들임.

4단계 행위-존재: 평온한 가운데 활기차게 활동함. 세상과 우주와 자기 자신에게 건설적인 외부적 활동을 왕성하게 함.

3단계 행위: 1단계를 벗어나 5단계의 평형상태를 향해 나아 가게 하는 활동. 여기서는 자기 자신과 세상에 건설적이기도 하 고 파괴적이기도 하다.

2단계 냉담-행위: 자신을 외부로 표출할 의지가 충분하여 활 동을 개시함. 외부적 활동을 시작하지만 파괴적인 상태.

1단계 냉담: 냉담하여 활동하지 않음. 원한과 적의, 보복의 두 려움을 감히 표현하지 못함. 자신에게 파괴적인 상태.

현재의 세상은 냉담-행위의 낮은 상태(2단계)이다. 지금은 물 질주의적인 시대이다. 서기전 1,700년쯤에 우리는 육체적이고 동물적인 관능이 지배하던 시대인 가장 낮은 단계를 벗어났다. 이것은 우리가 기본적으로 육체적 욕망을 충족하기 위해 살았 던 상태이다. 이제 우리는 좀더 세련되고 문화적인 것들을 즐길 수 있는 두 번째 시대에 와 있다. 하지만 우리는 아직도 1단계를 벗어나 2단계로 진입하는 성장통을 겪고 있다. 2단계는 아직도 영적으로 높은 단계는 아니다. 이것은 세상이 과학적으로 발전해가는 시대이다. 3단계는 앎의 시대를 열어준다. 이것은 정신적 세계이고 그 안에서 우리는 모두가 연결되어 있다. 우리는 서로 더 사랑하고, 싸움을 그친다. 4단계의 시대는 자신과 모든 사람의 존재가 신임을 온전히 아는 상태이다. 우리는 자신이 자유롭고 한계 없는 존재임을 안다. 이 네 시대는 고대 그리스인들이 철기, 청동기, 은기, 황금기라 불렀던 시대이다. 5단계는 이 세상 속에서 성취되지만 사실은 이 세상 너머에 있다.

하지만 누구든지 선택하기만 하면 언제든지 가장 높은 상태로 옮겨갈 수 있다. 세상이 머물러 있는 수준에 함께 머물러 있어야 할 필요는 없다. 영적인 길을 가고 있는 우리는 이 일반적인 수준으로부터 벗어나 위로 올라가고 있다. 그런 의미에서 우리는 매우 운이 좋은 편이다. 우리는 나가는 길을 알고 있다. 세상이 우리를 아무리 아프게 해도 우리는 거기서 나갈 길이 있음을 안다. 우리는 희망이 있고, 가야 할 방향을 알고 있다.

나가는 길

그럼 나가는 길은 어디에 있는가? 행복을 찾아 세상을 헤매는 것은 길이 아니다. 행복이 있는 바로 우리의 내면, 우리의 의식 속을 찾아보는 것이 바른길이다. 한계 없는 기쁨과 자유가 우리의 본연의 상태이다. 우리는 무지로써 거기에 제약의 관념을 덧씌워 그 기쁨과 자유를 압살해버렸다. — 나는 이게 필요해, 그가 필요해, 그녀가 필요해, 원하는 걸 얻지 못하면 문제가 생기고 상심하게 될 거야.

반대로 성장은 결핍과 한계라는 이런 관념들을 놓아 보내는 것이다. 혹은 긍정적으로 표현하자면, 내면으로 들어가 우리의 본성인 이 한계 없는 존재를 만나고, 한계 없는 존재로 남아 있기를 택하는 것이다.

문제가 생길 때마다 우리는 한정된 에고를 통해 참자아를 표현하려고 애쓰고 있다. 에고는 너무나 작아서 우리는 쥐어 짜이고, 아파하며 힘들어한다. 그러니 문제가 생긴다면 할 일은 이렇게 스스로 물어보는 것이다. '내가 무엇을 하고 있나? 내가 에고의 동기로써 무엇을 고집하고 있나?' 응답이 오면, 당신이 에고를 통해 어떻게 이 '문제'를 일으키고 있는지를 깨달으면, 당신은 그 원인이 되는 생각을 잠재의식으로부터 의식으로 끌어올릴 것이고, 그것이 자각되면 당신은 그것을 자연스럽게 놓아 보내게 될 것이다.

그 원인, 문제를 일으킨 생각이 잠재의식 속에 머물러 있으면 놓아 보내지지 않는다. 그러니 우리는 그 생각을 의식으로 떠올려서 놓아 보내야 한다. 이것이 더 높고 더 나은 길이다. 우리는 자신이 참자아임을 명심해야 한다. 우리가 완벽한 참자아임을, 우리가 이 한정된 육신과 마음이 아님을 알면 모든 문제는 즉각

해결되어버린다!

모든 문제는 에고의 동기로부터 일어난다는 나의 말이 사뭇 단죄하는 조로 들릴 수도 있다. 하지만 당신도 스스로 이것을 들여다보면 그게 사실임을 깨달을 것이다. 그저 참자아로서만 존재하면 아무런 문제도 일어나지 않는다. 아무런 애를 쓰지 않아도 오로지 완벽한 조화로움만이 존재한다. 에고의 동기에 휘둘릴수록 일을 해나가기가 더 어려워지고 부조화와 불행만 늘어난다.

이토록 단순하다

어려운 것은 습관을 놓아 보내는 것이다. 어려운 것은 에고의 한계 너머로 가는 것이다. 습관은 수천 년의 세월에 걸쳐 깊이 각인되어 있어서 매우 강력하다.

하지만 그것을 놓아 보내기로 마음먹는 순간 우리는 그렇게 할 수 있다. 놓아 보내지지가 않는다면 그것은 당신이 정말로 놓아 보내기를 원치 않기 때문이다. 놓아 보내고 싶은 욕구가 별로 강하지 않은 것이다.

내가 이걸 너무 단순화시키고 있는 건가? 당신은 어쩌면 이 것이 좀더 복잡한 방식으로 표현된 말을 들었을지도 모른다. 이해하기 힘들게 만드는 온갖 것을 덕지덕지 붙인 것 말이다. 하지만 이것이 얼마나 단순한 것인지를 알고 나면 우리가 할 일은 그저 그 결과가 일어나게 두는 일뿐이다.

그리고 그것은 누구도 우리 대신해줄 수 없다. 우리 스스로 해야만 한다.

문제를 가진 친구가 있었다. 그녀는 종교인인데 매우 경건해 보이는 친구였다. 상황이 매우 암울해져서 아무런 희망도 보이지 않고 맨 밑바닥까지 가라앉았을 때, 바로 그 순간에 어떤 일이 일어나서 모든 것을 제자리로 돌려놓았다.

그녀가 왜 맨 밑바닥까지 내려가야만 했는지 아는가? 왜냐하면 그녀는 사실 진정한 신앙심을 지니고 있지 않았기 때문이다. 그녀는 사실 경건한 종교인이 아니었고, 그것이 그녀의 문제였다. 신앙심이 있었다면 그 신앙이 그녀로 하여금 문제를 놓아 보내고 신께서 역사하시도록 내맡기게 만들었을 것이다. 경건함과 겸손과 내맡김도 같은 일이 일어나게 했을 것이다. 그녀는 겉보기엔 자신이 말하는 대로였지만, 속은 내가 말하는 대로였다. ― 그녀는 모든 것을 자신이 통제하려 들었다. 그것은 놓아 보내는 것이 아니고 신께서 역사하시도록 내맡기는 것이 아니다.

그녀는 기도를 했지만 모든 것이 자신이 원하는 대로 되기를 바랐다. 그녀는 자신의 기도가 도움이 되지 않는다는 것을 깨달았다. 자신을 내맡긴다면 기도를 할 필요조차 없다.

그녀는 자신을 놓아 보내고 신께서 역사하시도록 내맡겼어야 했다. 언제 그렇게 했을까? 그녀 자신은 아무것도 더 이상 할 수 없을 때, 그때야 마침내 자신을 놓아 보냈다. 극한의 상황에 부딪혀야만 놓아 보내지는 것이다. 그리고 놓아 보내는 순간, 모든 일이 스스로 해결된다. 알겠는가? 상황이 극한에 다다르면 그제야 '아, 내가 할 수 있는 일이 없구나' 하고 깨닫게 되고, 그것이 자신을 놓아 보내고 신께 내맡기게 되는 때이다.

그녀가 이것을 알아차리기만 한다면 이 이치를 좀더 의식적으로 이용할 수 있을 것이다. 신앙보다 더 강한 확신 — 신에 대한 절대적 확신만 있으면 된다! 자신을 놓아 보내고 신께서 역사하시게 하라. 그러면 모든 일이 제자리를 찾아갈 것이다. 하지만 그렇게 하려고 해보면 걸리는 데가 생긴다.

"자신을 놓아 보내고 신께서 역사하시게 하라"는 나의 말은 무슨 뜻일까? 오로지 영감에 의해서만 일을 해야 한다는 걸까, 아니면 그저 물러나 앉아서 일이 저절로 일어나게 해야 한다는 것일까?

정확히 그렇지는 않다. — '일이 일어나도록 놔둔다'는 것의 감을 잡아야만 한다.

이렇게 되려면 에고의 느낌을 놓아 보내야 한다. 에고란 '나는 몸을 갖고 있는 한 개인이고, 내가 이것을 한다'는 느낌이다. 이것은 환영이요 망상이다. 자신의 에고는 한쪽으로 치워놓고 신, 곧 참자아가 역사하도록 내맡겨야 한다. 이것만 할 수 있게 되면 만사가 절로 풀려나간다. 아무런 힘도 들지 않는다. 힘이 들어가면 에고가 있다는 것이다. 물론 약간의 노력은 기울여야 할 것이다. 왜냐하면 당신은 참자아로부터 출발하는 것이 아니기 때문이다. 보다시피 내 친구는 오직 상황이 극한에 이를 때만 자신이 행위자라는 느낌을 놓아 보냈고, 그랬더니 힘들이지 않아도 일이 풀려나갔다. 이것이 자신을 놓아 보내고 신께서 역사하시도록 내맡기는 것이다!

믿음이 해결해준다

신앙고백 — 그처럼 온갖 것을 고백하는 행위가 일을 해결해주지는 않는다. 신앙을 품는 것이 일을 해결해준다. 그녀가 문제를 겪고 있었다는 사실 자체가 그녀에게 신에 대한 확신이 없었다는 증거다. 왜냐하면 신은 모든 것이고 완벽하기 때문이다. 신이 모든 것이고 완벽하다면 모든 일이 완벽해야만 하고, 그러면 불완전한 것이나 문제가 설 자리가 없다.

그런 태도를 취하면, 그렇게 된다!

그것은 내가 행위자가 아니라는 느낌, 자신을 놓아 보내어 일이 스스로 일어나게 한다는 느낌이다.

우리가 에고로서 있을 때, 그것을 어떻게 알아차릴 수 있을까?

아무런 힘이 들지 않으면 에고가 없는 것이다. 힘이 많이 들수록 더 많은 에고가 있는 것이다.

그러니 힘이 극도로 많이 든다면 당신은 어떻게든 다른 길로 가야만 한다.

힘이 많이 들수록 에고가 큰 것이다. 하지만 우리는 온전히 깨달을 때까지 힘을 사용할 것이다. 그러다 보면 아무런 힘을 들이지 않아도 모든 일이 완벽하게 맞아떨어지게 되는 때가 올 것이다. 이럴 때 당신은 자신의 참자아가 된다.

물론 어떤 사람들은 그러다가 게으름뱅이가 되는 건 아닐까 걱정한다. 하지만 게으름도 하나의 행위이다. ― 마이너스 방향의 행위 말이다. 그것은 자신을 움직이지 못하도록 붙드는 행위이다.

무위의 경지

무위의 경지에 이르려면 자신의 에고를 더욱더 놓아 보내는 일부터 시작하라. 이것을 하는 이유는 지금의 상태에서는 행위하지 않을 수가 없기 때문이다. 하지만 에고를 계속 놓아 보내다 보면 당신은 행위자가 아니라 지켜보는 자가 될 것이다. 이해가 되는가?

행위자가 되지 말라. 일이 스스로 일어나게 하라. 이것은 신의 세계다. 어떤 일이 일어나든지 신께서 그것을 하게 하라!

그래도 의문이 올라온다. '어떻게 하면 문제를 없앨 수 있을까?'

첫째, '문제가 있다'고 하는 순간 당신은 함정에 갇혔음을 깨달아야 한다. 당신이 그것을 현실로 만들고 있는 것이다! 당신 스스로 그것을 현실로 만들고 있기 때문에 그 문제를 없앨 수가 없다. 그렇다고 해서 문제가 있을 때 '문제는 존재하지 않아'라고 말하면 문제가 사라진다는 뜻은 아니다.

'문제는 없어'라고 말한다고 문제는 사라지지 않는다. 왜냐하면 당신은 '문제는 없어'라고 말하고 있기 때문이다. 그 말로써 당신은 문제를 마음속에 붙들고, 그것을 존속시키고 있다.

대신에 문제를 아예 마음속에서 지워야 한다. 그저 모든 것이 완벽함을 알라. 그러면 당연히 문제는 존재하지 않게 된다.

알겠는가, 정말 아무런 힘도 들이지 않고도 살 수 있다. 본연의 참자아가 되면 사는 데 아무런 힘도 들지 않는다. 하지만 우리는 한계에 둘러싸인 에고가 되려고 하고, 그것은 힘이 든다. 본래 한계가 없는데 한계를 가지려면 힘이 드는 것이다. 한계에 둘러싸이려고 애쓰면 애쓸수록 힘이 더 든다.

한계 없는 참자아가 되는 데는 아무런 힘도 안 든다. 앞서 이야기했던 친구의 경우와 마찬가지로 말이다. 그녀는 극한의 상황에 부딪혀야 자신을 놓아 보내고, 그러면 아무런 힘을 들이지 않고도 일이 풀려나간다. 그녀가 애를 쓰면 쓸수록 일은 점점 더 꼬인다. 하지만 포기하고 자신을 놓아 보내면 일이 풀린다.

그래도 사람들은 묻는다. "나가서 일자리를 구해야 하지 않나요? 직업소개소에 가봐야 하지 않나요? 그저 앉아서 기다릴 수는 없잖아요." 그러면 나는 말한다. 그녀가 해야 할 일은 오로지 자신을 놓아 보내고 신께서 역사하시도록 내맡기는 것이라고. 그러면 골방에 처박혀 있어도 일이 그녀를 찾아올 것이다.

그저 앉아서 기다리는 것이 아니다. ― 아무것도 하지 말고 그저 행위자라는 느낌만 놓아 보내라. 그저 모든 것이 완벽하다는 사실만을 알라. 그러면 아무리 사소한 생각을 품어도 금방 실현될 것이다. 신에게는, 참자아에게는 한계가 없다. 자신을 놓아 보내면 어떤 생각을 품어도 현실이 될 것이다. 왜냐하면 당신은 신, 곧 당신의 참자아인 당신의 무한한 권능을 불러오고 있기 때문이다. 아무것도 그것을 막을 수 없다!

뭔가 행위를 하려고 애쓸 필요가 없다.

사실 그와는 반대다. 골방에 처박혀서 문을 단단히 걸어 잠그라. 내가 말하는 대로 하면 당신이 원하는 것이 현실이 되는 모습을 보게 될 것이다.

그렇게 되지 않을 수가 없다. 아무것도 그것을 막을 수 없다! 전능한 힘이 불려나온 것이다!

만일 이것이 사실이라면 기도는 무슨 소용이 있는가? 기도엔 어떤 의미가 있는가?

기도는 기도를 할 필요가 있는 이들을 위한 것이다. 당신이 지금 알고 있는 그것을 안다면, 당신은 대체 누구에게 기도를 하고 있는 건가? 당신이 곧 그것이라면 그것에게 기도를 해야 할 이유가 무엇인가?

기도는 이원성을 받아들인다. '내'가 '신'께 기도를 하는 것이다. 그러지 말고 당신의 일체성을 지키라!

그래도 굳이 기도를 하겠다면 오직 한 가지만을 간구하는 것이 가장 좋다. — 지혜를 비는 기도를 하라. 그러면 기도를 할 필요도, 어떤 것을 구할 필요도, 다 없애버릴 수 있다.

오늘날 세상의 대부분의 사람들은 기도를 할 필요가 있다. 하지만 기도는 이원성을 받아들인다. — 신은 저 밖에 있다고 말이다. 그러나 신은 우리 안에 있음을 알아야 한다. 예수께서 "신의 왕국은 우리 안에 있다"고 했음에도 우리는 아직도 신을 밖에서 찾고 있다. 그러나 그는 저 밖에 있지 않다. 그는 우리 안에만 있다. 알고 보면 그는 바로 우리 자신의 있음(our own Beingness)이다.

아무것도 더해지지 않은 우리의 '나'야말로 우리가 찾고 있는 신이다. "나는 신이 아닌 어떤 것이다"라고 말한다면 물론 그것은 신이 아니다. 그저 순수한 나, 오로지 나, 그것이 신이다.

신이 살갗보다 더 가깝다고 하는 말은 그 뜻이다. 신은 '나'다. '나'는 얼마나 가까운가? 그것은 살갗보다 더 가깝다. 그것은 신이다. 당신 자신의 참자아 말이다!

그저 '나'라는 단어만을 마음에 품고 있으라, '나…' 그러면 당신은 더 행복해질 것이다. 혼자 있을 때 해보라. '나는 이 몸이고 마음이야'가 아니라 그저 '나…', 있음 자체인 '나…' 말이다.

있음

신을 그 어떤 단어보다도 더 잘 묘사하는 단어는 '있음(Beingness)' 이라고 생각한다. 신은 만유(all beingness)이다. 우리는 만유이면서도 마치 자신은 그 만유의 한 작은 일부분인 척한다. 자신의 내면을 들여다보면 당신은 자신이 만유임을 깨달을 것이다.

있음이 신이다! 있음은 또한 자각의식(Awareness Consciousness)이다. 이 둘은 같은 것이다. 나중에 당신은 이 둘이 동일한 것임을 깨달을 것이다. ― 있음, 자각의식.

그러니 당신의 참자아가 되어라. 결코 문제가 되지 말라. 세상에서 문제를 보는 것은 한계에 싸인 에고-몸-마음이 되려고 애쓰는 것이다. 자신에게 문제가 있다고 생각하면 진짜로 문제가 있다. 신은 모든 것임을, 신은 완벽하다는 것을, 그것이 다임을 그저 기꺼이 받아들이면, 그것이 곧 당신이 만날 모든 것이다! '문제', '할 수 없어', '하지 마', '안 할 거야' 등 모든 부정적인 말을 지워버려야 한다. 장차 인간이 조화의 경지에 이르면 이런 말들은 사라질 것이다.

높은 단계로 오를수록 모든 것의 완벽함이 더욱 잘 보이고, 문제는 점점 보이지 않게 된다. 문제가 많이 보일수록 낮은 단계에 있는 것이다.

가는 데마다 들리는 것은 문제에 관한 이야기다. 문제를 보는 사람들은 당신도 그들이 보는 식으로 그 문제를 보기를 원한다. 그리고 당신의 생각은 틀렸다고 할 것이다. 당신이 자신을 보호해야 할 것 중의 하나가 이것이다. 성장해가는 동안 당신의 수준에 미치지 못하는 사람들은 당신을 자기들이 있는 아래쪽으로 끌어내리려 할 것이다. 그들은 당신이 틀렸다고 생각하게 내버려두라. 당신은 자신이 옳음을 안다! 논쟁하지 말라. 소용없는 일이니까.

무아의 경지를 보여주는 척도는 문제를 인식하는 능력이 아니라, 문제가 존재하지 않는다는 것을 얼마나 잘 아느냐, 그리고 다른 이들도 오로지 완벽함밖에 존재하지 않음을 깨닫도록 얼마나 잘 돕느냐이다. 이렇게 도움을 베풀면 당신은 매우 건설적이고 이타적인 사람이 된다.

그저 사랑을 느끼라. 꼭 뭔가를 해야만 하는 것이 아니다. 사랑하라 ― 그러면 당신의 생각이 긍정적으로 변한다. 생각이 행위보다 훨씬 더 강력하다. 생각은 행위의 바탕이고, 생각이 행위를 일으킨다. 생각은 행위를 불러일으킨다. 생각은 행위에 앞서서 행위를 결정한다.

깊은 산속 동굴에 홀로 앉아 있는 깨달은 존재가 운동단체들보다 세상을 위해 더 좋은 일을 하고 있다. 모든 사람이 잠재의식을 통해 그의 도움을 받아들이고 있으므로 그는 모든 사람을 돕고 있는 것이다.

이제 우리는 앞서 얘기하던 것으로 돌아왔다. 가장 밑바닥의 상태는 행위하지 않는 것이고, 중간 상태는 행위이고, 가장 높은 상태는 다시 행위하지 않는 것이다. 밑바닥의 상태는 냉담한 무력증이다. 이것은 파괴적인 상태다. 이 상태는 모든 것을 그저 멈춰버리고 싶어하고, 실제로 모든 것을 파괴한다.

가장 높은 상태는 모든 것을 그저 있는 그대로 놔둔다. 왜냐 하면 모든 것이 완벽하기 때문이다. 이 상태에 이른 사람은 이런 생각과 느낌을 모든 사람에게 강력히 방사한다.

중간 상태는 행위의 상태로, 당신을 밑바닥 상태로부터 평형 상태와 평정심의 가장 높은 상태를 향해 나아가게 한다.

높은 단계로 올라갈 때, 당신만큼 오르지 못한 이들은 당신을 자신들이 있는 아래쪽으로 끌어내리려고 애쓴다.

그것은 그런 일들이 당신을 얼마나 흔들리게 만드는지를 시험하는 일종의 시험장 내지 시련이다. 그것은 당신의 확신을 시험한다. 그들에게 끌려간다면 당신의 확신은 어디로 간 걸까? 그들에게 끌려가면 당신은 그들이 믿는 바를 더 신뢰하게 된다.

있음의 열쇠

인정받고 싶어하는 에고의 욕망은 세상에 영합하는 편이 더 쉬운 것처럼 보이게 만든다. 당신도 그런 무리 중의 하나였지 않은가? 당신도 그들과 같았다. 하지만 그건 쉽지 않다. 그렇다. 올바른 길을 가는 편이 더 쉽다. 알겠는가? 올바른 길은 자신을 놓아 보내고 신께서 역사하시도록 내맡기는 것이다. 그러면 모든 일이 완벽하게 제자리로 돌아온다. — 아무런 힘도 들지 않는다. 하지만 당신이 나서서 해야 한다면 그건 신께서 역사하시는 게 아니다. — 그건 당신, 곧 에고가 하고 싶어하고 뭔가를 바꿔 놓고 싶어하고 세상을 바로잡고 싶어하는 것이다.

어떤 사람들은 이런 일이 일어날 때는 만트라나 주문 같은 것을 떠올리는 게 최고가 아니냐고 묻는다.

확언은 언제나 좋다. 만트라는 계속 반복하여 읊는 하나의 확언이다. 하지만 에고의 반응을 놓아 보내는 것이 그보다 훨씬 더 효과적이다. 그러니 자신이 해야 하고 되어야 한다고 생각하는 것을 할 수 있고 될 수 있도록 도와줄 일이라면 뭐든지 하라.

자신이 누구이며 무엇인지를 궁구하여 자신의 참자아를 깨우치라. 이것이야말로 최고의 일이요, 당신을 최고로 이끌어줄 것이다. 당신도 자신을 놓아 보내고 자신의 진정한 자아를 느꼈던 때가 있었다. 그것은 어떤 느낌이었는가?

당신은 늘 그런 느낌을 느낄 수 있다.

그 상태에 머물러 있으라. 그게 다다. 본연의 당신이 되라! 당신은 무한하고 전지전능하며, 바로 지금 여기에 있다. 그것이 되라! 한계에 갇힌 이 작고 불쌍한 에고가 되어 있기를 그치라.

세상을 가장 크게 돕고 싶다면 자신이 성장하도록 도우라. 그러면 열심히 세상에 나서서 할 수 있는 것보다 훨씬 더 큰 일을 하게 될 것이다. 더 깊이 사랑할 수 있게 될수록 당신은 더 크게 세상을 돕는 것이다.

국회가 세상을 바로잡을 수는 없지만 사랑하는 충분한 숫자의 사람들이 있으면 그들이 세상을 바로잡을 수 있다. 미국의 대통령은 모든 미국인의 사고의 총합, 의식의 총합을 대변한다.

외부세계는 곧 다름 아닌 우리의 집단의식이다.

신의 법칙은 인간이 만든 법을 소용없게 만든다. 의식의 사고가 모든 것을 결정한다. 그러니 세상에서 자기에게 일어나는 일이 마음에 들지 않는다면 해야 할 일은 단지 자신의 의식을 변화시키는 것뿐이다. ― 그러면 외부세계가 우리를 위해 바뀐다!

세상의 문제에는 끝이 없다. 끝을 찾으려고 해봤자 당신은 세상의 문제를 하염없이 풀고 또 풀어도 늘 더 많은 문제가 쌓여있는 것을 발견할 것이다. 문제를 의식하는 한 문제는 존재한다. 오로지 자신의 진정한 자아를 발견할 때만 문제가 종식된 것을 깨닫게 될 것이다.

그것은 마치 불 속에다 손을 집어넣고서는 이렇게 말하는 것과 같다. ― "앗, 뜨거워! 손을 데었어! 정말 심각한 문제가 생겼군!" 그러면서 손을 불 속으로 다시금 다시금 집어넣는다. 그러다가 어느 날 자신이 그러고 있다는 사실을 깨닫고 나서야 그것을 멈춘다. 당신에게 문제가 있다면 그것은 당신이 스스로 문제 구덩이에 손을 집어넣고는 아프다고 외쳐대고 있는 것이다. 그러면서도 자기 자신이 거기에 손을 집어넣고 있는 것은 아닌 척을 한다. 당신은 스스로 그 짓을 하는 게 아닌 척하지만, 실제로 그러고 있다.

그러니 그 문제는 당신의 의식 안에 있다. 당신의 마음속에 있다. 당신의 마음을 바꾸라. 당신의 의식을 바꾸라. 그러면 문제는 즉각 사라져버린다. 해보라. 그러면 정말 그렇다는 것을 깨달을 것이다.

그리고 혼자 있을 때, 자신이 아닌 것 — 한계에 둘러싸인 육
신과 마음 — 이 되어 있기를 멈추라. 그리고 그저 본연의 당신
— 무한하고 찬란한 완전히 자유로운 존재, 온전하고 완전한 존
재 — 이 되라.

영적 성장

존재하는 유일한 성장이란 에고의 껍질을 벗는 것이다.

영적인 길의 목표는 오로지 에고를 놓아 보내는 것이다. 그러
면 남는 것은 당신의 참자아이다.

에고란 '나는 모든 것으로부터 분리되어 있는 하나의 개체'라
는 느낌이다. 이것이 극단화한 것이 이기주의이다.

성장이란 자기 자신을, 습관적인 자아를, 곧 다름 아닌 에고
를 초월하는 것이다.

성장이란 곧 불행을 벗어나고 있는 에고이다. 기쁨이란 모두
가 다름 아닌 당신의 참자아임을 알라.

당신의 참자아를 경험하는 것 외에 행복이란 존재하지 않는
다. 이것을 깨달으면 당신은 지름길에 접어든다. 무지개 좇기를
그치고, 바로 제 안에 있는 행복을 곧장 찾아갈 것이기 때문이
다. 당신이 찾고 있는 모든 것이 이미 당신 자신으로서 존재하
고 있는데, 당신은 어리석기 짝이 없게도 자신은 그게 아니라고
우긴다. 이것이 이 우주의 수수께끼 중 하나다. — 저마다 열렬

히 갈구하고 있는 모든 것을 우리는 이미 가지고 있다. 찾고 있는 것보다 훨씬 더 많이.

한계 없는 '나'라고 말할 때 그것은 바로 당신을 가리킨다. 대단한 농담 아닌가! 한계 없는 존재인 당신이 지금도, 바로 자신인 참자아를 찾아 헤매고 있다!

누구든지 자신은 주인(master)이 아니라고 말한다면 그는 거짓말을 하고 있는 것이다.

당신의 노력은 자신의 올바른 정체를 찾으려는 노력이 되어야 한다. 진정한 자신이 되라!

영적 발전은 당신이 얼마나 진정한 자신이 되는가에 달려 있다. 에고는 매우 교활하다. 에고는 종종 우리의 귀에다 대고 속삭여 잠시든 오랫동안이든 이 길을 벗어나게 만든다. 하지만 한번 궤도에 오르고 나면 우리는 늘 제 길로 돌아온다. 그러니 자신의 에고인 부분의 속임수를 경계하라. 그것은 우리를 길에서 벗어나게 한다. 그러니 우리가 아무리 길을 많이 나아갔을지라도, 에고는 언제나 우리를 일탈의 길로, 때로는 평생 딴 길을 가도록 유혹하는, 경계해야 할 길동무다.

이것이야말로 우리가 경계해야 할 일이다. 에고의 느낌이 득세하면 그것은 이렇게 말한다. "내가 신이다." 에고는 영적 진보를 자기의 것으로 만들어놓고 기분 좋아하면서 말한다. "에헴, 난 이런 존재야." 그러면 그것이 더 이상의 성장을 훼방한다. 영적 자만은 치명적이다!

에고의 훼방을 알아차리면 당신은 그것을 놓아 보내버릴 수 있다. 연습을 조금만 하면 그것은 쉬운 일이어서 에고를 충분히 놓아 보내고 나면 그저 참자아의 평화와 기쁨이 절로 느껴진다.

그것은 사실 한계 없는 본연의 상태로 더욱 자주 돌아가는 길이다. 당신은 한계를 버린다. 불행을 버린다. 그러나 가치 있는 것은 아무것도 버리지 않는다. 좋은 것은 결코 버리지 않는다.

이 길에서 당신은 골칫거리를 끊임없이 버린다.

첫 번째 스승은 불행이다. 우리로 하여금 나가는 길을 찾게끔 만드는 것이 대개 이것이다.

우리는 불행을 벗어날 길부터 찾기 시작한다. 그러다가 참자아를 맛보고, 그것을 원하게 된다. 그 맛이 너무나 좋으니까.

이 길을 가면서 당신은 아무것도 버리지 않는다. 모든 것을 가질 때까지, 자신이 진정으로 원하는 것을 그저 자꾸자꾸 가진다.

구태여 밖에 있는 쓴 것에서 벗어나려 하지 말고, 안에 있는 단 것을 찾아 가지라.

영적인 길에서 우리는 스스로가 자신에게 덮어씌운 속박과 불행 외에는 어떤 것도 포기하게 되지 않는다는 사실을 깨닫는다.

영적인 길에서 나약하다면 당신은 감각의 세계에서 강하다.

무엇을 하지 못하게 막는 것은 오직 '난 할 수 없어'라는 생각 뿐이다.

당신은 할 수 없다고 생각한다. 그것이 못하는 이유이다.

하지 못하는 사람들은 사실 그것을 하기를 원하지 않는 것이다.

당신의 성장은 오로지 당신에게 달려 있다.

일은 당신이 할 수 있는 만큼만 빨리 일어난다.

당신을 변화시킬 수 있는 유일한 사람은 당신이다!

원하는 것으로는 되지 않고, 해보는 것으로도 되지 않는다. 해야만 한다!

좋은 의도가 올바른 행동을 대신하지는 못한다.

더 빨리 변하려면 그것을 기대하라!

당신은 습관의 노예가 되어 있어서 물에 빠진 사람이 숨을 쉬고 싶어하는 만큼이나 속세를 갈구한다. 그러니 변화하려면 매우 강한 욕구를 가져야만 한다. 그 습관에 응대하려면 물에 빠진 사람이 숨을 쉬고 싶어하는 만큼이나 강렬하게 자신의 참자아를 알고 싶어해야만 한다.

당신의 성공은 그 열망이 얼마나 강렬한가에 달려 있다. 중간에 열망이 꺾인다면 당신은 그것에 정말로 관심이 없는 것이다.

당신의 진정한 친구는 당신 자신뿐이다. 당신의 진정한 적도 당신 자신뿐이다. 자신의 참자아를 한계 속에 가둬두는 만큼 당신은 자신의 적이 된다. 자신의 한계를 허무는 만큼 당신은 자신의 친구가 된다.

당신이 자신에게 한 일은 오로지 당신만이 되돌려놓을 수 있다. 당신이 그것을 되돌려놓아야만 한다.

이 길은 전적으로 DIY(Do-It-Yourself, 스스로 하기)의 길이다.

당신이 할 수 있도록 주어진 일을 하라. 최선을 다해서.

모든 경험은 당신을 축복해주기 위해 일어나는 것이지 해치기 위해서 일어나는 것이 아니다. 순리를 따르기만 하면 그 경험을 겪고 난 당신은 더 높은 곳으로 나갈 것이다!

삶 속의 모든 장소와 모든 상황이 성장의 기회를 선사한다.

성장을 위해 가장 좋은 장소는 바로 당신이 있는 그곳이요, 가장 좋은 때는 지금이다.

당신을 성장시켜줄 기회 앞에서 감사하라. 모든 시련 중에서 가장 위대한 시련은 가장 가까운 가족이 있는 집에서 겪는 시련이다. 그러니 집이야말로 성장을 위해 가장 멋진 장소이다.

많은 영적 성장이 당신의 동반자와 가족에 대한 사심 없는 사랑의 실천을 통해 일어난다.

사람들이 당신에 관해 왈가왈부하고 당신을 반대할 때, 그것은 성장을 위한 좋은 기회이다. 그것은 당신에게 진정한 사랑을 실천할 기회, 진정한 평화를 실천할 기회를 준다. 그들이 당신에 대해 왈가왈부하는 것은 당신이 기분 나빠해야 할 하등의 이유가 되지 않는다. 반대는 건강에 아주 좋은 것이다. 그것은 확고한 태도와 성장을 촉진해준다.

모든 사람이 당신의 스승이 될 수 있음을 명심해야 한다. 칭찬이나 듣기 좋은 말에 반응하는 것은 에고를 기르는 일이다. 자신에 대한 비판에 주눅이 든다면 그것은 에고의 반응이다. 참자아로 존재할 때, 거기에는 아무런 반응도 없다. 쓸데없이 일어나는 일은 없다. 교훈으로 삼을 수 없는 일은 없다.

나날의 매 순간이 성장을 위해 이용되어야 한다.

목적지에 이르지 않았는데 이른 줄로 알고 있다면 그 사실을 일깨워줄 상황이 곧 일어날 것이다.

당신의 높은 경험이나 크게 얻은 것을 남에게 얘기하면 그들은 시샘이 나서 생각할 것이다. '잘났군.' 그러면 그것은 당신에게 좋지 않게 작용하여 당신을 아래로 끌어내릴 수 있다.

자신에 대해 자랑질을 할 때마다 당신은 그에 대한 시험을 자초하고 있는 것이다. 그러니 경고하건대 자랑하고 싶은 마음이 부풀어 터지려고 한다면, 거기서 잃을 것이 없음을 경험으로 확신하고 있지 않은 한 이야기하지 않는 편이 낫다.

자신의 영적 성취에 대해 긍지를 가지라. 그것을 행복해하라. 다만 자신에게만 자랑스러워하라.

그릇된 영적 자만심을 품으면 스스로 자랑스러워하는 그것에 대한 시험을 자초하게 된다.

의심을 멀리해야 한다. 그러려면 믿음 이상의 것이 필요하다. 그것은 앎을 필요로 한다. 당신은 믿음으로 시작하지만 그것을 앎으로 바꿔야만 한다. 그것을 시험해보아야만 하고, 그러면 그것을 알게 된다.

무엇을 진정으로 이해하기 위해서는 그 앎을 경험해보아야만 한다.

경험을 하고 나면 그것은 더 이상 지적인 앎이 아니다.

말로 표현할 수 없는 이해를 얻을 수 있다.

존재하는 유일한 성숙은 영적 이해이다.

두드러지라, 남다르게 살라. 남들이 당신을 과거의 모습으로 다시 꼬여 들이도록 놔두지 말라. 이것은 쉽지 않다. 이것은 불굴의 용기를 필요로 한다.

길을 끝까지 가도록 힘써야 한다. 그러라고 길이 주어진 것이다. 우리는 그 길을 끝까지 가서 집으로 돌아갈 수 있다. 절대자에게로 말이다.

무한을 뜻하라. 당신이 품는 뜻에 지나침은 없다.

끝까지 해야 할 일을 다 하라. 책임에 충실할수록 목적지에 빨리 도착한다.

당신이 얻어낸 모든 것은 영원하다. 지금 당신이 내미는 발걸음은 한 걸음 한 걸음이 영원하다.

사다리를 한 계단 한 계단 오를 때마다 우리는 상승한다. 그리고 아래 계단은 잊어버린다. 그리고 꼭대기에 다 오르면 사다리를 차버린다.

이 모든 이야기의 증거는 당신이 몸소 얻어내는 결과다.

성장해갈수록 당신은 성장의 요구를 덜 느끼게 된다.

높이 오를수록 더 오르고 싶은 동기가 줄어든다.

반증으로는 아무것도 배울 수 없다. 우리는 오로지 증명을 통해서만 배운다.

환영을 파고드는 것은 그것을 생생한 현실로 만들어놓는다. 실상을 알고 싶다면 그 반대의 것을 파고들지 말라.

성장의 과정이란 시작부터 끝까지 생각을 놓아 보내는 과정이다. 생각을 완전히 없애면 참자아 외에는 아무것도 남지 않는다.

일을 복잡하게 만들지 말라. 그건 너무나 단순한 것이다.

우리는 에고 밖으로 확장해갈 수 있을 뿐이다. 참자아는 그저 있다.

성장이란 자신이 아닌 것을 놓아 보내는 것이다.

성장하면 온 세상이 당신 앞에 활짝 열리어 당신은 훨씬 더 많은 것을 경험하게 된다. 하지만 온 세상을 가졌다고 해도 당신은 한 개의 점을 얻은 것일 뿐이다. 온 우주를 가지라!

해탈에 대한 열망이 열쇠다. 해탈을 얻고 나면 흐름이 당신을 싣고 갈 것이다.

해탈이나 깨달음을 얻고자 하는 열망을 품고 다른 모든 이를 돕는 만큼 우리도 도움을 얻는다.

주의가 자신을 떠나 온통 타인들에게 가 있게 될 때까지 성장해가라.

우리 모두가 지금 여기서 주인이 되지 말아야 할 이유가 있는가?

참자아이기로 마음먹는 — 진실로 마음먹는 — 순간, 우리는 참자아이다!

높이 오를수록 '차이'는 사라져서, 모든 종교의 지도자를 똑같이 받아들이게 된다.

이상적인 조건 속에서 마음이 평화로운 것은 영적 성장의 지표가 아니다. 그것은 도피다.

성장하지 않을 때, 사람들은 그 반대로 가고 있다.

반대에 부딪힐 때 그에게 감사해야 한다. 그들은 당신에게 귀한 성장의 기회를 선사해주고 있으니.

상대방의 행실에 주목하기 시작할 때, 자신의 행실은 외면하고 있는 것이다.

더 이상 필요하지 않게 될 때까지 끊임없이 확언할 필요가 있다. 끈질긴 인내심이 필요하다.

역경은 성장을 돕는 자극이다.

세상이 위태로울수록 우리는 그만큼 더 많은 성장의 기회를 얻는다.

사람들이 '나는 무엇인가?'라는 의문을 끊임없이 강렬하게 품을수록 성장은 더 빨라질 것이다.

'나는 무엇인가'에 대한 답을 얻으면 자신의 몸과 마음을 다스릴 힘을 갖게 된다.

바깥세상에 당신이 싫어하는 것이 있다면 자신을 변화시킬 필요가 있다.

자신의 본성을 온전히 깨우치고도 그것을 지키지 못할 수도 있다. 이때 일어나는 일은, 한계 없는 참자아인 우리가 한계 없는 경지를 흘끗 일별하고 그것을 잠시 지키고 있는데 갑자기 그것을 잃어버린 것처럼 느껴지는 것이다. 그 이유는 마음이 제거되지 않았기 때문이다. 그 순간 잠재의식의 제약적인 생각에 빠져든 것이다. 참자아에 완전히 몰입되어 마음을 일시적으로 놓아 보낼 수 있다. 마음을 제거하지는 못하고 그저 잠시 놓아 보내는 것이다. 그러면 당신은 그 순간 완전히 한계 없는 참자아가 된다. 하지만 이내 잠수해 있던 마음이 다시 떠오르고, 에고가 당신을 장악한다. 그러면 당신은 바로 전에 무슨 일이 일어났는지, 무엇이 이 무거운 세상으로 당신을 다시 데려왔는지를 도무지 이해할 수 없게 된다. 이때 필요한 것은 참자아의 상태를 다시금 다시금 다시 정착시켜서 그 상태가 영구히 지속되게 하는 것이다. 이렇게 할 때마다 우리는 마음을 더욱 말려서, 마침내는 온 마음이 다 말라 시들게 한다. 그러면 우리는 참자아에 영구히 안착한다. 그러면 당신은 저만치 뒤에 물러앉아 있어서, 마음도 몸도 저 밖에 있고 당신은 마음도 아니고 몸도 아니게 된다. 당신이 마음과 몸이 아니며 그것들은 자신이 족할 때까지 원하는 것을 추구할 수 있음을 아는 한, 당신은 그것들이 당신을 건드릴 수 없음을 알고 있다.

행복

우리 중 어떤 사람들은 행복이 있는 곳에서 행복을 찾고 있고, 그 결과로 더 행복해지고 있다. 또 어떤 사람들은 눈먼 채 그것을 행복이 있는 곳이 아닌 세상 속에서 찾고 있어서 갈수록 불만에 빠진다.

모든 사람이 찾고 있는 것이 무엇인지를 따져보면 그것은 행복임이 밝혀진다. 그리고 신을, 우리의 진정한 자아를 찾고 나면 그것이야말로 궁극의 행복임을 깨닫게 된다. 온전한 실상, 절대적인 진실을 찾아 발견해내면 우리는 그 또한 궁극의 행복이요, 지고의 선(善)임을 깨닫게 된다. 지고의 선이 궁극의 행복임이 밝혀지는 것이다. 모든 존재는 자유를 찾아 헤매고 있고, 완전한 자유, 해탈 또한 궁극의 행복이다.

그러니 결국 신, 선, 진실, 해탈, 자유, 그리고 참자아가 궁극의 행복임을 깨닫는다. 그리고 모든 사람이 이 선, 행복, 해탈, 진실, 신, 그리고 참자아를 찾고 있다. 그것을 찾아 헤매지 않는 사람은 없다. 어떤 이들과 다른 이들 사이의 다른 점은 오직 어떤 이들은 그것이 있는 곳에서 의식적으로 찾고 있고, 그래서 더 행복해지고 있다는 점뿐이다. 그리고 다른 이들은 눈먼 채 그것을 세상에서 구하고 있고, 그래서 더욱 불만에 빠지고 있다.

우리는 내면으로 들어갈 때만 모든 행복이 거기에 있음을 깨닫는다. 행복을 느낄 수 있는 유일한 곳은 바로 우리 자신의 내면이다. 그곳이 바로 행복이 있는 곳이다. 이 행복을 외부의 어떤 사람이나 물건에 있는 것으로 여기고 찾아 헤맬 때마다 우리는 거기서 즐거움보다 고통을 더 많이 느낀다.

충분히 오래 살면서 그것을 충분히 경험하고 그것을 잘 들여다보아 살폈다면 이것을 깨달았을 것이다. ― 우리가 자신의 밖, 바깥세상에 있는 것으로 생각하여 찾아 헤매고 있는 행복은 거기에 없다는 것을 말이다. '슬픔 없는 행복'은 오로지 내면으로 들어가야만 찾아낼 수 있다.

참자아와 마음

우리가 찾고 있는 이 크나큰 행복은 다름 아니라 바로 우리 자신의 참자아, 바로 우리 자신의 존재다. 내면을 들여다봄으로써 우리는 그것이 우리의 가장 기본적인 본연의 품성이요, 스스로 지워놓은 한계에 둘러싸이지 않은 자신의 진정한 자아임을 깨닫는다. 그리고 그것은 바로 지금, 이 자리에서 우리의 것이다.

너무나 완벽하고 너무나 생생하게 현존하며 너무나 환희롭고 영원하고 무한한 이 존재를 가지면서 직접 접하고 있지 않은 사람은 한 사람도 없다. 그리고 바로 지금 그것에 바로 접속되어 있지 않은 사람은 우리 중에 한 사람도 없다! 그러나 제약적인 생각과 바깥만 바라보고 배운 그릇된 지식과 가정들 때문에, 우리는 우리 자신인 이 무한한 있음을 '난 이 육신이야', '난 이 마음이야' 하는 관념들로 온통 뒤덮어버렸다. 그러니 이 실상을 깨닫고 우리 자신인 이 무한한 있음을 발견해내려면 마음을 고요히 가라앉히고 마음을 놓아 보내야만 한다. 오로지 이로써만 우리가 찾고 있는 궁극의 행복에 이를 수 있다.

마음이란 사실 모든 생각의 총합에 지나지 않고, 모든 생각은 제약적인 관념들이다. 우리 중 누구라도 지금 당장 생각을 멈추고 그 상태에 머물러 있을 수 있다면 그는 지금 이 순간부터 무한한 있음이 될 것이다. 그것은 이토록 단순하다. 실제로 그렇게 하기가 그리 쉽지만은 않지만 말이다.

그러니 우리가 해야 할 첫 번째 과업은 올바른 방향으로 갈 수 있도록 부정적인 사고를 되돌려 긍정적인 사고를 충분히 가지도록 하는 것이다. 그런 다음에는 긍정적이든 부정적이든 간에 모든 생각을 내려놓아야 한다. 이것이 되면 우리는 자신이 앎의 영역, 전지한 상태에 이르러 있음을 깨닫게 된다. 그러면 생각을 할 필요가 없어진다. 왜냐하면 모든 것을 알 수 있고 너무나 환희로운 완전한 자유의 상태가 되기 때문이다. 모든 것을 알고 있으니 생각해볼 대상이 없어진다!

사고작용이란 우리가 어떤 것을 다른 것과 연관 지어 모든 것을 한 데 연결시키는 방식이다. 하지만 모든 것을 알게 되면 만물의 일체성도 알게 되고, 그러면 생각으로써 모든 것을 연결 지을 필요가 없어진다. 그러니 우리는 분리와 제약의 모든 관념에서 해방된다. 그렇게 되면 외부의 세상과 소통하고 싶을 땐 얼마든지 마음을 사용할 수 있게 된다.

내면으로 들어가는 과정은, 내면을 들여다보아, 마음이란 생각들의 총합과 다름없고, 그 생각들이란 제약적인 관념들일 뿐임을 깨닫는 것이다. 이런 생각들을 놓아 보냄으로써 마음을 고요히 가라앉히면 우리 자신인 이 무한한 있음이 발견된다. 그러면 이 무한한 있음을 덮어 싸고 있던 구름이 걷히고, 우리는 완전히 자유로운 존재로 남아 있게 된다.

생각 너머

하지만 이 무한한 있음을 보는 것이 과업의 끝은 아니다. 아직도 남아 있는 생각의 습관을 종식시켜야만 한다. 그리고 나면 잠재의식에도(잠재의식의 생각은 놓아 보내기가 어렵다) 의식에도 더 이상 남아 있는 생각이 없어지고, 이것이 제약 놀이의 끝이다. 그러면 우리는 완전히 자유가 된다. ― 영원히!

우리는 모두가 한계 없는 존재이니, 사실은 우리 자신이 일부러 한계를 짊어지는 것이다! 게다가 그 한계 속으로 너무나 깊이 들어온 나머지 이제는 마치 한계의 막장에 다다른 존재처럼 눈먼 행동을 하고 있다.

말했듯이, 그 결과로 우리는 눈앞의 이 모든 문제를 겪고 있는 것이다. 그리고 그 문제는 우리가 진짜라고 여기기 때문에 진짜처럼 보인다. 이제 우리는 세상에 보이는 모든 것이 우리가 마음속에서 보고 있는 것이고 의식 외에는 아무것도 존재하지 않는다는 것을 알므로, 의식을 통하지 않고는 아무것도 보이지 않음을 안다. 우리가 보는 것은 모두가 우리의 의식, 마음속에 있다. 그렇다면 우리가 할 일은 의식을 바꾸는 것이고, 그럼으로써 우리의 주변세계를 바꾸는 것이다.

자신의 환경을 바꾸는 것이 그 길의 한 단계다. 그렇게 함으로써 당신은 내가 하는 말이 참이라는 증거를 얻게 된다. 그 어떤 것도 귀동냥으로 듣기만 하고 받아들여서는 안 된다. 귀에 들리는 것은 아무것도 믿지 말라. 내 말을 듣기만 하고 받아들인다면 그건 그저 귀동냥일 뿐이다. 모든 것을 스스로 입증해야만 한다. 그러고 나면 그것은 당신의 앎이 되고 쓸 수 있는 것이 된다. 지혜와 행복을 향해 나아가려면 절대적으로, 각자가 저마다 그것을 스스로 입증해야만 한다.

앞서 말했듯이, 이 진실은 세상 속에서는 결코 발견할 수 없다. 지금 우리가 보고 있는 세상은 이원성의 멀티플렉스 극장이다. 하지만 그 세상 바로 너머로 가면 절대적 진실을 발견한다. 우리는 온 세상과 우주 전체가 하나여서 이 하나밖에 존재하지 않으며, 그것이 바로 혹자들은 신이라 일컫는 바로 우리 자신의 참자아, 나 자신의 존재임을 깨닫는다. 세상은 있다. 하지만 사람들이 보는 그 모습으로는 아니다. 세상은 실로 우리 자신의 참자아일 뿐이다. "나는…" 하고 우리가 말할 때 쓰는 '나'는 잘못 나뉘고 분리된 듯 보이는 '나'이다. 하지만 진실을 깨달으면 우리는 상대방이 곧 나이고, 오로지 하나의 있음만이 존재하고, 오직 하나의 의식만이 존재함을 깨닫는다. 우리는 자신이 이전에는 분리되어 있는 것으로 보였던 모든 있음, 혹은 의식의 총합임을 깨닫는다.

그러니 다시금 말하건대, 진실을, 행복을 찾으려면 내면으로 들어가서 하나인 그것을 보아야 하고, 다름 아닌 자기 자신의 의식, 아니 자신의 참자아인 우주의 실체를 깨달아야만 한다. 이것은 말로 설명하기가 어려우니 직접 경험해야만 한다. 그것은 경험해야만 알게 된다. 누군가가 하는 말로만 들어서 되는 것이 아니다. 책이나 스승은 단지 방향을 가리켜 보여줄 수 있을 뿐, 그곳으로 가는 것은 우리의 몫이다. 그것이 길이 지니고 있는 매력 중의 하나다. 믿어야 할 것은 아무것도 없다. 모든 것은 받아들이기 전에 각자에 의해 만족스러울 때까지 경험되고 입증되어야만 한다.

이것을 잘 요약해줄 성경의 두 구절이 있다. ― "나는 나인 그것이다."(I am that I am.) "고요히 있으라. 그리고 내가 곧 신임을 알라."(Be still and know that I am God.) 달리 말해서, 그대는 그대가 찾고 있는 바로 그것이다. 그것을 깨닫게 될 때까지 마음을 고요히 가라앉히라.

문답

질문자 저는 차이에 부딪힙니다. ― 여기 이곳에 있는 모든 사람 각자가 형체를 가지고 있는데, 그게 제 눈에 보입니다.

레스터 당신은 잘못 보고 있는 것입니다. 당신은 잘못된 것을 보고 있어요. 나를 볼 때, 당신은 실상을 봐야 합니다. 당신의 참 자아를 봐야 합니다. 이 실상을 보게 되는 날까지 열심히 수행하세요.

질문자 내적 경험을 어느 정도 하고 나서 믿기 시작한 후에도 그 시점에서 발견하는 자신을 가지고 무엇을 해야 할지를 정해야 하는 중요한 결단의 순간이 옵니다. 앞으로 무엇을 하며 살지를 결정해야만 하지요.

레스터 그렇습니다. 행복을 세상에서 찾아야 할지 자기 안에서 찾아야 할지를 결정해야만 합니다.

질문자 어느 정도 체험을 한다고 하더라도 외부세계와 어느 정도는 접촉해야만 할 필요가 늘 생기겠지요.

레스터 외부세계를 당신 자신으로 만들지 않는 한은 그렇지요. 하지만 세상에 집착하지만 않으면 그것이 당신을 방해할 수 없습니다. 그러면 평정한 마음으로 세상일을 해나갈 수 있습니다.

질문자 외부세계를 나로 만들려면 나 자신을 정화해야만 한다는 생각이 듭니다.

레스터 그렇습니다. 세상에 봉사하기를 실천하면 당신은 정화될 겁니다.

질문자 바깥세상으로 나가서 내 안에 남아 있는 것들을 일종의 봉사와 제물로 바쳐야 합니까?

레스터 이 길에서 당신이 제물로 바쳐야 할 유일한 것은 불행뿐입니다. 봉사는 행복밖에 주지 않습니다. 당신이 얼마나 진정으로 봉사에 임하는가에 달려 있지만요. 세상에 더욱 기꺼이 봉사할수록 자신이 모든 사람과 만물과 연결되어 있음을 더욱 깊이 깨달을 것입니다. 고립은 있을 수가 없습니다. 봉사하여 모든 것이 되는 것. 그것이 우리가 가는 방향이 되어야 합니다. 다른 이들로부터 떨어져나옴으로써 그들이 당신으로부터 분리되게 만들지 마세요. 그들에게 봉사함으로써 그들이 되세요.

질문자 이 방향으로 내가 노력을 기울여야 할 유일한 이유는 그렇게 하면 다른 사람들을 더 잘 도와줄 수 있을 것이기 때문입니다.

레스터 좋아요. 하지만 자신을 도울 수 있는 것 이상으로 남을 도울 수는 없습니다. 그러니 다른 이들을 돕는 최선의 방법은 자신을 돕는 것입니다. 그건 자동적으로 그렇게 돼요. 그래서 당신은 자신을 돕는 만큼 남을 돕고 있게 될 겁니다. 둘 다 하세요.

질문자 그러니까 남을 도움으로써 자신을 도우라, 이렇게 봐도 되지 않나요?

레스터 맞아요. 하지만 중요한 건 동기입니다. 내가 이기적인 동기로 당신을 돕고 있으면 그건 나에게도 당신에게도 도움이 안 돼요. 오직 당신을 돕기 위해서 돕는다면 나는 성장합니다. 하지만 세상에는 단지 자기 에고의 영광을 위해서 남을 돕는 사람들이 많습니다. 그런데 그건 그들에게 도움이 되지 않고 상대방에게도 도움이 되지 않아요. 왜냐하면 그들은 당신의 에고를 돕기 때문이에요. 그러니까 그들은 당신의 에고가 실재하는 것으로 보이도록 도와주고 있는 거예요.

질문자 그건 굉장히 미묘한 문제네요. 그런 에고를 없애기는 매우 어렵겠어요.

레스터 맞습니다. 에고가 더 이상 남아 있지 않을 때 남는 유일한 것은 당신 자신인 무한한 있음입니다. 에고는 만유로부터 분리된 느낌입니다. 나는 레스터라는 개인이야. 나는 모든 것으로부터 분리되어 있는 존재야. 그리고 당신들은 모두 나와 달라. ─ 이것이 에고의 느낌, 분리감이지요.

내가 모든 것이 아닐 때, 나는 뭔가가 결핍된 상태가 되고, 나는 그것을 되찾으려고 애씁니다. 나는 그 모든 것 중 결핍된 그 부분이 있어야 한다고 생각하고, 그것을 찾으려고 애쓰기 시작합니다. 그리하여 나는 자신이 모든 것을 가지고 있지 않고, 한계에 갇힌 존재라고 생각합니다. 그러면 이것이 나선상의 추락을 촉발하고, 지금 있는 곳에 다다를 때까지 계속 떨어집니다. 하지만 이제 우리는 모두가 올라가는 길에 있습니다. 여기서 큰 문제는, 우리의 에고 — 나는 모든 것으로부터 분리되어 있는 한 개인이라는 느낌 — 를 없애는 일입니다. 우리는 이것을 자신의 동기를 살펴봄으로써 해낼 수 있습니다. 동기가 이기적이면 우리는 그것을 이타적인 것으로 바꾸고, 자신을 위해서가 아니라 남을 위해서 행동해야 합니다. 그러면 우리는 이를 통해 성장합니다.

질문자 성장이란 알아차릴 수 있도록 끊임없이 자각해가는 것인가요?

레스터 그렇습니다. 먼저 그러기를 원해야 합니다. 그것을 원하면 실제로 자신의 생각을 알아차리게 됩니다. 그리고 나면 생각하지 않는 상태를 알아차리게 되지요. 그건 평화롭고 행복한 순간들로 경험됩니다.

질문자 예컨대 사람은 왜 어떤 것을 느끼는지, 혹은 나의 경우엔 지난 2년간 사람은 왜 아픈지를 알아내려고 애써온 것처럼

요. 그건 엄청난 일이에요, 레스터. 오늘 아침에도 전화로 여동생과 통화한 후에 '왜? 왜? 왜?' 하고 계속 생각해봤어요. 내가 할 수 있는 최대한 마음을 고요히 가라앉히려고 애쓰던 중에 문득 내가 왜 그토록 부정적이었는지가 너무나 선명하게 깨달아졌어요. 그래서 당신을 강렬히 생각하면서 속으로 이렇게 말했죠. '아, 이게 레스터가 의미했던 것이로구나.' 그건 이유를 찾아내는 작업인데, 이유를 찾아내면 즉시 그것을 긍정적인 것으로 바꿔놓고 거기서 해방되지요.

레스터   좋아요. 더 이상 할 게 없어질 때까지 그렇게 하세요.

질문자   잠재의식의 생각들을 의식의 생각으로 만들고 그것을 놓아 보내라고 하신 말, 그게 이 뜻이죠?

레스터   예. 잠재의식의 생각들을 의식 속으로 끌어올리면 당신은 그것을 보고, 자연스럽게 놓아 보내게 됩니다. 그건 부정적인 생각이니까요. 하지만 그것이 의식되지 않고 남아 있으면 당신은 그것을 못 보고, 그것에 대해 아무것도 할 수 없지요. 그렇지 않나요?

질문자   그렇죠. 그리고 시작할 때는 엄청난 것들이 올라오지요. 웬 악어가 떠오른다니까요! 만만치 않죠.

레스터   에고의 입장에서는 그렇게 올라오는 것이 좋지 않지요. 그래서 그것과 싸우려 들지요.

질문자 평온하게 잘 지내는 중에 자주 개인적인 인간관계나 다른 쪽에서 뭔가가 올라오고, 갑자기 느닷없이 고통이 느껴져요. 나 자신의 한계가 드러나고 있는 거지요. 그러면 나는 물러서서 그것을 바라보면서 그 전체 상황으로부터 자신을 풀어놓습니다.

레스터 예, 당신이 하는 것처럼 일어나는 그대로 바라보면 모든 상황이 성장을 위해 쓰일 수 있어요. 늘 그렇게 하세요. 놓아 보낼 것이 더 이상 없어질 때까지, 에고가 더 이상 남아 있지 않을 때까지.

질문자 예컨대 창작에도 에고가 개입돼요. 아주 미묘하지요. 그런데 그것을 영적으로 바라볼수록 그림을 그리거나 음악을 만들어내거나 자신이 하는 일을 뭐든지 더 잘할 수 있게 돼요. 에고가 개입된다는 점, 이게 늘 나를 괴롭히던 것이에요. 에고가 나로 하여금 그걸 어떻게 연결해서 상품화해서 팔아먹을 수 있을까 하고 고민하게 만들었어요.

레스터 대답은 간단해요. 상품화하세요. 하지만 창조성에 집착하지는 마세요.

질문자 어려워요. 에고가 이렇게 말하는 걸요. "내가 창조자야."

레스터 무엇을 하느냐는 중요하지 않으니 거기에 집착하지 마세요. '내가 창조자야' 하는 느낌을 놓아 보내세요. 창조성이 당신을 흘러 지나가게 하세요.

질문자 거의 모든 창조적 행위에는 영적인 부분이 있어야 한다고 생각해요. 기본적으로 순수한 동기가 바탕이 되어야 하고요. 그런데 거기에 거의 언제나 에고가 섞여들어요.

레스터 한 가지만 분명히 합시다. 당신이 하는 모든 일은 창조적입니다. 창조적이지 않은 일을 하는 것은 불가능해요. 마음은 늘 창조하기 때문입니다. 다만 자기가 싫어하는 것을 창조했을 때 우리는 그것을 창조적이지 않거나 파괴적이라고 말하는 겁니다. 자신이 좋아하는 것을 창조하면 그것을 창조적이라거나 건설적이라고 말하고요. 하지만 마음은 오로지 창조하기만 해요. 모든 사람이 창조자입니다. 마음속에 품고 있는 것은 다 우리가 만들어낸 것입니다.

질문자 그럼 우리의 이 모든 에고도 우리 자신의 창조물인가요?

레스터 맞습니다. 아름다움, 건강, 풍요같이 건설적인 것을 창조하는 편이 나아요. 그것은 병든 몸이나 질병 백과사전보다는 주의를 덜 빨아먹지요. 그러면 우리는 더 편안하고 시간이 많아져서 진실 쪽으로 눈을 돌려 우리의 참자아를 발견할 수 있습니다.

질문자 나는 가끔씩 우리가 에고에 대해서 너무 생각을 많이 해서 에고를 키워놓는 것이 아닌가 하고 생각합니다. 에고와 싸우려 들면 거기에 더 큰 중요성을 부여하게 되는 거죠.

레스터 그렇습니다. 하지만 에고는 바로 지금도 우리 마음의 무의식 쪽에서 눈에 띄는 것보다 훨씬 더 크게 자라 있습니다.

마음은 모든 생각의 총합에 지나지 않아요. 마음의 무의식 부분은 이 순간 우리가 보고 있지 않은 모든 생각을 품고 있습니다. 무수한 생각이 거기서 작용하고 있지요. 당신은 무의식중에 몸과 몸속의 모든 세포를 운영하고 있어요. 당신은 화학공장을 돌리고 있고 순환계와 냉난방 시스템을 가동시키고 있는 겁니다. 무의식 속의 모든 생각이 작동하여 당신의 몸을 가동시키고 있지요. 그리고 무수한 호오好惡가 존재하고 무엇을 원하고 원하지 않는 무수한 생각이 있습니다. 이런 생각들은 의식되지 않아도 작동합니다. 우리가 그것을 들여다보든 말든 상관없이 유지되고, 우리의 에고에 의해 움직입니다. 이것이 우리가 가지고 있는 힘든 부분이지요. 놓아 보낼 수 있도록, 에고에 의해 움직이는 이 생각들을 의식되게 만드는 것 말입니다. 하지만 언젠가 우리는 그 에고의 마음이 존재하지 않는 곳에 다다릅니다. '나는 저 마음이 아니야, 나는 저 몸이 아니야, 나는 저 에고가 아니야' 하는 것을 알아차릴 때 우리는 진정으로 깨닫고, 우리가 그것들이 아님을 진정으로 깨달으면 그 에고와 마음과 몸을 영원히 내려놓을 수 있게 됩니다.

질문자 다시 자신의 본모습으로 돌아왔기 때문에요?

레스터 다시 돌아온 게 아닙니다. 늘 그랬던 자신의 모습을 다시 기억하고, 다시 발견하고 다시 인식한 것이지요.

질문자 그러면 에고가 껍질 떨어지듯이 떨어지는군요.

레스터 그렇습니다. 영원히 사라지지요. 그것이 우리가 마침내 하게 될 일입니다. 처음에는 에고를 내려놓는 작업을 합니다. 자신이 누구이고 무엇인지 찾아낼 수 있을 만큼 주의가 풀려날 때까지요. 자신이 누구이고 무엇인지를 깨달으면 우리는 '참 웃기는 짓이로군' 하면서 더 이상은 에고-마음-몸과 자신을 동일시하지 않게 됩니다. 그러면 지금 우리가 다른 몸들이 살아가는 모습을 지켜보듯이, 자신의 몸도 그렇게 지켜보게 됩니다.

그것을 지켜보면서 당신은 그 몸은 당신이 아닌 것을 압니다. 당신은 실로 그 몸 너머에 있습니다. 당신은 몸에 의해 한정되거나 구속받지 않습니다. 당신은 자신이 영원하고 온전하고 완벽하고 자유로운 존재임을 압니다. 그리고 몸은 꼭두각시 인형처럼 자신의 길을 가도록 내버려둡니다.

질문자 그러고는 내키는 대로 그 몸을 부려서 쓰고, 내키지 않으면 그저 각본을 따라 흘러가는 거죠.

레스터 예. 그저 각본대로 연극이 진행되게 놔두는 거지요. 그것은 '한계를 연기하는 몸들'이라는 제목의, 당신이 쓴 각본입니다. 하지만 당신은 그 몸을 마음대로 사용하여 다른 사람들과 소통하여 그들이 성장하도록 도울 수 있습니다.

질문자 우리가 보는 모든 것은 한 조각의 감자칩처럼 그 영원한 실체의 한 부분이 아닐까요?

레스터 그렇지요. 하지만 그것을 다름 아닌 당신 자신으로 알아차려야 합니다. 그래야 그것의 실상을 깨닫는 것입니다. 세상은 사라지지 않습니다. 그것에 대한 우리의 인식이 완전히 변하는 것입니다. 세상은 우리와 다른 무엇이 아닙니다. 오히려 세상이 우리가 되고, 우리가 세상이 됩니다. 세상을 자기 자신으로 바라보면 그것이 분리된 것처럼 보였을 때와는 완전히 다른 모습으로 보일 것입니다. 당신은 세상과 하나가 되어 세상을, 그리고 그 안의 모든 사람을 사랑할 것입니다.

어떤 사람을 온전히 사랑하면 당신은 그 사람과 자신을 동일시하여 하나가 되어버립니다. 당신이 우주가 되면 당신은 우주를 사랑하게 되고, 반대로 우주를 온전히 사랑하면 당신이 우주가 됩니다. 사랑은 절대적으로 필요합니다. 온전히 사랑하면 우리는 우리 자신인 광대하고 찬란하고 무한한 있음과 온전히 하나가 됩니다!

사랑

진정한 사랑

모든 존재의 본연의 상태는 사랑이다. 우리의 문제는 오로지 이 본연의 상태를 스스로 덮어 가리는 데서 기인한다.

인간의 사랑은 한정적이다. 대부분의 사람들이 말하는 그 사랑 말이다. 그러나 진정한 사랑은 이 우주의 모든 존재를 온전히 전적으로, 변함없이 끈질기게 받아들이는 것이다. 그것은 다른 것을 있는 그대로 받아들이는 것이다. 사실 받아들인다는 것은 그가 그이기 때문에 사랑하는 것이다.

인간의 사랑은 통제하고 제약한다. 신성한 사랑은 상대방이 원하는 모습으로 존재하도록 허락하고, 그러기를 바란다. 인간의 사랑은 판단하고 비교한다. 신성한 사랑은 모든 사람을 동등하게 바라보고 받아들인다. 사실 이것은 우리의 사랑이 얼마나 신성한지를 판단할 수 있게 해주는 시금석이다. 우리의 사랑은 우리가 만나는 모든 사람에게 동일한가? 우리의 사랑은 우리를 반대하는 사람과 지지하는 사람에게 똑같이 깊은가?

신성한 사랑은 실로 조건이 없으며 모든 사람에게 동일하다. 조건 없는 사랑의 가장 위대한 본보기 중 하나는 그리스도와 그의 가르침이다. 왼쪽 뺨을 맞거든 오른쪽 뺨도 대주라, 원수를 사랑하라는 등이 그 완벽한 본보기이다. 사실 한 나라가 이 가르침을 실천한다면 모든 적국의 힘을 완전히 빼놓을 수 있을 것이다. 우리가 해야 할 일은 그들을 사랑하는 일밖에 없다. 그러면 그들은 우리에게 그 어떤 해도 끼칠 힘을 잃어버릴 것이다. 하지만 한 나라가 그렇게 하려면 최소한 대다수의 사람들이 적국의 사람들을 사랑해야만 할 것이다.

한정 없이 사랑하라

인간의 사랑은 반응적이고, 대상에 따라 달라서 선택적이다. 하지만 진정한 사랑은 스위치처럼 켰다가 껐다가 할 수 있는 것이 아니다. 진정한 사랑은 어떤 사람은 사랑하고 어떤 사람은 미워할 수가 없다. 사실, 어떤 사람을 미워한다는 것은 그만큼 다른 사람들도 사랑하지 않는다는 것이다. 한 사람이라도 미워한다면 우리의 사랑은 그만큼에서 더 커질 수가 없다.

대부분의 사람들이 사랑이라 부르는 것은 사실 사랑이 아니라 요구이다. 이 사람은 사랑하지만 저 사람은 사랑하지 않는다고 말한다면, 사실 그 말은 이 사람을 내가 필요로 한다는 뜻이다. 그래서 자신이 필요로 하는 사람에게서 원하는 것을 얻기 위해서 해야 하는 일이라면 뭐든지 할 것이다. 이것은 진정한 사랑이 아니다. 그것은 조건적이고 조작적이고 배타적이다.

그러니 인간의 사랑은 이기적이고, 신성한 사랑은 이타적이다. 인간의 사랑은 한정적이지만 신성한 사랑은 우리의 모든 상상을 초월한 한정 없는 기쁨을 준다. 스스로 해보면 직접 그것을 발견할 수 있다.

다음에 사랑에 관한 단상들을 덧붙였다. 이것을 천천히 읽어 보라. 각각의 단상을 읽은 후에는 잠시 멈춰서 그것이 당신의 내면에서 마법을 일으키게 하라. 그것을 받아들여서 낱낱의 단상들이 들어와 쌓이게 하되, 많이 생각할 필요는 없다. 이렇게 하면 이 과정이 일종의 명상이 된다.

사랑은 대가로서 그 무엇도 받으려는 생각 없이 그저 주고 싶은 느낌이다. 이것을 온 맘으로 실천하면 가는 곳마다, 모든 사람에게서, 가장 매혹적인 사랑밖에는 보지도 느끼지도 못하게 된다. 우리는 '있음'의 단맛을 맛보고 아무런 노력 없이 그와 조화를 이루고, 거기서 빠져나오지 못한다. 우리는 말을 잃게 하는 환희에 도취된다. 진정한 사랑은 타인을 향해 느끼는 사랑이다. 그것은 우리가 자신을 타인에게 얼마나 주느냐에 따라 결정된다.

온전한 사랑은 다른 모든 존재와 하나가 되는 것이다.

모든 사람과 하나가 되면 우리는 모든 사람을 자신을 대하듯이 대접하게 된다.

사랑은 모든 것과 모든 사람을 위로하고 치유해주는 연고요, 헌신자이다.

사랑할 때 당신은 다른 사람들도 사랑으로 들어 올려준다.

당신이 줄 수 있는 가장 귀한 것은 당신의 사랑이다. 그것은 물질을 주는 것보다 더 크다.

사람들을 이해하면 당신은 그들이 자신이 보기에 좋은 일을 한다는 것을 이해하게 된다. 이해하면 허용하고, 받아들인다. 이해하면, 사랑한다.

사랑할 때 우리는 행복할 뿐만 아니라 온 삶이 조화로워진다.

행복은 사랑할 수 있는 품과 같다.

온전히 사랑하면 완벽하게 행복해진다.

사랑이 있든가, 아니면 사랑의 결핍이 있을 뿐이다. 사랑하지 않을 때 우리는 그 반대의 일을 하고 있다.

가장 높은 사랑은 당신이 상대방이 되는 것이다. 하나가 되는 것이야말로 가장 높은 형태의 사랑이다.

원수를 사랑하면 더 이상 원수가 없어진다!

사랑의 힘과 그 결과는 자명하다. 그저 사랑해보라!

자신의 깊은 중심으로부터 바라보면 사랑, 받아들임, 하나됨, 이해, 소통, 진실, 신, 참자아 등의 말은 모두가 같은 말이다.

인간 본연의 상태는 오로지 사랑이었다. 인간의 모든 문제는 오로지 자신의 본연의 상태인 사랑을 덮어 가린 데서부터 비롯

된다.

사랑하라, 그러면 이타심이야말로 자신에게 가장 좋은 것임을 깨달을 것이다.

사랑하는 데는 애를 쓸 필요가 없고 미워하려면 많은 애를 써야 한다.

사랑을 가동하면 모든 문제가 풀린다.

인간의 사랑은 상대방을 필요로 하는 것이다. 신성한 사랑은 상대방에게 주는 것이다.

사랑은 행복과 같다. 행복하지 않을 때, 당신은 사랑하지 않고 있다.

소유적인 것은 사랑의 뜻과 정반대이다. 사랑은 해방시키고, 소유는 노예로 만든다.

사랑은 상대방과 하나가 된 느낌이다. 온전히 사랑할 때 당신은 자신이 상대방이 된 것처럼 느낀다. 그러면 상대방을 대접하는 것이 곧 자신을 대접하는 것과 같아진다. 상대방의 기쁨이 당신을 기쁘게 한다.

사랑은 엄청난 힘이니, 사랑의 배후에 감춰진 힘이 원자폭탄보다 훨씬 더 강력함을 의심의 여지 없이 깨닫게 된다.

사랑밖에 없는 한 개인이 온 세상을 대항하여 일어설 수 있다. 사랑의 힘은 그토록 강력하다. 이 사랑은 참자아와 다름없다. 이 사랑이 신이다.

사랑은 우주의 모든 권능을 가져다줄 뿐만 아니라 모든 환희와 모든 앎을 가져다준다.

사랑의 품을 키우는 최선의 방법은 자신을 이해하는 것이다. 한 사람을 사랑할 때의 황홀한 느낌은 모두가 알 터이니 수백만의 사람들을 사랑할 때는 어떤 느낌일지 상상할 수 있을 것이다. 그것은 수백만 배 더 황홀하다.

사랑을 키워갈 때, 우리 안에는 변함없는 태도가 피어난다. 우리는 그 사랑을 먼저 자신의 가족에게 실천해야 한다. 모든 가족에게 그 자신의 존재를 허락하라. 그런 다음 그것을 친구에게, 낯선 사람에게, 모든 이에게 실천하라.

사랑을 실천할수록 우리는 더 사랑하게 되고, 더 사랑할수록 사랑을 더 잘 실천할 수 있게 된다. 사랑이 사랑을 일군다.

사랑을 키울수록 우리는 조화로운 우주에 더욱 깊이 연결되고, 삶이 더욱 환희로워지며, 모든 것이 더욱 아름다워진다. 그것은 나선을 그리며 선순환하여 상승하기 시작한다.

사랑받는 유일한 방법은 사랑을 주는 것이다. 주는 것은 반드시 돌아오기 때문이다.

우주에서 가장 쉬운 일은 모든 사람을 사랑하는 것이다. 사랑이 무엇인지를 깨닫기만 하면 그것이 가장 하기 쉬운 일이란 말이다. 모든 이를 사랑하지 않으려면 엄청난 노력이 필요하다. 날마다 낱낱의 일에 모두 애를 써야만 한다. 그러나 사랑하면 모든 사람과 하나가 된다. 마음은 평온하고 모든 일이 완벽하게 제자리에 맞아떨어진다.

높은 영적 사랑에는 자기박탈감이 없다. 모든 사람을 사랑한다고 해서 자기 자신을 해쳐야 하는 것은 아니고, 그렇게 하지도 않는다.

사랑에는 상호적인 느낌이 있다. 상호적인 것은 올바르다. 사랑한다면 이 법칙을 따르라.

그릇된 태도가 사랑을 덮어 가린다. 사랑은 우리의 본성이요, 자연스러운 일이다. 그래서 사랑은 그토록 쉬운 것이다. 미워하면 애가 쓰인다. 미워하면 자신의 본성으로부터 멀어지고, 사랑에 반하는 관념들에 본성이 덮여 가려지고, 그렇게 되면 우리는 사랑하지 않으므로, 사랑하지 않는 현실을 돌려받는다.

사랑할 때 가장 기분이 좋다.

진정한 사랑은 온 우주를 얻는다. 그저 한 사람이 아니라 우주의 모든 사람을 얻는 것이다.

사랑 아닌 것의 관념 뒤에는 언제나 우리의 본모습인 무한한 사랑이 있다. 그것은 더 키울 수가 없다. 우리가 할 수 있는 것은 단지 우리의 본모습인 이 엄청난 사랑하는 존재가 더 이상 가려져 있지 않도록 사랑 아닌 것, 미움의 생각들을 벗겨내는 것이다.

사랑은 영적인 길에서 절대적으로 필요한 성분이다. 완전히 깨달으려면 사랑이 온전해질 때까지 우리의 사랑을 키워야만 한다. 진정으로 사랑하면 떨어진 느낌을 결코 느낄 수 없다. 그들은 바로 당신의 가슴속에 있으므로 거리가 존재하지 않는다.

오로지 성장을 통해서만 우리는 사랑이 무엇인지를 진정으로 이해하게 된다.

진정으로 사랑할 때 상대방을 온전히 이해하게 된다.

사랑은 변함없는 어떤 태도이다. 사랑은 변하지 않는다. 사랑은 조각내어지지 않는다. 인간의 사랑을 포함하여 모든 사랑은 신성한 사랑에 그 근원을 두고 있다.

모든 인간은 본질적으로 지극히 사랑 깊은 존재들이다.

사랑을 하면 사랑하는 사람을 위해 오로지 최선의 것만을 생각하게 된다.

사랑할수록 더욱 깊이 이해하게 된다.

올바른 사랑과 그릇된 사랑을 구별하는 한 마디가 있으니, 그것은 베풂이다.

의식이 매우 고양되어 있을 때는 나무를 마치 사람 안듯이 안을 수 있다. 당신의 사랑은 만물에 속속들이 스며든다.

완전한 자기포기는 우리가 할 수 있는 가장 이기적인 짓이다.(2권 229쪽 참고) 자기포기가 철저할 때 우리는 오로지 타인만을 생각하고, 저절로 참자아 안에 있게 된다.

사랑은 참자아의 상태이다. 그것은 당신 자신인 무엇이다.

배려는 사랑의 필수적인 일부분이다. 온전한 사랑이 아닌 것은 모두가 ― 정도는 다르지만 ― 미움이다. 그 무엇에도 대적할 수 없는 이유를 알겠는가? 개미는 신이다. 원수도 신이다. 그 어느 부분이라도 한정한다면 당신은 신을 밀어내고 있는 것이다. 사랑은 구분하고 나눌 수 없다. 사랑은 만유를 위한 것이어야 한다.

모든 발전 중에서 가장 위대한 발전은 사랑이다.

사랑할 수 있는 능력은 이해에 의해 결정된다.

신뢰하지 않는다면 당신은 그를 온전히 사랑하지 않는 것이다.

이 세상을 사랑한다면 우리는 세상을 있는 그대로 받아들인다. 세상을 바꿔놓으려 들지 않는다. 세상이 그 모습 그대로 있게 한다. 세상에게 그 존재를 허용하는 것이다. 타인을 변화시키려고 애쓰는 것은 우리 자신의 에고를 그에게 주입하려는 것이다.

사랑할수록 생각할 필요가 없어진다. 사랑이 되는 것은 사랑하는 것보다 차원 높은 일이다. 진정으로 신께 헌신하는 사람은 사랑에 선택권이 없다. — 그는 사랑이다.

사랑은 참자아이다. 그것이 가장 높은 사랑이다. 사랑은 변하지 않는 태도이다. 사랑은 변덕을 부리지 않는다. 낯선 사람을 사랑하는 만큼 가족을 사랑한다. 우리는 낯선 사람을 사랑할 수 있는 딱 그만큼 가족을 사랑할 수 있다.

사랑은 함께함이다.

사랑은 참자아이다. 참자아는 사랑하지 않는다. 참자아는 사랑이다. (이원성 속에서만 사랑을 할 수 있다.) 당신을 신께 데려다주는 것은 사랑하는 것이 아니라 사랑이 되는 것이다.

사랑: 모든 사람은 타인에게 베푸는 봉사를 통해 자신을 영광되게 하고, 그래서 반드시 타인으로부터 봉사를 받는다. 이렇게 신은 흘러나가고 흘러들어오고, 우리는 신의 이색 취향을 기쁘게 즐긴다. 베풂의 정신보다 유쾌한 것은 없다. 그것은 인간이 가질 수 있는 그 어떤 경험보다도 더 취하게 만든다. 이것을 발견해보라.

봉사야말로 영원히 새로운 신의 환희 속에 푹 젖어드는 비결이다. 봉사는 아름다움과 매력의 가장 큰 장으로 들어서는 문을 열어준다. 거기서 당신은 극치의 사랑으로 배합된 무한히 다채로운 맛의 감로를 즐길 수 있다.

사랑하고 봉사하려는 영원한 열망으로써 가장 감미롭고 영원한 희열의 정원에 들어서라. 가난한 이기심일랑 놓아 보내버리라. 이타적인 사랑으로 자신을 온통 채우라.

깨달음: 더 나은 방법

우리의 진정한 본성, 우리의 본모습인 한계 없는 참자아란 단순히 우리에게서 마음을 뺀 것이다. 대부분의 앎은 지적인 것이다. 그것은 책을 읽거나 전통적, 인지적인 형태의 교육을 통해 얻은 것이다. 우리는 대부분이 이런 지적인 앎을 잔뜩 지니고 있다. 그럼에도 우리는 아직도 깨닫지 못했다. 그렇다면 '깨달음'을 얻으려면 다른 종류의 앎, 경험하고 느껴서 소화할 수 있는 앎이 필요한 게 틀림없다. 이런 앎을 '경험적' 앎이라고 부를 수 있다. 경험적 앎이야말로 성장을 위해 쓸모 있는 유일한 종류의 앎이다. 왜냐하면 그것을 통해서야 마침내 내면의 눈을 뜰 수 있기 때문이다. 이런 종류의 앎은 또한 우리의 느낌과도 맞아떨어진다. 그것은 올바른 것처럼 느껴지고, 우리의 온 존재와 하나가 된다. 우리는 경험적 앎을 통해 알게 되고, 더 중요한 것은, 자신이 안다는 사실을 알게 된다.

깨달음이란 처음으로 무엇을 보는 것, 진정으로 보는 것이다. 깨달음은 마치 마음속에 전구가 켜지는 것과도 같다. 그것은 이렇게 말하게 한다. ―"아, 이제 보인다." 깨달음은 여태껏 수백 번 들어온 것을 이번엔 듣고 보는 순간 진짜로 경험할 수 있게 해준다. 이것이 깨달음이다. 이 '경험적' 앎이야말로 우리에게 이로운 유일한 지식이다. 하지만 이것이 마음을 사용하지 말라는 뜻은 아니다. 우리는 마음을 사용한다. 다른 점은, 답을 '만들어내기' 위해 마음을 사용하는 것이 아니라 마음을 답이 있는 곳으로 향하게 한다는 것이다. 그리고 그러면 우리는 답은 마음에서 나오는 것이 아니라는 사실을 깨닫게 된다. 그것은 마음 너머, 마음 뒤에서 나온다. 그것은 앎의 영역, 전지純知의 영역으로부터 온다. 생각을 가라앉혀 마음을 고요하게 만들면 우리는 누구든지 이 앎의 영역에 접속할 수 있다. 그러면 거기서 우리는 깨달음을 얻는다. 우리는 알고, 자신이 안다는 사실을 안다.

문답

질문자 앎과 느낌은 같은 것인가요?

레스터 아닙니다. 느낌은 앎의 직전에 옵니다.

질문자 앎은 느낌 너머에 있나요? 느끼는 앎은 진짜인가요?

레스터 두 질문에 대한 대답은 다 "예스"입니다. 그건 당신이 경험해봐야 할 일입니다. 사물에 대한 느낌이 있고, 그저 알고, 자신이 안다는 것을 알게 되는 때가 있습니다. 거기에는 아무런 느낌이 없습니다. 앎(knowing)은 정말 더 높은 단계입니다. 우리는 사고의 영역에서 추론하고 사색하는 것으로부터 시작합니다. 그다음에 느낌의 영역으로 옮겨가지요. 가장 높은 영역은 앎의 영역입니다.

질문자 느낌에는 에고가 수반되나요?

레스터 예. 에고가 느낌을 느끼지요. 그것은 높은 에고의 상태입니다. 그래서 이원성이 존재하게 되지요. '내가' '감정을' 느낍니다. 앎(knowingness)은 자각하는 의식(awareness)입니다. 내가 '당신은 알고, 자신이 안다는 사실을 안다'고 말할 때, 당신은 자각하여 의식하고, 의식한다는 사실을 의식합니다. 거기에 조건을 가하는 것은 아무것도 없습니다. 가장 높은 상태는 모든 것을 의식하는 상태, 모든 것인 상태입니다. 그곳에 도달해보면, 의식하는 것(Awareness)과 되어 있는 것(Beingness)은 동일한 것임이 밝혀집니다. 그 전까지는 그것이 서로 다른 두 가지인 것처럼 보입니다. 하지만 정점에 올라가면 되어 있음(beingness), 알아차림(awareness), 의식(consciousness)이 모두 같은 것입니다. 왜냐하면 당신이 의식하는 의식은 만유가 되는 것(being All beingness)이기 때문입니다. 우리는 우리가 이 몸만이 아니라 다른 모든 몸이요, 다른 모든 사물이요, 이 우주속의 모든 원자임을 압니다. 그러니 우리가 실로 있음 자체요 원자라면, 우리는 만유입니다.

질문자　그러니까 나는 그것이란 말인가요?

레스터　예, 물론입니다! 그것은 '나'입니다. 가장 높은 상태는 '나'입니다. 그게 다예요. '있다'조차 아닙니다. 그 정점 바로 아래가 '내가 있다'(I am)입니다. 그 한 단계 아래가 '나는 무한하다'(I am unlimited), 그보다 한 단계 아래는 '나는 위대하다'(I am great)입니다.

질문자　'나는 신과 하나이다'는요?

레스터　글쎄요, '신과 하나'는 어디에 있을까요? '신과 하나'는 이원성에 속하기 때문에 높은 상태가 아닙니다. 내가 신과 하나라면 내가 있고 또 '신'이 있는 겁니다. 궁극의 상태에서 우리는 '내가' 곧 신임을 깨닫습니다. 우주에는 오로지 단일한 일체성이 있을 뿐입니다. 그리고 우리는 그 일체성이며, 반드시 그 일체성이어야만 합니다. 이것이 맨 끝에 이르러서 우리가 발견하는 것입니다. 혹은 반대쪽을 보면 처음에 시작할 때도 발견하지만요. 우리는 이 한계 없는 존재를 한정된 관념으로 덮어 가리고 있는 한계 없는 존재들입니다. 최초의 한정된 관념은 '나는 모든 것으로부터 분리된 한 개인이야' 하는 것입니다. ― 이것이야말로 우리가 최초로 저지르는 아주 큰 오류입니다. '나는 분리되어 있어. 나는 한 인격체야. 내 이름은 레스터야. 나는 몸을 가지고 있어.' ― 그러면 나는 나선을 그리면서 그대로 추락하지요. 마음과 몸을 취하고 나서 우리는 이 모든 말썽거리와 문제를 짊어집니다. 하지만 그것들은 한갓 가정 이상의 아무것도 아닙니다. 그것들은 우리가 내면으로 들어가서 마음을 고요히 가라앉히고 거기서 모든 진실을 발견하고 나서야 알아차리게 되는, 허구의 이야기일 뿐입니다.

우리 눈에 보이는 이 온 세상은 한 번도 존재한 적이 없는 하나의 꿈이요 환영에 지나지 않습니다. 진실은 외부세계의 바로 뒤에 있습니다. 그러니 고민할 게 뭐 있습니까? 성장이란 단순히 모든 제약의 관념들을 제거하는 것일 뿐입니다. 우리의 실상인 한계 없는 완벽한 그 존재는 언제나 무한하고 완벽해야 하니, 지금 이 순간도 완벽합니다. 이것이야말로 결코 변함없는 사실입니다. — 한계 없는 참자아인 우리 자신 말입니다. 영원히 그러합니다. 하지만, 한계 없는 참자아인 나는 자신이 한계가 있으며 마음과 몸을 가지고 있고 문제가 많다고 생각할 수 있습니다. 하지만 아무리 그래도 그건 단지 하나의 가정일 뿐이지요.

질문자 그 모든 것을 꿰뚫고 당신이 지닌 그 전적인 자각의식의 상태에 도달할 수 있는 방법은 무엇인가요?

레스터 '나는 누구이고 무엇인가?' 하는 의문을 떠올리고 답이 스스로 나타나기를 기다리세요. 생각하는 마음은 결코 그 답을 줄 수 없습니다. 왜냐하면 모든 생각은 제약이기 때문입니다. 그러니 명상의 고요 속에서 의문을 떠올리세요. '나는 누구인가?', '나는 무엇인가?' 다른 생각이 떠오르면 때려눕히세요. 그게 안 되면 '이 생각은 누구에게 떠오르는가? 그래 나에게 떠오르지.

그럼 그 나는 누구인가?' 그러면 '나는 누구인가?' 하는 의문으로 다시 돌아와 있게 됩니다. 이것을 '나는 누구이고 무엇인가?' 하는 의문의 답을 얻을 때까지 계속하세요. 그게 얼마나 오래 걸리든 상관없어요.

그 답은 한계 없는 참자아입니다. 이것이 명백해지게 하는 유일한 방법은 마음이 거의 완전히 고요해지게 하는 것입니다. 즉석에서 온전히 깨닫지 못하게 하는 유일한 장애물은 생각입니다. 생각은 낱낱이 한정되어 있지요. 그런 생각들을 제거하면 이 무한한 있음을 발견하게 될 겁니다. 당신은 언제나 그것이었고, 지금도 그것이며, 언제나 그것일 것입니다.

어려운 것은, 과거의 생각의 습관과 패턴, 곧 무의식이라 불리는, 우리가 구축한 메커니즘을 따라 무의식중에 끊임없이 돌아와서 마음을 휘젓는 생각들입니다. 무의식의 생각들이란 단지 우리가 들여다보지 않는 생각들입니다. 그래서 우리는 그것을 무의식이라고 부릅니다. 이것은 우리가 스스로 만들어놓은 적군입니다. 이 무의식의 생각들을 제거하려면 먼저 그것을 의식적인 생각으로 만들어야 합니다. 의식적인 생각으로 만들면 그것을 놓아 보낼 수 있게 되고, 그러면 그것은 영원히 사라집니다. 이로써 무의식의 마음이 고요해집니다. 생각을 많이 제거할수록 우리의 참자아는 더욱 선명해집니다. 참자아가 선명해질수록 남아 있는 생각들을 태워 없애기가 쉬워집니다. 그리하여 마음이 완전히 고요해집니다.

질문자 무의식의 생각들에 가닿기 전에 의식의 생각들을 잠재워야 하지 않나요?

레스터 의식의 생각들은 무의식의 생각들이 의식되는 것일 뿐입니다.

질문자 무의식의 생각들은 꿈을 통해서 오기도 하지요?

레스터 그렇습니다. 하지만 그것을 제거하여 성장해갈 수 있는 것은 오직 깨어 있는 상태를 통해서입니다.

질문자 우리는 의식의 생각들을 명상이나 기타 기법들을 통해 잠재웁니다. 그런데 '나는 누구인가?'라는 의문은 생각과 명상 양쪽을 관통합니다. 맞나요?

레스터 맞아요. '나는 누구인가?' 하는 의문을 생각들을 잠재우거나 제거하는 데에도 사용할 수 있습니다. '나는 누구인가?' 하는 의문을 떠올리고 한 생각이 올라오면 물어보세요. '이 생각은 누구에게 떠오르는가?' 그 답은 '나에게'입니다. 그러면 또 이렇게 묻습니다. '그럼 그 나는 누구인가?' 그러면 다시 처음의 의문으로 돌아오게 됩니다. 이렇게 올라오는 생각들을 제거할 수 있습니다.

질문자 그런데 그때 무엇이 무의식의 생각들이 튀어나오지 못하게 막습니까?

레스터 그것은 튀어나오고, 튀어나와야만 합니다. 튀어나오면 그건 의식의 생각이 됩니다. 그러면 그것을 내려놓을 수 있습니다. 그래서 결국은 그것을 다 제거하게 되지요.

질문자 우리는 마음을 몇 개나 가지고 있나요?

레스터 하나의 마음밖에 없습니다. 지금 이 순간 우리가 보고 있는 것은 세상이 의식적 마음이라 부르는 것이지요. 지금 이 순간 우리가 보고 있지 않은 마음의 부분을 세상은 무의식적인 마음이라 부릅니다. 그것은 다른 이름으로 불리는 모드로 작동하는 마음입니다. 지금 우리가 이야기하고 있고 지금 인식하고 있는 것이 의식적인 마음, 의식적 생각이라 불리는 것입니다, 지금 이 순간 우리가 관심을 주지 않고 있는 모든 생각은 무의식적인 마음입니다.

일부 사람들이 초의식의 생각이라 부르는 것은 실제로 존재하지 않습니다. 의식 위에 있는 초의식은 이미 사고의 영역을 벗어나 있습니다. 그것은 전지^{全知}의 상태이고, 앎의 영역입니다. 초의식은 모든 것을 의식하는 것이고 모든 것을 아는 것입니다. 초의식은 실로 모든 것을 알아차리고 모든 것을 압니다. 알 때는 생각이 없습니다.

질문자 무의식은 잠재의식과 다른가요?

레스터 잠재의식과 무의식은 같습니다.

질문자 당신은 융의 집단의식 이론에 동의하십니까?

레스터 나는 진실에만 동의합니다. 내가 강조하는 것 중의 하나지요. ― 진실만이 진실의 유일한 권위자입니다. 자신이 입증하기 전에는 아무것도 받아들이지 마세요. 내가 아무리 아는 것처럼 말하더라도 내가 말하는 것조차 받아들이지 마십시오. 그것이 지금 당신이 알고 있는 것과 맞아떨어지지 않으면 그것을 확인해보기 위해서 받아들일 수는 있습니다. 그러나 자신이 스스로 입증할 수 있는 것, 그것만 받아들여야 합니다. 이것이 가장 기본적으로 중요한 일입니다. 이 모든 지식을 스스로 입증하는 것이 절대적으로 필요합니다. 그러지 않으면 그것은 당신에겐 한갓 귀동냥일 뿐입니다. 이 지식을 당신의 지식으로 만들어야만 합니다.

오직 하나의 진실, 하나의 절대적인 진실밖에 없습니다. 그러니 거기에다 이름을 붙이는 것은 아무런 의미도 없습니다. 아무개가 말했다든가 내가 말했다는 사실도 아무 의미가 없습니다. 그게 진실인가? 그것이 당신의 이해에 맞아떨어지는가? 이 사실만이 중요합니다. 우리는 이것을 매우 실천적인 방법론으로 제시합니다. 그래야만 이 지식을 이용하여 총체적인 이해를 향해 최대한 빨리 움직여갈 수 있으니까요.

질문자 단계들을 꼭 거쳐야만 하나요?

레스터 아닙니다. 한계 없는 권능, 한계 없는 앎이 자신이 무한함을 알려면 얼마나 오래 걸릴까요?

질문자 시간이 걸리지 않을 겁니다.

레스터 맞습니다. 충분한 의지로써 뜻하면 그것은 금방 일어납니다. 당신이 이것을 다른 어떤 것보다도 강렬히 원한다면 몇 주일이나 몇 달 만에도 일어날 겁니다.

질문자 그것을 더욱더 강렬히 원하게 만드는 방법이 있나요?
레스터 예. 그것이 얼마나 멋진 일인지를 경험함으로써 그것을 원하게 만드세요.

질문자 아니면 자신을 더욱더 불행해지게 만드는 건 어때요?
레스터 글쎄요, 두 가지 자극이 있지요. 불행이 그중 하나지만 최선은 아닙니다. 불행보다는 달콤하고 멋지고 영광스러운 경험이 그것을 훨씬 더 강렬히 열망하게 만듭니다.

질문자 어떤 의미에서 영광스러운가요?
레스터 자신이 무엇인지를 아는 영광이지요, 그건 엄청난 경험입니다. 그건 희열, 황홀경이에요. 그것을 묘사할 말은 없어요. 왜냐하면 우리는 그런 걸 경험하지 못하고, 그래서 이해하지도 못하는 시대를 살고 있고 있는데, 이해하지 못하는 것을 묘사할 말은 당연히 없지요. 이런 느낌을 묘사할 말은 없어요. 그건 현재의 이해를 너무나 까마득히 넘어서 있어요. 그러니 당신이 그것을 묘사할 가장 좋은 말을 찾아보세요. 그게 다입니다. 파라마한사 요가난다는 이렇게 묘사했지요. "매 순간 솟아 넘치는 영원히 새로운 환희. 이것이 그것을 실질적으로 묘사할 한 방법이다. 처음에 그것은 순간순간 흘러넘치는 환희로, 그저 계속 넘치고 넘쳐 쏟아져서 도저히 담고 있을 수가 없을 것처럼 느껴진다. 나중에 그것은 아주 심오한 평화로 변신한다. 상상할 수 있는 가장 평화로운 평화 말이다. 그것은 영원히 새로운 환희보다 훨씬 더 편안한, 맛있는 평화이다. 하지만 부디 영원히 새로운 환희를 다오!"

질문자 하지만 거기에 머물지는 말라는 말씀이죠?

레스터 그렇죠. 영원히 새로운 환희 속에 갇혀 있기가 십상이거든요. 사람들은 그것을 아난다^{ananda}(영적 환희)의 칼집이라고 하지요. 그건 걷어내야 할 최후의 베일입니다. 돌파해야 할 마지막 벽이고요. 이 영원히 새로운 환희가 시작되면 너무나 좋아서 그게 그저 계속 이어지기만을 바라게 됩니다. 그리고 모든 게 너무나 멋지고 훌륭해서 변화의 필요성을 느끼지 못하게 되지요. 하지만 그건 궁극적인 상태가 아닙니다. 궁극의 상태는 모든 이해^{理解}를 초월하는 평화입니다. 그건 아주 깊고 깊은 평화이지요. 당신은 세상 속을 움직입니다. 몸이 움직이고 있지만 언제나 절대적인 평화 속에 있어요. 사방에 폭탄이 떨어져도, 어떤 일이 일어나도 상관없이 그 완벽한 평화 속에 머물러 있게 됩니다.

질문자 그 상태를 어떻게 유지시킬 수 있나요?

레스터 그 상태에 도달하면 그걸 유지시킬 필요가 없습니다. 그 상태가 당신의 것이 되어서 당신이 그것으로 있게 되니까요.

질문자 흠, 그러면 그런 특별한 상태에서는 정말 모든 것을 아는 전지한 상태가 되어서 생각을 할 필요가 없겠군요.

레스터 그렇습니다. 그게 최고의 상태입니다. 그런데 이런 상태에 아주 깊이 빠지지만 지속되지 않는 경우도 있습니다. 왜냐하면 제거되지 않은 과거의 습관, 생각의 습관이 다시 나와서 당신을 점령해버리기 때문입니다. 자신의 본모습인 이 무한한 있음을 느끼고 있는데 다음 순간 '아이구, 아무개가 나에게 이걸 해달라고 했는데 하기 싫어' 하는 생각이 끼어들고, 그러면 당신은 곧장 행복하지 않은, 한계에 갇힌 느낌에 동화되어버립니다. 참자아인 당신이 아주 편협한 에고, 정말 한정된 에고를 통해 이 무한한 있음이 되려고 애쓰고 있는 겁니다. 그러면 그건 고통스럽지요. 이게 실상입니다.

질문자 당신은 그 에고를 어떻게 깨부숴서 제거합니까?

레스터 무엇보다도 최우선적인 것은, 에고를 놓아 보내고자 하는 강렬한 열망입니다. 둘째로, 길을 아는 사람, 특히 온전히 깨달은 존재에게 귀를 기울여 그가 가리켜주는 방향으로 가는 것입니다.

질문자 그런 사람은 찾기가 힘듭니다.

레스터 그렇지 않아요. 그들은 당신이 있는 바로 거기에 있습니다. 당신이 어디에 있든 간에 그들은 바로 거기에 있습니다. 몇몇의 이름을 댈 수도 있습니다. 예수, 붓다, 요가난다 등이 육신을 지니고 있었지요. 하지만 그들은 편재하므로 언제 어디서 든지 만날 수 있습니다. 육신을 지닐 필요도 없지요. 할 일은 단지 마음의 눈을 열고 그들을 보는 것입니다. 당신이 그들을 보리라고 스스로 마음을 열기만 하면 오로지 당신을 돕기를 원하는 그들은 반드시 옵니다. 그들은 선택의 여지가 없어요. 그러기로 약속했기 때문이지요. 그러니 할 일은 그들에게 도움과 인도를 요청하고, 마음을 열어놓는 것뿐입니다. 그러면 도움과 인도는 거기에 와 있게 됩니다.

하지만 우리는 자신을 육신으로 여기기 때문에 온전히 깨달은 존재가 육신을 취하고 있을 때 그를 더 쉽게 받아들이고 더 많은 도움을 받습니다. 우리의 육체적 감각에는 그가 더 현실적인 존재로 보이니까요. 이 때문에 온전히 깨달은 존재를 육신으로 만나는 것은 좋은 일입니다. 하지만 그런 존재가 없다고 해서 편재하는 그들의 인도를 받을 수 없는 것은 아닙니다.

질문자 힌두 사상의 일부에서는 살아 있는 구루의 인도 없이는 함부로 수행하지 말라고 합니다. 그들도 이제는 그 너머로 진화 했으리라고 생각하지만 당신이 그걸 확인해주시는군요.

레스터 맞아요. 하지만 구루는 육신을 취하고 있든 말든 간에 살아 있답니다.

질문자 살아 있는 구루가 꼭 필요한가요?

레스터 사람들에게는 구루, 스승이 필요합니다. 구루가 꼭 육신을 지니고 살아 있어야 하는 건 아니지만 살아 있는 것으로 받아들여져야만 합니다. 육신을 지니고 있어야만 하는 건 아닙니다.

구루가 필요한 이유는 우리가 매우 어려운 시대에 처해 있기 때문입니다. 모든 상황이, 모든 사람이 우리에게 "이건 물질의 세계야. 이게 다야!" 하고 외치고 있는 물질주의 시대지요. 우리는 이 세상에 여러 번 오고 또 오고 또 왔습니다. 그러니 우리가 육신 속에 한정된 존재라는 생각을 끊임없이 주입하고 있는 세상의 무게를 벗어나기 위해서는 온전히 깨달은 존재의 도움이 정말 필요합니다. 우리는 숨 쉴 공기를 원하는 것보다도 더 간절하게 진실을 갈구해야만 합니다. 그러면 아주 빠르게 온전한 깨달음을 얻을 것입니다.

질문자 그 격언은 당신이 한 말인가요?

레스터 어떤 것도 나의 것은 없습니다. 내가 하는 말은 모두가 이전에 누군가가 이미 말했던 것입니다. 그저 나만의 방식으로 말을 이렇게 저렇게 바꿀 수는 있지만 새로운 것은 없습니다. 진실은 언제나 있었고, 언제나 있을 겁니다.

스승과 제자에 관한 동양의 이야기가 있습니다. 그들이 갠지스 강가에서 목욕을 하고 있었는데 제자가 물었습니다. "스승님, 어떻게 하면 진리를 깨우칠 수 있을까요?" 그러자 스승이 제자의 머리채를 잡고 의식을 잃기 직전까지 물속으로 집어넣었습니다. 그러고는 물에서 꺼내주며 말했지요. "네가 방금 숨을 쉬고 싶어한 것만큼만 진리를 원한다면 당장 깨우칠 것이다."

동양에는 이런 멋진 이야기들이 많아요. 뱀과 밧줄 얘기는 물질세계를 빗대는 훌륭한 비유입니다. 다들 알고 있지 않나요? 한 사람이 어스름한 저녁에 길을 가다가 땅에 밧줄이 떨어져 있는 걸 보고는 뱀인 줄로 오인합니다. 그는 겁에 질려서 이 무서운 뱀 앞에서 어쩔 줄을 모르고 완전히 공포에 사로잡히지요. 하지만 뱀은 착각 속의 환영일 뿐입니다. 사실 그건 밧줄이니까요. 그래서 그는 이 뱀의 세계와 싸우느라 평생을 다 보내고 나서 저승에서 잠시 쉬었다가는 다시금 다시금 또 다시금 돌아와서 뱀과 싸웁니다. 착각에서 깨어나서 그것이 뱀이 아니라 밧줄임을, 그리고 뱀이었던 적은 한 번도 없었음을 깨달을 때까지 말입니다. 정확히 이것이 바로 이 물질세계에서 일어나고 있는 일입니다. 이 세계는 뱀과도 같아요. 환영이라고요.

내가 가장 좋아하는 예는, 이 세상에서 일어나는 일은 꿈속에서 일어나는 일과 정확히 동일하다는 겁니다. 꿈속의 세계는 매우 생생하고 현실 같습니다. 우리는 거기에 있고, 다른 인물들도 있습니다. 그 세계는 아름다울 때도 있고 혐오스러울 때도 있습니다. 그리고 악몽을 꿀 때는 죽임을 당하기도 하지요.

그건 정말 현실같이 생생한 몸부림입니다. 꿈을 꿀 때마다 그것은 우리에게 너무나 생생한 현실입니다. 하지만 꿈에서 깨면 우리는 이렇게 말하지요. "오, 맙소사. 꿈이었잖아. 일어나지도 않은 일이었어." 우리가 이 세상이라는 깨어서 꾸는 꿈의 상태에서 깨어날 때 일어나는 일도 바로 이와 똑같습니다.

사랑과 베풂

기쁨

마음을 고요히 가라앉힐수록 참자아가 생생히 느껴지고 기분이
좋아진다. 마음이 고요한 만큼 기분도 더 좋다.

　'사랑'과 '베풂'이란 말은 사실 동의어이다. 기쁨을 느끼는 열
쇠는 베푸는 마음속에 숨겨져 있다. 온전히 가질 때, 우리는 만
나는 모든 사람에게 모든 것을 주고 싶어한다. ― 그러면 우리
는 무한한 기쁨을 가지게 된다. 이것은 너무나 중요하다. 베푸는
마음에 비밀이 있는 것이다. 이것은 물론 물질적 베풂을 뜻하는
것이 아니다. 유감스럽게도 크리스마스는 온통 물질적 베풂의
향연으로 오염되어버렸지만 말이다.

　크리스마스는 그리스도와 관련된 날이다. 그리스도는 인간

예수가 아니다. 그리스도는 예수가 얻었던 그리스도 의식을 뜻한다. 예수와 그리스도를 따로 떼놓으면 그의 말과 성경의 의미를 더 잘 이해할 수 있다. 그가 "나는 길이다"라고 말했을 때 그는 예수인 자신을 가리킨 것이 아니라 그리스도 의식을 가리킨 것이다. 더 나아가기 전에 그리스도와 예수의 의미를 설명해야겠다.

예수는 물론 약 2,000년 전에 지상에 태어났던 사람이다. 그는 정의(righteousness), 곧 올바른 용법(right-useness)을 통해 세상을 올바로 이용하여 그리스도 의식을 성취했다. 그럼으로써 그는 우리 모두가 가야 할 불멸의 길을 보여주었다. 우리는 죽음을 죽여야 한다. 즉, 죽음에 대한 모든 생각을 의식에서 몰아내고 그 자리에 오로지 영원성과 불멸성이 자리 잡게 해야 한다. 그는 그것을 우리에게 보여주기 위해 스스로 십자가에 매달렸다. 그리하여 그는 부활을 통해 불멸성을 입증했다. 길을 보여주는 인도자로서, 그는 자신의 삶을 바쳐 우리에게 그 길을 보여주었다.

그리스도 의식은 우리가 속세에서 버둥거리다가 빠져드는 이 구렁텅이에서 우리를 건져주는 의식이다. 세상의 모든 불행과 끔찍한 고통에서 우리를 구해주는 것은 그리스도 의식의 성취이다. 우리를 모든 난관에서 해방시켜 불멸의 길로 인도해주는 것은 그리스도 의식이다. 우리가 예수가 되려고 한다면 우리도 그가 겪었던 모든 시험과 고난을 겪을 것이다. 하지만 그리스도가 되면 우리는 그리스도 의식을 성취함으로써 모든 불행을 제거하고 무한한 기쁨밖에 모르게 될 것이다. 그러니 그리스도성이란 인간 예수가 성취했던 어떤 상태이다. 그는 태어나기 이전에 이미 자신의 그리스도성을 성취했고, 실제로 본보기를 보여줌으로써 우리에게 길을 가리켜주기 위해 돌아온 것이다. 그러니 이 두 가지 개념과 그 의미를 유념한 채 성경을 읽으면 그 뜻이 훨씬 더 깊게 다가오리라 믿는다.

그리스도 의식으로 인해 크리스마스는 주로 베풂의 정신으로, 모든 인간을 향한 선의로 알려졌다. 모든 행복의 열쇠는 이 '베풂'이라는 말 속에 들어 있다. 우리가 가장 큰 기쁨을 경험하는 것은 베풂의 마음을 품을 때이다. 사실 자신의 삶을 잠시 되돌아보면 누군가에게 무엇을 베풀었을 때가 가장 기뻤던 때임을 깨달을 것이다.

물론 베풂의 영적 느낌은 한 해의 어떤 때보다도 크리스마스 전후에 더 많이 느껴진다. 그것은 멋진 일이다. 하지만 우리는 날마다 크리스마스가 되게 해야 한다. 온전한 깨달음에 이르면 우리가 하게 되는 일이 그것이다. 모든 사람에게 자신이 아는 모든 것을 주고 있지 않은 순간은 없다.

문답

질문자 당신의 말은 물질을 베푸는 걸 뜻하나요, 아니면 자신을 내어주는 것을 뜻하나요?

레스터 미련을 가진 채, 줄까 말까 하면서, 혹은 욕을 하면서

주면 그것은 아무것도 아닙니다. 거기에는 기쁨이 거의 없습니다. 하지만 흔쾌하게 베풀면 가장 멋진 기분을 느낍니다. 영원한 기쁨의 비결은 바로 이 변함없는 베풂의 마음입니다.

그런데 성경이 말하듯이, 우리가 줄 수 있는 가장 큰 것은 지혜입니다. 왜냐하면 지혜를 줄 때 그것은 단지 한 가지를 주는 것이 아니라 모든 것을 얻는 방법을 알려주는 것이기 때문입니다. 그러니 베풂 중에서 가장 큰 것은 지혜의, 이해의, 앎의 베풂입니다.

그것은 이렇게 설명됐습니다. ─ 배고플 때 밥을 주면 그 사람은 한순간 행복해하고 만족할 것이다. 하지만 세 시간이 지나면 그는 또 밥을 먹고 싶어할 것이고 그 후로도 무수히 밥을 원할 것이다. 그러니 그대가 주는 한 끼의 밥은 무엇인가? 상대적으로 하찮은 것이다. 하지만 그에게 밥벌이 방법을 알게 해준다면 그는 결코 밥을 굶지 않을 것이다! 당신은 그에게 배고플 때마다 밥을 먹을 수 있는 방법을 주는 것이다. 그러면 그에게 무수히 밥을 주는 것과 같다!

그러니 이것이 가장 큰 베풂입니다. 이해와 지혜를 주는 것 말입니다. 이것을 실천하는 것은 훌륭한 성장의 길이 될 것입니다. 누구든지 원한다면 이 앎을 베푸세요. 이것은 당신을 '작은' 자아로부터 꺼내어 더 큰 자아로 데려가주는 데에 탁월한 능력을 발휘합니다. 이것은 사랑의 행위입니다. 나는 당신이 지금부터 이 베풂을 삶의 한 방식으로 택하기를 권하고 있습니다. ─ 다른 이들이 이 앎을 얻도록 돕는 일 말입니다. 그것은 당신을 금방 마스터의 경지에 이르게 해줄 것입니다. ― 그리고 그것은 모든 기쁨 중에서도 최고의 기쁨을 맛보게 해줄 것입니다.

다른 선물을 주는 것도 전혀 잘못된 것이 아닙니다. 주는 것은 좋습니다. 하지만 가슴으로 주어야 합니다. 하지만 나는 우리가 모두 그저 물건을 주는 것보다 훨씬 더 많은 것을 베풀 수 있는 시점에 와 있다고 생각합니다. 우리는 지혜와 앎을 베풀 수 있습니다.

질문자 요청을 받을 때만 주어야 하나요?

레스터 때로는 그게 좋습니다. 요청하지 않는 사람을 도우려고 할 때 그것은 그저 자신의 에고를 표현하는 것이 되어버릴 수 있습니다. '난 네가 알아야만 할 것을 알고 있어.' 이런 식이지요. 상대방은 원하지도 않는데 '높은 자리의 내가' 뭔가를 가르치려 드는 거지요. 그것은 내 쪽 에고의 표현이 되어버리기 십상입니다. 그러니 요청을 받았을 때 베푸는 것이 낫습니다.

질문자 느낌이 아주 민감해져서 요청을 받지 않고도 사람들이 필요한 것을 말해주게 되는 때도 있나요?

레스터 예, 있습니다. 에고를 놓아 보내고 나면 저절로 타인들과 더 잘 동조됩니다. 그들이 요청할 필요조차 없게 되는 경지에 이르지요. 도움을 요청하는 사람이 사실은 도움을 원하지 않는다는 사실을 발견할 수도 있습니다. 마찬가지로 어떤 사람들은 '도움 따위는 바라지 않아' 하면서도 사실은 도움을 갈구하기도 합니다. 이런 상황을 다루려면 약간의 경험이 필요합니다. 하지만 성장해가면서 에고를 놓아 보내면 타인들에게 더 잘 동조해서 저절로 그들을 돕게 되는 건 사실입니다. 그리고 상황이 어떻든 그게 어디든 상관없이 우리는 늘 사람들을 돕게 됩니다. 그가 시장에서 만나는 점원일 수도 있고, 길에서 마주치는 사람일 수도 있습니다. 늘 일어나야 하는 어떤 베풂의 상태가 상존합니다. 그리고 그것이 반드시 지혜의 말이어야만 하는 것도 아닙니다. 한 마디 말, 사랑의 표현이 될 수도 있습니다.

사람들을 도우려는 것이 그들을 해치지는 않을 겁니다. 그게 모든 베풂 중에서도 가장 큰 베풂일 것입니다. 질문이 더 있나요?

질문자 그리스도의 재림은 무엇입니까?

레스터 그리스도의 재림은 예수의 재림과 같지 않습니다. 그리스도의 재림은 우리가 그리스도 의식을 성취하는 것입니다. 우리의 그룹은 예수와 가까워서 매우 다행입니다. 예수는 우리에게 관심이 아주 많아서 그가 가진 모든 권능으로 우리를 돕고자 합니다. 하지만 그 권능은 우리가 받아들일 준비가 되어 있지 않으면 결코 주어지지 않습니다.

강제는 없습니다. 그는 우리가 자신을 그에게 열 때만 자신의 권능을 사용할 수 있습니다. 우리가 그렇게 하기만 하면 그는 만반의 준비와 능력을 다 갖추고 바로 거기에 기다리고 있습니다. 그저 한번 해보세요. 이 생애에 끝까지 가고자 한다면 스승과의 이런 직접적인 연결이 있어야만 합니다. 말했듯이, 이 시대에는 도인의 경지에 이르기가 너무나 어렵습니다. 그래서 스승과의 이런 연결을 가지고 있으면 우리가 이 차원계를 떠날 준비가 되었을 때 우리가 온전한 깨달음을 얻도록 그가 도와줄 것입니다. 이 길에 대한 믿음을 끝까지 지키기만 한다면 이 방 안에 이번 생애에 그것을 성취할 수 없는 사람은 없습니다. 진정으로 원하기만 하면 모든 사람이 이번 생에 그것을 성취할 수 있습니다.

질문자 '그것을 성취한다'는 말의 뜻을 말해주시겠습니까?

레스터 그리스도 의식의 성취와 온전한 깨달음 말입니다. '그것을 성취한다'는 것은 마스터가 되는 것입니다. 마스터란 무엇일까요? 마스터란 우주의 모든 문제에 달관의 경지에 이른 사람이고, 자신의 마음을 통달한 사람입니다. 마스터는 바로 자기 안에서 자신의 무한성을 보는 사람입니다. 마스터는 스스로 제약하는 생각을 모두 지운 사람입니다. 제약의 껍질을 모두 벗겨내서 자유를 얻은 사람이지요.

질문자 그걸 이 생애에 해낼 수 있단 말씀인가요?

레스터 그럼요, 물론입니다! 그것을 다른 무엇보다도 원해야만 합니다. 세상에서 가장 값진 물건을 원하는 것보다 더 원해야만 합니다. 그렇게 하고, 이 차원계를 떠날 준비가 되면 자신이 섬기는 스승의 도움을 얻을 것입니다. 그가 당신을 도와줄 겁니다. 그가 당신을 돕는 방법은 이렇습니다. ─ 죽기 전까지 그것을 성취하지 못한다면 당신은 소위 죽음에 이르는 순간 그것을 성취하게 될 겁니다. 사람이 죽을 때는 이 생애의 모든 생각과 전생들의 모든 생각이 눈앞을 지나갑니다. 이때 스승은 우리와 하나가 됩니다. 그는 우리를 자신으로 여기기 때문에 이런 생각들이 우리 마음에 올라올 때, 그것은 마치 그의 마음에 올라오는 것과 같아집니다. 그래서 그는 우리와 하나가 되고, 우리가 된 그가 그 생각들이 지워지도록 돕는 것입니다. 그것이 모두 지워지면 우리는 완전히 해방됩니다!

질문자 '우리는 한계가 없다. 나는 이것을 받아들이지 않겠다. 나는 이 한정된 존재가 아니다.' 이게 우리가 매일같이 하고 있는 일입니다. 이게 우리가 하루종일 해야 할 일이 아닌가요?

레스터 맞아요. 모든 생각이 끊어질 때까지 계속해야 합니다. 우리는 그 어떤 것, 어떤 생각에도 제약되지 않아야 합니다.

질문자 하지만 이건 너무 먼 이야기 같습니다. 나는 내 눈앞에 있는 친구에게 화내지 않으면서 길을 갈 수 있는 정도면 족할 것 같은데요.

레스터 나는 길의 전부를 보여주려고 하고 있는 겁니다. 내가 하려는 건 당신을 끝까지 데려다줄 지도를 주는 것입니다. 난 "바비, 오늘은 이렇게 해"라고 말하고 있는 게 아닙니다. 길을 다 보여주는 지도를 이미 갖고 있다면 당신은 그걸 가지고 다니면 됩니다. 당신에겐 나처럼 이런 이야기를 해줄 사람이 필요하지 않습니다. 지도를 갖고 있다면 할 일은 지도를 따라가는 것뿐입니다. 나는 온전한 깨달음이 무엇인지에 대한 완전한 이해와 거기에 이르는 길을 전부 보여주려 하고 있습니다. 하지만 그건 무척 힘든 일입니다. 왜냐하면 자신이 스스로 그것을 성취하기 전에는 그게 정말 무엇인지를 결코 알 수가 없기 때문이지요.

질문자 에고란 단순히 '나는 이게 아니야' 하는 느낌인가요?

레스터 맞아요. 에고란 '나는 분리된 개체적 존재이고 모든 것으로부터 분리되어 있고, 분리되려면 몸과 마음이 있어야만 한다'고 느끼는 느낌입니다.

질문자 그것은 한계를 지니고 있고요?

레스터 그렇죠, 몸과 마음을 가지고 있으면 무수한 제약이 따르지요. 나는 몸을 느끼고 돌봐야 합니다. 생각도 가지고 있습니다. 기분이 상하기도 합니다. 이건 끝도 없이 계속되지요. 자신이 무엇인지를 깨달으세요. 당신은 자신이 몸도 에고도 아니라는 것을 알게 될 겁니다. 자신의 본성을 밝혀내어 무한한 존재가 되세요.

질문자 예수가 우리를 구원해줄 수 있나요?

레스터 예수가 구원해주는 게 아니라 그리스도 의식이 구원해줍니다. 예수를 믿어야 하는 것이 아니라 예수가 믿었듯이 믿어야 하는 겁니다. 우리가 그리스도 의식을 성취하려고 애쓸 때, 예수가 우리를 도와줍니다. 예수는 누구든지 그의 도움을 요청하고 받아들이고자 하는 사람에게는 늘 준비하고 기다리고 있습니다.

자신이 할 수 있다고 받아들이는 그 정도만큼 당신은 예수를 만날 가능성이 있습니다. 몸을 입은 예수와 이야기를 나눌 수 있다고 받아들인다면 당신은 몸을 입은 그를 만날 것입니다. 그를 계시나 꿈에서 만날 수 있다고 받아들인다면 그런 식으로 만나게 될 겁니다. 그를 하나의 임재감으로서 받아들일 수 있다면 당신은 그의 임재를 느끼고 도움을 받게 될 겁니다. 모두가 당신에게 달린 일입니다.

에고

정말로 강렬하게 내가 무엇인지를, 이 세상이 무엇인지를, 세상과 나의 관계가 무엇인지를 알기를 원한다면, 정말로 그 답을 알고자 하는 불타는 열망이 있다면 다른 모든 생각들은 떨어져 나가고 마음은 극도의 집중 상태가 된다.

에고라는 개념은 모든 망상의, 따라서 모든 환란의 근원이다. 그것은 참자아가 아닌 몸을 '나'와 그릇되게 동일시한 소산이다. 다음은 에고와 제약에 관한 몇 가지 생각과 소견들이다. 이번에도 마찬가지로 천천히 음미해서 소화하기 바란다. 한 문장을 읽고 잠시 멈춰서 그것이 내면에서 소화되게 하고 나서 다음으로 나아가라.

에고는 개체성에 관한 생각, 만유인 '나'로부터 분리되어 있다는 생각이다. 그러므로 에고는 그릇된 가정이다. 우리는 사실 '나'이고, 그것으로부터 분리되어 있지 않다.

에고야말로 탄생과 죽음의 근원이어서, 에고를 놓아 보내고 나면 당신은 죽음을 죽이게 된다.

선善이 아닌 모든 것은 에고라는 느낌에 뿌리를 두고 있어서 실재하지 않는다. 우리의 진정한 본성은 궁극의 선이다.

에고에 속한 모든 것은 참자아에 속한 모든 것과 반대이다.

에고가 보는 모든 것은 진실의 빛을 왜곡한 것이다. 에고가 보는 모든 것은 이원성이다. 에고는 일체성(Oneness)을 보지 못한다. 에고는 이원성이라는 외눈밖에 가지고 있지 않다. 에고가 보는 것에는 진실이 하나도 없다. 반대로 참자아는 오로지 진실만을, 참자아만을 본다.

에고는 진실에 물을 들이는 염색물감이다. 에고가 옅을수록 진실에 물이 덜 든다.

모든 문제와 혼란은 그릇된 동일시이다. 우리는 자신을 한계에 갇힌 에고로 그릇되게 동일시한다.

에고는 한계에 갇히는 일 외에는 아무것도 못한다.

유일한 성장은 에고를 놓아 보내는 것이다.

영적으로 성장하고 있지 않을 때 당신은 반대 방향으로 자라고 있다.

에고를 표현할 때마다 당신은 아래쪽으로 자라고 있는 것이다.

어떤 일이 우리를 괴롭혀서 그 근원을 찾아보면 거기서 우리는 에고를 발견한다.

영적인 길의 목표는 오로지 에고를 놓아 보내는 것이다. 그러면 남는 것이 참자아이다.

이치는 너무나 단순하다. 삶 속의 모든 복잡한 문제는 참자아의 단순성을 덮어 가리는 에고의 작용이다.

삶을 힘들게 만드는 것은 에고이다.

자신이 한계에 갇힌 에고라고 믿는 만큼 살아가기가 힘들어진다. 노력을 필요로 하는 것은 에고뿐이다.

이 세상에는 근본적으로 한 가지 문제밖에 없다. 그것이 다른 모든 골칫거리의 공통분모인데, 그것은 기를 쓰고 에고가 되려고 하는 짓이다.

에고가 되라, 그러면 당신은 골칫덩어리가 될 것이다.

불행에서 벗어나려는 욕망으로부터 에고를 놓아 보내려는 욕망으로 마음을 돌려야 한다.

에고는 끈질기고 결사적이다. 그러나 에고야말로 모든 불행의 근원이며 참자아가 모든 행복의 근원임을 깨닫고 나면 에고를 놓아 보내기가 그리 어렵지 않게 된다.

우리가 참자아 속으로 들어서면 에고가 장애물로 길을 가로막기 시작한다. ― 병이 나거나 잠에 빠지거나, 다른 할 일이 생기는 등등으로. 왜냐하면 우리는 에고가 파멸하면 우리도 파멸할 것처럼 느끼기 때문이다. 우리는 수천 년 동안 자신이 한정된 이 육신이라고 확신해왔다. 그리고 이 한정적인 생각들을 놓아 보내려면 시간이 걸린다고 생각한다.

시간은 에고의 생각이다.

에고는 우리가 에고를 놓아 보내지 못하도록 호시탐탐 훼방을 놓을 것이다.

지적인 의문과 논쟁에 빠지는 것은 에고의 입지를 도와줄 뿐, 당신을 위해 해주는 일은 아무것도 없다.

의문을 제기하면 에고가 필요해진다. 진정한 자신을 깨달으면 의문이 없어진다.

참자아가 아닌 것에 대한 모든 탐구는 진실로부터 우리의 주의를 빼돌려서 깨달음을 지연시킨다. 에고에 관한 모든 의문은 주의를 에고에게로 돌려놓는다. 에고는 실재하지 않고, 진실이 아니다. 환영에 대해 아무리 많은 얘기를 하더라도 그것이 실재, 진실을 보게 해주지는 못한다.

처음에는 당신이 아는 유일한 것은 에고뿐이다.

할 일은 단 한 가지뿐이다. ― 에고를 놓아 보내는 것! 그 외에는 성장할 수 있는 다른 방법이 없다. 당신은 지금 온전히 깨달아 있다! 그저 에고만 놓아 보내라! 문제는 이토록 단순하다.

에고가 약해질수록 참자아에 더 많은 주의를 보낼 수 있게 된다. 하지만 허구한 날 에고에만 온통 주의가 빼앗겨 있다면 참자아에 눈을 돌릴 때까지는 참자아를 결코 보지 못할 것이다. 참자아에게로 고개를 돌리려면 에고가 쥔 손아귀의 힘을 빼야만 한다.

에고에게서 벗어날수록 당신은 더 이타적인 사람이 된다.

에고 중심적인 사람은 주의의 대부분이 자신에게 가 있다. 그가 보고 듣는 모든 것은 그의 자기애의 필터를 지나면서 얼룩으로 물든다.

에고를 완전히 놓아 보내면 당신은 자신에게는 관심이 없고 오로지 타인들에게만 관심을 두게 된다.

인정받기 위해 일한다면 당신은 자신을 위해서 일하는 것이다. 어떤 일이라도 자신을 위해서 하면 그것은 이타적인 것이 아니다.

자신의 에고를 내세우려고 할 때마다 문제가 생겨난다.

무엇에 반응이 일어난다면, 그것은 언제나 우리가 이기적으로 뭔가를 원하고 있기 때문이다.

에고가 끼어들지 않으면 우리는 모든 것을 정확히 있는 그대로 본다.

우리는 에고의 크기만큼 눈이 멀어 있다.

자신의 에고가 받아들여지게 하기 위해서, 당신은 사람들이 당신을 받아들이는 데 도움이 되리라고 여기는 식으로 사물을 바라본다.

어떤 것이든 감정이 느껴진다면 그것은 에고가 부추긴 것이다.

인간적인 필요나 욕망은 모두가 에고가 부추기는 것이다. 에고는 뭔가가 필요하다고 생각한다. 참자아는 모든 것이 자신의 것임을 느끼고, 안다.

원하는 것이 없어야 한다. 그러면 어떤 문제에도 빠지지 않는다.

말을 할 때, 당신은 에고의 주의를 요구하고 있는 것이다. 말은 에고가 인정해주기를 바라고 있다. 말없이 있으면 당신은 자신이 소란을 피우며 찾고 있던 그 행복을 느끼게 될 것이다.

말을 하고 있을 때는 거의 대부분, 우리는 에고의 인정을 바라고 있다.

에고는 오직 사람에게 파괴적인 일밖에 못한다.

에고를 가진 사람은 그 에고의 크기만큼 파괴적이다.

에고는 사랑의 반대이다. 사랑은 참자아이다.

에고는 우주를 운전하고 싶어한다.

가장 창조적인 사람이 되고 싶다면 에고를 없애라.

에고는 우주에서 가장 비싼 물건이다. 돈도 의미도 많이 치러야만 가질 수 있다.

자신이 행위자라는 모든 느낌은 소아小我의 느낌이다.

에고는 눈멂과 같다. 눈멂은 무지와 같다.

에고를 만족시키고 싶어한다는 것은 곧, 결핍의 생각이 주는 고통에서 벗어나고 싶어한다는 것이다.

모든 결핍은 분명 에고의 개념이다. 에고는 물론 한계나 결핍의 느낌이므로.

에고란 밀려오는 거대한 파도처럼 느껴지는 하나의 개념에 지나지 않는다.

행복하지 않을 때 당신은 에고의 인정을 구하지만, 물론 얻지 못한다.

문제의 또 다른 정의는 에고가 되려고 애쓰는 것이다.

자신을 방어하는 것은 뭐든 에고의 인정을 바라는 것이다.

어떤 일에 달인이 되고 싶은가? 에고를 줄일수록 더 잘하게 될 것이다. 에고는 참자아를 제약하는 수갑이다. 에고는 참자아를 구속하므로 에고가 적으면 적을수록 당신은 어떤 일이든지 (불행해지는 것만 빼고) 더 잘할 수 있게 된다.

이 에고를 발달시키는 데에만 수백만 년이 걸렸다. 참자아가 보이기 시작할 때까지 계속 에고를 놓아 보내라. 참자아가 보이기만 하면 금방 에고를 내려놓을 수 있다.

에고를 많이 제거한 후에 에고 중심적으로 행동을 하게 될 때, 그 순간은 에고가 전부인 것처럼 보인다. 그러나 제거된 것은 제거된 것이다. 모든 문제의 근원은 모든 것으로부터 분리된 개인인 것처럼 느끼는 에고의 느낌이다.

무엇을 하느냐는 중요하지 않다. 당신이 무엇과 동일시하느냐가 중요하다. 자신을 한계에 갇힌 에고와 동일시하면 당신은 불행해진다.

에고를 충분히 내려놓고 나면 에고는 약해져서 참자아가 나머지 길로 우리를 데려간다.

모든 성장은 에고를 놓아 보내는 것이다.

에고는 '나'를 그릇 정의한 것이다. '영원한 당신인 나'라고 말하는 사람은 에고가 지배하지 못한다.

에고의 근원을 파헤쳐 보면 그것은 당신의 참자아임이 밝혀진다.

겸손은 에고를 놓아 보내는 것이다.

마음이 상할 때는 에고의 부추김이 없는지 살펴보고 놓아 보내라. 더 행복해질 것이다.

에고를 제거하지 않는 한 당신은 성장하지 않는다. 성장해서 참자아가 될 수는 없다. 당신은 본래 참자아이기 때문이다. 그저 그것을 덮고 있는 에고를 벗겨내라.

에고는 잠재의식을 만들어내고 유지시킨다.

잠재의식의 모든 생각은 에고에게서 나오고, 에고에 의해 잠재의식 속에 감춰진다.

에고의 법칙(ego-principle)이 당신이 모든 것으로부터 분리되어 있는 것처럼 보이게 만드는 원인이다.

높은 경지는 에고를 태워 없애는 데에 사용되어야 한다. 높이 올라갈수록 에고를 더 잘 태워 없앨 수 있게 된다. 높은 곳에 이르면 이렇게 말하고 끝내버릴 수 있다. ㅡ"에고의 이 모든 어리석은 반응, 이젠 지겨워!"

진정한 당신, 당신의 참자아는 무한히 크고 찬란하고 온전하고 완벽하고 완전한 평화 속에 있다. 그런데 당신은 자신이 한계에 갇힌 에고라고 생각하여 이것을 못 보게 만든다. 눈가리개인 에고를 내려놓으라. 그리고 완벽한 평화와 기쁨 속에 영원히 거하라!

그대 자신이 되라!

마음과 물질에 통달하기

궁극의 행복

우리의 주제는 행복이다. 행복을 이해하면 행복이나 신이나 깨달음이나 지혜나 이해나 모두가 같다고 말할 수 있게 된다. 우리는 또 우리 각자가 그것인 무한한 있음을 찾고 있다고 할 수 있다. 그리고 이것을 알아차리면 우리는 우리 자신인 이 내면의 있음을 온전히 보고, 오로지 그것만을 볼 때까지 그것을 발굴해 내려고 애쓴다. 그리고 그것을 보면 궁극의 행복에 영구히, 영원히 안착한다. 그리고 궁극의 행복에 안착함과 동시에 불멸성과 무한과 흔들림 없는 평화와 완전한 자유와 그 밖에 모든 사람이 찾고 있는 모든 것이 찾아온다.

우리는 자신의 주의를 내면으로 향하게 함으로써 이 내면의 있음에 이른다. 먼저 마음이 무엇인지를 발견할 때까지 마음을 마음으로 돌려 주목한다. 그런 다음 우리의 진정한 본성을 발견하기 위해 주의를 참자아에 집중한다. 그러면 우리의 진정한 본성, 우리 자신인 한계 없는 참자아는 단지 우리에게서 마음을 뺀 것일 뿐임이 밝혀진다. 우리는 마음이 우리의 있음을 덮어 가리고 있는 구속복임을 깨닫는다. 그리고 낱낱의 생각이 하나의 제약이어서 우리로 하여금 우리 자신인 이 무한한 있음을 깨닫지 못하도록 훼방하고 있음을 발견한다. 이 모든 것을, 주의를 내면으로 돌림으로써 발견한다. 그러면 우리는 이 모든 제약을 쉽게, 자연스럽게 놓아 보내고 우리가 언제나 이 무한한 있음이었음을, 지금도 무한한 있음임을, 그리고 언제나 무한한 있음일 것임을 안다.

이 무한한 있음을 발견하는 데 가장 큰 장애물은 잠재의식의 마음이다. 그것은 온통 제약하는 생각으로 가득 차 있다. 그것이 날마다 우리를 끌고 다니고, 우리는 자동으로 그렇게 끌려다닌다. 우리는 이 잠재의식의 습관을 너무나 강력한 것으로 만들어 놓아서, 자신이 가고 싶은 방향을 알아차리더라도 잠재의식의 힘을 극복할 때까지 꽤 오랫동안(때로는 몇 생을) 잠재의식에 끌려다닌다. 우리는 자신이 삶에서 진정으로 무엇을 하고 싶어하는지에 대한 생각으로써 그것을 극복한다. ― 오직 우리가 원하는 생각이 우리의 행동을 결정하게 될 때까지 잠재의식의 생각들을 통제하고 제거함으로써 말이다. 그러면 우리는 마음에 대해 뭔가를 할 수 있는 위치에 서게 된다. 마음을 초월하여 그 위로 솟아오르고, 마음을 내려놓기 시작할 수 있게 되는 것이다. 간단히 말해서 우리는 마음을 놓아 보낸다! 그러면 우리는 우리 자신인 이 순수하고 무한하고 거침없고 완전히 자유로운 있음을 발견한다. 그러면 완전한 행복의 상태가 된다.

말했듯이 방향은 내면을 향해야 한다. 마음이 충분히 고요해지도록 명상하여 우리 자신인 무한한 있음을 찾을 수 있게끔 말이다. 이 첫 번째 단계에서 우리는 자신이 물질(물질은 몸을 포함한다)을 통달한 마스터라는 사실을 깨닫게 된다.

두 번째 단계에서는 마음의 마스터가 된다. 마음을 정말로 주무를 줄 알게 되면 마음을 놓아 보내고 전지^{全知}의 영역, 앎의 세계에서 영위할 수 있게 된다. 그러면 우리는 우리 자신인 무한한 있음을 온전히 깨닫고 궁극의 행복을 발견한다.

물질을 의식적으로 다스리기

첫 번째 단계를 더 자세히 살펴보자. ─ 의식적으로 물질을 다스리는 것 말이다. 깨닫고 있든 말든 간에 우리는 늘 물질을 주무르고 있다. 창조자가 되기를 원하든 않든 간에 우리는 모두가 창조자이다. 사실 늘 창조하기를 그만두는 것은 불가능하다. 우리는 날마다 창조하고 있다. 그것을 모르는 것은 단지 우리가 그것을 들여다보지 않기 때문이다. 우리는 자신이 가지고 있는 모든 것을 창조해냈다! 낱낱의 생각이 물질세계에 현실화된다.

현실화되지 않는 생각을 품는 것 자체가 불가능하다. (현실화된 것을 환원시키는 경우만 빼고) 한 생각을 품은 직후에 같은 강도로 그 반대 생각을 하면 그것은 중화된다. 하지만 뒤집거나 중화시키지 않은 모든 생각은 즉시는 아니더라도 언젠가는 실현된다.

그러니 모두가 해내려고 그토록 애쓰고 있는 '실연實演(demon -stration)'을 우리는 자신이 하고 있다는 사실도 모르는 채로 늘, 날마다 하고 있다. 우리가 해야 할 일은 단지 그것을 의식적으로 하는 것이다. 그것을 우리는 '실연'이라고 한다. 모든 사람이 자신의 삶에서 가지고 있는 모든 것이 다 하나의 실연물이다. 그것은 우리가 이전에 그 생각을 품지 않았으면 우리의 경험으로 찾아올 수가 없다.

자신의 생각의 전모가 무엇인지를 알고 싶다면 그저 자신의 주위를 둘러보라. 당신이 지금 가지고 있는 것이 당신이 생각해 온 것들의 결과물이다. 그것은 당신의 실연물이다! 그것이 마음에 든다면 계속 가질 수 있다. 마음에 들지 않아서 어떤 부분을 바꾸고 싶다면 당신의 사고를 잠재의식으로부터 표면의식으로 전환시키는 작업을 시작하라. 당신이 진정으로 원하는 방향으로 의식을 집중하여 잠재의식의 생각이 올라오게 하고, 그것을 놓아 보내어 의식적인 생각이 지배권을 장악하게 하라. 그리하여 자잘한 것들을 의식적으로 실연하기 시작하면, 그것이 자잘한 이유는 단지 당신 자신이 통 큰 생각을 품어보려는 시도를 하지 않았기 때문이라는 사실을 깨닫게 될 것이다. 1원을 실연하는 데 적용되는 것과 정확히 동일한 법칙이 수억 원을 실연하는 데도 적용된다. 마음이 통의 크기를 정한다. 1원을 실연할 수 있는 사람은 누구나 수억 원을 실연할 수 있다! 당신이 1원을 실연해내는 방식을 알아차리고 다음번에는 그저 액수만을 늘리라. 1원 대신에 수억 원을 의식하라.

물질세계란 단지 우리의 마음을 바깥의 '세상'으로 투사해낸 것일 뿐이다. 그것이 우리의 마음이 바깥으로 투사된 것일 뿐임을, 외부에 있는, 우리가 그려낸 그림일 뿐임을 깨달으면 우리는 자신이 그것을 그저 생각을 바꿈으로써 얼마나 쉽게, 심지어는 즉석에서, 바꿀 수 있는지를 이해하기 시작한다.

그러니 다시 말하자면, 모든 사람이 매 순간 자신이 생각하고 있는 것을 실연하여 창조해내고 있다. 선택의 여지가 없다. 우리는 창조자이다. 마음을 가지고 있고 생각을 하는 한 우리는 창조자이다.

창조 너머

창조보다 높은 경지가 있으니 ― 그것은 때로는 자각의식(awareness), 혹은 의식(consciousness)으로 불리는 '있음'의 상태인데 ― 그 창조 너머의 경지로 가려면, 마음 너머로 가야 한다. 그리고 마음 바로 너머에는 창조할 필요가 없는 완성의 영역이 있다.

마음은 창조 너머의 세계가 어떤 모습일지 상상하기를 무척 어려워한다. 그것은 마음이 끊임없이 창조하는 일에만 빠져 있기 때문이다. 마음은 세상에서 일어나는 모든 것을 창조해내는, 우주의 도구이다. 그러니 창조의 도구인 마음을 좋아하면서 창조 너머의 세계를 상상하려고 한다면 그것은 불가능하다. 마음은 신, 곧 당신의 참자아를 결코 알지 못한다. 왜냐하면 신, 곧 당신의 참자아를 알려면 마음 바로 너머로 가야만 하기 때문이다.

당신 자신인 무한한 있음을 알려면, 창조 너머의 세계를 알려면, 마음을 초월해야만 한다. 여기서 우리는 궁극의 상태, 변함없는 상태를 발견한다. 창조계에서는 모든 것이 끊임없이 변화해간다. 그러므로 거기에는 궁극의 진실이 존재할 수가 없다.

그러니 자신이 원하는 것을 실연해내기 위해서 해야 할 일은, 오직 자신이 실제로 원하는 것만을 생각하는 것, 그리고 그것만 하면 그것이 자신이 얻을 모든 것이라는 사실을 아는 것이다. 오로지 원하는 것을 생각하라, 그러면 언제나 그것을 얻을 것이다. 단순하지 않은가?

또 자신이 좋아하지 않는 온갖 것들을 창조해내는 데 대해서도 자신의 공로를 인정하라. 그저 이렇게 말하라. '내가 한 일을 좀 봐.' 좋아하지도 않는 것들을 스스로 창조해놓은 사실을 자각하면 당신은 창조자의 자리에 서게 되고, 그게 마음에 들지 않는다면 할 일은 그것을 뒤집어놓는 것뿐이다. 그러면 마음에 들 테니까.

원하는 것을 의식적으로 창조함으로써 물질을 통달할 수 있게 된 다음에는 마음을 통달하고, 그리고 그 너머로 나아가라.

문답

질문자 제가 낮 동안에 보고 만나는 모든 것이 잠재의식의 생각이 창조한 것이라는 말인가요?

레스터 예. 어려운 것은 무의식의 사고입니다. 무의식의 생각은 우리가 자각하든지 말든지 간에 낱낱이 다 작용하고 있으니까요.

질문자 번번이 집세를 내지 않는 사람들을 만나게 되는 것도 이전에 부모님이나 다른 사람들에 의해 내 잠재의식에 심어진 생각 때문이고요?

레스터 아닙니다. 당신이 이전에 심어놓은 생각, 당신의 생각이에요.

질문자 그럼 '이 습관적인 생각이 어디서 왔지?' 하면서 그것을 바라보면 그게 어디서 왔는지를 알게 되고, 그것을 의식에서 지워버리면 그런 습관적인 경험도 지워진단 말이죠?

레스터 그렇습니다. 좀더 잘 설명하자면 그것이 어디서 왔는지를 알게 된다기보다는 그것이 당신 안에 있었다는 것을 알게 되는 거지요. 그러면 그런 생각이 당신을 훼방하도록 놔두는 것이 얼마나 어리석은 일인지를 깨닫고 저절로 내려놔버리게 되는 겁니다.

질문자 그럴 수 있었으면 좋겠네요. 저는 저절로 내려놓게 되지 않아요.

레스터 당신이 그렇게 하지 않으니까요. 각 주제마다 딱 한 가지의 생각만 있는 게 아니라 무수한 생각들이 있어요. 이 말을 하긴 싫지만 무수한 세월 동안 가지게 된 무수한 생각들이 있답니다.

질문자 삶에서 자꾸 반복되는 일이 있다면 ― 예컨대 제가 하는 일에서는 아주 흔히 일어나는 일이지만, 일을 자꾸 뒤로 미루는 습관 같은 거요 ― 이것도 순전히 저의 의식과 직결된 일입니까?

레스터 그렇습니다.

질문자 부동산 일을 하는 사람이 그런 식으로 일한다는 건 말도 안 되잖아요. 그러니까 내 의식을 들여다보면서 '내가 이런 생각을 가지고 있다니 말도 안 돼' 하면 일을 미루는 습관을 없앨 수 있다는 거죠?

레스터 예, 그럴 수 있습니다.

질문자 삶에서 자꾸 반복되는 상태를 어떻게 없앨 수 있나요?

레스터 그것을 계속 지우는 작업을 통해서요. 그것을 일으키는 잠재의식의 생각을 찾아내서 내려놓으면 됩니다.

질문자　그건 나의 생각입니다. 다름 아니라 나 자신이 생각하고 있는 것을 보는 것이죠.

레스터　맞아요. 그런데 더 나은 다른 방법이 있습니다. 잠재의식 속의 생각을 끌어낼 수가 없다면 강한 의지로 의식적인 생각을 만드세요. 이전의 모든 잠재의식의 생각을 덮어버릴 정도로 강력하게요. 이것도 가능합니다. 의지력을 발휘하는 거지요. 의지력으로 그렇게 할 수 있습니다. 충분히 강력하게 그렇게 하면 그것이 잠재의식의 모든 생각을 덮어버립니다. 의식이 고양되어 있을 때가 의지력을 가장 강하게 발휘할 수 있는 때입니다. 그저 자신이 원하는 것을 뜻하세요. 충분히 강력한 의지로 어떤 생각을 품으면 그것이 이전에 잠재의식에 심어진 모든 생각보다 더 강력해집니다.

질문자　간밤에 한 노인이 돌아가셨는데 2,500만 달러를 남겨놨대요! 노인은 죽어서 천국에 갔겠지요.

레스터　당신을 붙드는 2,500만 달러를 땅에 남겨놓지 않는 편이 천국에 가기는 더 쉽지요.

질문자　2,500만 달러가 없으면 천국에 가기가 더 쉽다고요?

레스터　맞아요. 그 노인은 2,500만 달러에 묶여 있어요. 그는 죽었는데 지금도 그 돈을 잡으려고 애쓰고 있어요. 그는 아스트랄체의 손으로 그 돈을 집으려고 아무리 애써도 잡히지가 않아서 안달하고 있어요. 그것이 그를 아무 데도 가지 못하게 지상에 묶어두고 있지요. 반면에 무일푼인 남자는 더 높고 자유로운 세계로 미련 없이 떠나갈 겁니다.

질문자 그러니까 소위 '죽음'을 맞았는데도 여전히 자신의 돈에 집착할 수 있단 말이죠?

레스터 아, 물론이죠! 그는 사망 전이나 후나 똑같은 사람입니다. 무거운 육신을 벗어났다는 점만 빼고는요. 육신은 아스트랄체의 정확한 복제물입니다. 육신을 벗고 나도 당신에게는 모든 게 이전과 같이 느껴집니다. 그래서 물질계에 집착을 가지고 있으면 육신을 가지고 좀 전에 하고 있었던 일을 계속하려고 애쓰게 되지요. 집착이 없으면 아스트랄체의 상태에서 더 자유로워진 삶의 방식에 훨씬 더 쉽게 적응할 수 있습니다.

질문자 창조에 관한 당신의 설명이 좋아요.

레스터 지적인 사람들 사이에는 이런 식의 논쟁이 있지요. ─ 창조는 순간적으로 일어나는가, 점진적으로 일어나는가?

질문자 그건 점진적이지요. 왜냐하면…

레스터 마음은 그게 점진적인 것이라고 머리를 굴리지요. 하지만 좀더 깊이 생각해보면 창조는 순간적으로 일어난다는 것을 알게 돼요. 그 순간성에도 시간이라는 관념이 담겨 있긴 하지만 말이죠. 원하신다면 이건 제가 당신에게 생각거리로 던져드리렵니다.

질문자 '한순간'이라… 우리는 그것을 특정한 시간 속에 가둬두고 있어요. 그것을 한정하고 있지요.

레스터 힌트를 드릴게요. 꿈을 꾸는데 꿈속에서 당신은 아기로 태어나서 1년, 2년, 3년을 지나고 젊은이가 되었다가 중년을 지나서 노인이 되어서 아흔 살까지 됩니다. 그 늙은 몸으로 잠을 깨어 일어날 때까지 90년이 걸렸습니다. 90년이면 참 오랜 세월 아닌가요? 잠에서 깨어서 그게 그저 잠시 꾸었던 꿈이었음을 깨달을 때까지는 말입니다. 꿈은 단지 몇 초밖에 안 꾸었는데 그동안에 당신은 90년이라는 세월을 겪었지요! 꿈속에서는 그게 정말 90년의 세월처럼 느껴졌습니다. 꿈에서 깨고 나서야 그게 한순간이었다는 걸 깨닫지요. 언젠가 당신은 창조도 한순간에 일어나는 일이라는 걸 깨닫게 될 겁니다. 그 안에 시간이라는 정신적 관념을 담고 있는 그런 순간 말입니다.

질문자 "먼저 신의 왕국을 찾으라. 그러면 모든 좋은 것이 그 위에 더해지리라", 그리고 "무엇을 먹을지, 어디서 잘지를 걱정하지 말라"는 말씀대로 창조하고 싶은 우리의 소망은 어떤 노력과 연결시킬 수 있을까요?

레스터 물론 연결되지요. "먼저 신의 왕국을 찾으라." 신은 바로 우리의 있음의 본질입니다. 그것을 탐구하여 찾아내면 우리는 모든 것의 비밀을 깨닫습니다. 그러니 먼저 신의 왕국을 찾아야지요. 내면으로 들어가서 자신이 누구이고 무엇인지를 알아내면 모든 것의 비밀을, 창조에 대한 비밀뿐만 아니라 모든 것에 대한 비밀을 알게 됩니다. 하지만 아시나요? 그게 바로 우리가 함께 이 몇 년 동안 해온 일입니다. — 내면으로 들어가서 우리 자신인, 우리의 신적인 부분인 이 무한한 있음을 찾아내는 방법을 배우는 것 말입니다. 이 무한한 있음을 발견하면 모든 것을 알게 됩니다. — 창조하는 방법, 그뿐 아니라 불^不창조하는 방법까지도요. 게다가 그보다도 더 중요한 것은, 창조와 불창조 너머로 가는 방법입니다. — 궁극의 경지이지요. 그러면 무엇을 먹을지, 어디서 잘지를 걱정하지 않게 될 것입니다. 연결이 잘 되었나요?

질문자 더 높은 경지에 이를 때까지, 그러니까 더 높은 경지를 의식하게 되기 전에는 여전히 창조하려고 애쓰는 함정에 사로 잡혀 있을 수 있겠지요?

레스터 그렇습니다. 나는 당신이 창조하려고 애쓰는 함정에 빠져 있다고 말합니다. 당신은 선택의 여지가 없이 언제나, 늘 창조하고 있는 창조자입니다. 이제 당신은 자신이 원하는 것만을 의식적으로 창조하고 원하지 않는 것은 창조해내기를 그만둬야 합니다. 우리가 하는 가장 큰 실수 중의 하나는, 미래에 창조하려고 하는 것입니다. — 나는 이걸 가질 거야. 저걸 살 거야. — 그렇게 하면 그것은 늘 미래에 있게 됩니다. 우리와 항상 거리를 두고 있게 만드는 거지요. 이것이 대부분의 사람들에게 가장 큰 장애물입니다. 뭔가를 창조하려면 그것이 지금 보이게 해야만 합니다. 지금 그것이 있게 말입니다. 그것은 지금 나의 것입니다!

질문자　어떤 것을 가지게 될 거라고 믿을 수는 없더라도 최소한 그 생각이 내 것이라는 건 믿을 수 있지요. 그러니까 '이 생각은 내 거야'라는 믿음을 쌓으면 바닥은 든든해지겠네요.

레스터　그렇습니다. 생각하는 사람이 누구인지를 알아보세요.

질문자　욕망이 없는 경지에 이르면 어떻게 되나요?

레스터　욕망이 뭘까요? 욕망은 우리가 만유가 아니라는 생각에서 나옵니다. 욕망이 없는 상태에 이르면 당신은 자신이 만유임을 압니다. 그 모든 것 속에는 더 이상의 필요도, 결핍도 없습니다. ─ 모든 것이 당신입니다. 그것은 당신의 것이 아니라 당신이 그것입니다!

질문자　그러니까 그것은 먼저 신의 왕국을 찾으라, 그러면 그 위에 모든 것이 더해지리라, 하는 그 경지로군요.

레스터　모든 것이 더해지지요. 우주의 모든 원자 한 톨 한 톨까지도요.

당신의 질문이 대부분 소유, 어떤 것을 소유하는 것에 관한 질문이라는 사실에 주목하라. 이것은 당신이 행복을 무엇으로 정의하는지를 보여준다. 하지만 원하는 것을 모두 다 가지더라도 당신은 여전히 행복하지 않다는 것을 깨닫게 될 것이다.

당신은 소유의 상태를 넘어서 '있음'의 영역에 도달해야만 한다. 그곳만이 당신이 있는 곳이다. 거기서 당신은 자신이 아무것도 가지지 못한 것이 없는, 무한한 만유임을 알게 된다. 거기에 가장 그윽한 평화, 궁극의 기쁨, 궁극의 만족이 있다.

마음을 깊이 가라앉힐수록 참자아를 더욱 깊이 느낄 수 있다. 그리고 기분은 더욱 좋아진다. 마음이 고요해지는 만큼 기분이 더 좋다. 생각은 당신에게 아무런 영향을 주지 못한다. 자신을 몸과도, 마음과도 동일시하지 않으므로, 당신은 문제도 고통도 겪지 않는다.

명상에 들면 마음이 가라앉아서 참자아의 놀라운 평화를 느낀다. 이것이 출발점이다. 끝은 마음이 완전히 해체되는 것이다. 마음이 참자아와 별개의 것이 아님을 깨달으면, 마음이 참자아의 그림자임을 깨달으면 그렇게 된다.

이 꿈의 환영 속에 생각이라는 것이 있다. 그리고 그 생각이 모든 것을 결정하고, 모든 것의 근원이다.

당신은 상상 속에서 시나리오를 쓰고 영화와 영화배우와 관객을 스크린에다 상영했다. 그러고는 그것이 모두 자신의 상상이라는 사실을 잊어버렸다. 이것을 깨달으면 절대적 진리를 발견한 것이다.

세상과 우주는 마음이 지어낸 이야기다.

마음이 잠잠히 가라앉는 것이 깨달음이다. 이것을 얻는 방법은 두 가지가 있다. 마음의 정체를 알아차리면 그것이 환영임을 깨닫고, 그러면 마음이 가라앉는다. 자신의 참자아에 주의를 모아서 당신 자신을 발견하면 역시 마음이 가라앉는다. 마음이 완전히 가라앉는 것이 온전한 깨달음이다.

생각이 다시 세상으로 돌아와 헤매고 돌아다니는 이유는 우리가 세상이 실재한다고 믿기 때문이다. 하지만 이 믿음으로 인해 깨달음이 있다!

마음이 산만한 것은 마음이 참자아보다 세상의 것들을 더 원한다는 뜻이다. 참자아만을 붙들고 있고 싶다면 세상이 눈에 보이지 않는다!

무릇 생각이란, 결핍이 존재한다는 가정이다. 그것이 결핍을 채우려는 소망을 일으킨다.

모든 생각은 비非진실(non-truth)이다. 그건 너무나 단순하다. 그저 생각만 멈춰보라. 그러면 당신 자신인 무한이 스스로 선명하게 자신을 나타낸다.

마음을 고요히 가라앉히는 데에 마음을 사용해야 한다. 마음을 가라앉히려면 결심을 해야 한다.

마음에 집중하기 시작하면 그 위로 솟아오르기 시작한다.

마음의 정체를 깨닫고 나면 더 이상 마음의 지배를 받지 않게 된다.

마음의 힘은 하나의 생각에 흔들림 없이 집중하는 능력이다.

집중된 마음이 없으면 진보가 더디어진다.

흔들리고 방황하는 마음은 당신의 에너지를 온갖 생각의 형태로 낭비한다. 하나의 생각만 붙잡고 있으면 에너지가 덜 낭비되어 보존된다. 이 보존된 에너지를 참자아에게로 돌리면 참자아가 드러난다. 이것을 하면 할수록 집중이 강해져서 참자아 속에 머물기가 쉬워진다.

처음에는 마음이 오랜 기간 사이에 내키는 대로 한 번씩 참자 아를 찾지만, 계속하다 보면 그 사이의 시간이 짧아진다. 나중에 는 마음이 늘 참자아에 집중하여 거기서 벗어나려고 하지 않게 된다.

마음의 힘은 거의 무한하다. 한 생각밖에 없으면 그 모든 힘 이 바로 거기에만 머문다.

들뜬 생각들이 위대한 존재들이 가까이 오지 못하도록 훼방 한다. 고요한 마음은 문을 열고 그들을 맞아들인다.

마음을 제거할수록 더 깊은 평화를 느낀다.

마음은 참자아를 결코 발견하지 못한다. 왜냐하면 마음은 참 자아를 가려 덮는 이불이기 때문이다. 마음을 놓아 보내야만 참 자아를 발견할 수 있다. 마음을 고요히 가라앉히면 참자아가 선 명하게 나타나고, 그러면 그것을 사용하여 마음을 놓아 보낼 수 있다.

내가 아닌 것을 제거하는 것이 성장이다.

가장 어려운 것은 잠재의식의 마음이다. 우리는 어떤 것을 잠재의식 속으로 추방해서 거기에 저장해놓고는 열쇠를 던져 버렸다.

잠재의식을 모두 의식되게 할 수 있다면 우리는 온전히 깨달 을 것이다.

모든 마음이 동일한 한계 없는 지성을 사용한다. 모든 사람이 자신의 욕망을 충족시키기 위해 사용할 수 있다고 믿는 만큼 그 것을 사용한다. 자신의 정신적 한계가 자기 스스로 지워놓은 것임을 깨달으면 그는 그것을 놓아 보낸다. 그러면 그의 지적 능력은 한정 없이 올라갈 수 있다.

우리는 모두가 동일한 마음속에 있는데, 타인의 마음을 읽지 못하게 막는 유일한 것은 우리의 주의가 우리의 작은 자아에 너무나 매여 있기 때문이다.

모든 사람이 무의식중에 다른 사람의 마음을 읽고 있지만 그것을 자신의 생각으로 여긴다.

모든 마음은 서로 영향을 주고받는다.

높은 수준의 마음은 높은 수준의 다른 마음들과 동조한다. 낮은 수준의 마음은 낮은 수준의 다른 마음들과 동조한다.

마음은 잘 현혹된다. 그리고 그것은 즉석에서 전염된다.

생각은 제약의 메커니즘이다.

마음이 지닌 유일한 지성은 당신이 마음에 부여하는 지성이다.

생각은 행복해질 수 있는 능력을 훼방한다.

모든 생각은 실연(demonstration)을 일으킨다.

인간이 떠올릴 수 있는 새로운 아이디어에는 한계가 없다.

인간이 생각할 수 있는 것은 무엇이든 실재할 수 있다.

마음을 사용하여 마음을 고요히 침묵시키라.

명상할 때, 한 생각을 붙잡고 있으면 다른 생각들은 다 떨어져나간다.

마음은 언제나 외부의 지식을 구한다. 그 마음을 안으로 돌리라.

마음을 안으로 돌려 온전한 깨달음을 실현하라.

에고의 마음은 생존을 위해 당신의 지배를 벗어나려고 발버둥친다.

마음은 궁극의 답을 줄 수 없다. 왜냐하면 마음은 에고의 한 부분, 곧 우리의 한계의 일부이기 때문이다.

진정한 앎은 상대적인 앎인 생각 바로 뒤에 있다. 상대적인 앎은 곧 무지이다.

마음 바로 뒤에 있는 참자아를 발견하면 당신은 마음이란 한정된 것임을 깨닫고 그것을 놓아 보낸다.

이 행성을 운영하는 마음이 존재한다.

태양계를 운영하는 마음이 있고 우주를 운영하는 마음이 있다. 이 모든 마음은 환영 속에 있다.

마음이 없다면 세상은 어디에 있는가? 마음을 가라앉히면 세상 같은 것이 존재하는가? 세상에 대한 생각이 세상을 창조한다. 당신이 마음속에서 견고한 우주라고 생각하는 이 견고한 우주는, 그것이 견고한 우주라고 여기는 당신의 생각에 지나지 않는다.

당신의 마음이 절대적으로 확신하는 것은 무엇이든 즉각 현실화된다.

마음은 몸으로 무엇이든 할 수 있다.

지성과 합리적 마음이 우리를 위해 할 수 있는 최상의 일은 첫째, 자신의 한계를 알아차리는 것, 그리고 둘째, 참자아를 찾는 데 도움되는 일을 하는 것이다.

모든 생각은 번뇌이다. 생각의 파도가 완전히 잠잠해지면 거기에는 더 이상의 번뇌가 없다.

모든 생각은 쾌락에 대한 욕망 아니면 고통에 대한 저항의 부추김을 받는다.

모든 집착과 저항을 놓아 보내는 것이 모든 생각을 놓아 보내는 것이다.

생각과 욕망은 같은 것이다.

우리가 알고 있는 유일한 것은 자신의 생각들이다.

거기서 보고 있는 것이 우리 자신의 마음이다.

진정으로 원하는 것은 결코 잊히지 않는다. ─ 그것은 언제나 마음속에 있다. 참자아를 발견하기를 진정으로 원하라.

마음은 아스트랄체와 근원체의 두뇌이다.

어디에 있든지 상관없이 마음을 고요히 침묵시킬 수 있다. 그것을 할 장소는 바로 당신이 있는 그곳이다.

마음에 마음을 쓰지 말라. 마음은 마음 써주기를 요구하지도 않을 것이다!

마음이 더 시끄러워진 것이 아니라 마음이 얼마나 시끄러운 것인지를 알아차릴 만큼 당신이 고요해진 것일 뿐이다.

생각이 없으면 힘들이지 않아도 모든 것이 조화 속에서 완벽하게 제자리를 찾아간다.

마음이 조용해지면 소유욕이 줄어들기 시작하여 마침내 안심의 경지에 이른다. 존재하기 위해서 소유해야 할 필요가 점점 줄어든다. 그다음엔 내가 행위자라는 느낌이 줄어든다. 그리하여 자신은 진정한 행위자가 아니고 진정한 행위자는 더 높은 권능이어서 실제로 행위를 덜 하고도 존재할 수 있고, 존재를 위해 행위를 해야 할 필요가 줄어드는, 한층 더 깊은 안심의 경지에 이른다.

양심을 가동시키고 마음은 사용하지 말라! 목표는 마음을 없애는 것이다.

생각이 없으면 마음도 없다. 마음은 생각들일 뿐이다.

마음이 제거되면 남는 것은 전지全知이다. 당신은 당신이 찾고 있던, 마음의 구름에 가려 있던 바로 그 전지한 존재이다.

세상에서 초연히 떨어져 나와 오로지 참자아에만 중심을 잡고 있는 마음이 해탈이다.

마음이 고요한 정도가 곧 명상의 깊이다.

마음을 제거해가고 있지 않은 한, 에고를 제거해가고 있지 않은 한, 우리는 앞으로 나아가고 있지 않다.

마음을 들여다볼수록 우리는 더욱 고요해진다.

마음이 완전히 침묵하면 거기에 모든 앎이 있다.

마음을 아는 것이 온전한 깨달음이다.

모든 생각들 중에서 첫 번째 생각은 '나는 분리된 한 개인이다'라는 생각이다. '그'나 '그녀'나 '그것'이 존재하려면 먼저 '나'가 존재해야만 한다. 그래서 우리는 '나'를 창조해내고, 그러고 나면 다른 것들이 존재하게 된다. 첫 번째 생각인 '나'가 없으면 다른 것에 대한 어떤 생각도 존재할 수가 없다. 이것이 최초의 오류이다. ― 나는 분리된 개인이라는 생각 말이다. 내가 분리된 존재라면 다른 사람들 ― 그, 그녀 ― 과 그것이 존재해야만 한다. 당신은 먼저 일체(the One)로부터 분리된 개인이 됨으로써 그 일체를 조각조각 나누기 시작한다. 생각이 먼저 당신을 일체인 있음으로부터 나누고 분리해낸 후에, 온갖 존재와 사물들과 온갖 관계들을 창조해낸다.

이것이 전부다. 생각을 놓아 보내라. 그러면 무한하고 영원하고 찬란하고, 온통 환희롭고 맑디맑은 당신이 남는다!

명상과 탐구

마음을 침묵시키기

당신은 무無가 아니라 모든 것이 된다. 모든 것이 되라. 그러면 아무것도 필요하지 않게 된다. 욕망은 결핍이요, 분리의식이요, 모든 번뇌의 근원이다.

명상의 으뜸가는 목적은 마음을 고요히 침묵시키는 것이다. 하나의 생각을 붙잡고 궁구하면 다른 생각들은 하나씩 하나씩 떨어져 나간다. 오늘의 생각(화두)은 '그가 나에게 한 일, 내가 했어야 했던 일'이다. 이 모든 생각은 잠재의식 차원에서 작용한다. 한 생각을 붙들고 있으면 이 잠재의식의 생각들은 잠잠해진다. 그것들은 배경으로 가라앉고, 그러면 마음이 고요해진다.

마음을 침묵시키는 데에 가장 중요한 것은 호기심이다. 어떤 것에 호기심이 깊어지면 다른 생각은 모두 뒷전으로 물러난다. 마찬가지로 강렬한 호기심으로 '나는 무엇인가? 이 세상은 무엇인가? 나는 세상과 무슨 인연이 있는가?'라는 의문의 답을 알고 싶은 마음이 불같이 타오르면 다른 모든 생각은 떨어져나가고 마음은 극도로 집중된 상태가 된다. 그러면 답이 스스로 나타난다. 그것은 내면으로부터 나온다. 답은 늘 거기에 있다. 생각을 침묵시키면 그것이 드러난다. 앎의 영역 — 참자아의 영역 — 에 늘 있던 그 답을 깨닫게 해준다.

출발점

출발점은 답을 얻고자 하는 강렬한 열망이다. 열망이 강렬하면 답을 얻는다. 이 때문에 인간의 궁지가 신에게는 기회가 되는 것이다. 극도의 저항은 거기서 벗어나고자 하는 강렬한 욕구를 일으키고, 그래서 우리는 마음을 집중하여 답을 찾아낸다.

이 탐구를 처음 시작했을 때 나는 '생각'이 답을 가져다주리라고 생각했다. 나는 여느 마음과 마찬가지로 왕성한 마음을 가지고 있었다. 하지만 나는 길의 끝에 있었다. 두 번째로 심장발작이 일어나자 의사는 내가 오래 못 살 것이라고 말했다. 그래서 나는 답을 찾아내야만 했다. 나의 마음은 다른 대부분의 사람들보다 훨씬 더 분주하게 설치고 있었음에도 불구하고, 답을 얻고자 하는 나의 강렬한 욕망이 다른 의문은 다 제쳐놓고 한

번에 한 의문에만 매달릴 수 있게 해주었다. 이 정도의 집중으로 답을 찾아냈다!

나는 형이상학적인 지식이나 구도에 관한 지식이 전혀 없이 시작했다. 사실 나는 종교와 철학을 싫어했다. 그것은 말도 안 되는 요정 이야기나 믿는 나약한 사람들의 도피처라고 생각했다.

하지만 답이 비교적 빨리 오기 시작한 것은 오로지 답을 얻고자 하는 욕망의 강도 때문이었다. 나는 답을 얻어야만 했다. 석 달이라는 시간 동안에 나는 극단적인 물질주의자로부터 반대쪽 극단으로 건너갔다. ― 물질은 아무것도 아니고 영靈만이 모든 것이라는.

답을 얻고자 하는 욕망이 너무나 강해서, 나의 마음은 가장 소란한 마음이었음에도 불구하고 답이 오기 시작했다. 나는 자동적으로 사마디samadhi(이런 말 자체를 몰랐지만) 같은 것으로 떨어졌다. 의문에 너무나 강렬히 집중하는 바람에 나는 세상과 몸에 대한 인식을 잃어버렸고 그저 하나의 순수한 생각에만 의식이 몰두되어 그 생각만이 우주에 존재하는 유일한 것이 되었다. 생각하는 자와 생각이 하나가 될 때 이 같은 몰입 상태가 된다. 그는 모든 것을 잊어버리고 오로지 하나의 생각만을 의식한다. 그것은 매우 집중된 마음 상태로, 답은 언제나 바로 거기서 발견된다.

나는 '행복이란 무엇인가? 삶이란 무엇인가? 나는 무엇을 원하는가? 어떻게 하면 행복을 얻을까?' 하는 의문으로 시작했다. 나는 행복은 나의 사랑의 능력에 달려 있음을 깨달았다. 처음에는 그것이 사랑받는 능력이라고 생각했다. 내 삶을 돌이켜보니 나는 가족과 친구들에게서 많은 사랑을 받았지만 그래도 행복하지 않았다. 그것은 답이 아님을 깨달았다. 계속 궁구하다가 나는 행복을 가져다주는 것은 나의 사랑하는 능력임을 깨달았다.

그다음 의문은 '지성이란 무엇인가?'였다. 나는 '아하! 알았다!' 하게 될 때까지 그것을 붙잡고 늘어졌다. 우주에는 오직 하나의 지성밖에 없고, 우리는 모두가 그것을 얻을 수 있다.

그다음에 나는 책임에 대해 궁구했고, 나에게 일어난, 그리고 일어나는 모든 일은 나의 책임임을 깨달았다. 창조계는 내가 창조한 것이었다!

단 한 가지 의문

마지막으로 나는 '나는 무엇인가?'라는 의문을 붙들고 답을 얻을 때까지 궁구했다.

나는 이 의문을 줄곧 붙들고 석 달이 걸려서야 전체 그림을 보았다고 믿는다. 오로지 의문에만 집중적으로 매달린 덕에 나는 길의 끝까지 갔다. 나는 이 분야에 대해 아는 것이 전혀 없었다. 방향도, 길도, 과정에 대해서도 아무것도 몰랐지만 그저 '나는 무엇인지, 이 세상은 무엇인지, 나와 세상의 관계는 무엇인지'만은 너무나 알고 싶었다.

당신은 온 세상이 당신 자신 외의 아무것도 아니라는 것을,

오로지 당신 외에는 아무것도 존재하지 않았음을 깨닫는다. 오로지 하나(One)만이 존재하고, 당신이 바로 그것이기 때문이다! 하지만 그것이 최후의 경지는 아니다. 거기서 나오면 아직도 마음이 어느 정도 남아있다. 그래서 당신을 지배하는 마음이 더 이상 존재하지 않을 때까지 다시 명상 속의 궁구로 들어간다. 생각의 모든 습관과 마음의 모든 성향이 제거되면 당신은 자유다. 그러면 당신은 마음을 사용할 수 있다. 당신은 마음의 주인이요 지휘관이다. 더 이상 마음이 당신을 결정하지 않는다. 당신이 마음을 결정한다.

우리는 지금 전체 시간의 90퍼센트 이상을 무의식적인 마음의 지배하에서 산다.

문답

질문자 90퍼센트라고 말할 때 의식과 무의식 양쪽을 다 의미하시나요?

레스터 의식적인 마음은 쉽게 통제할 수 있습니다. 그러나 잠재의식은 그렇지 않습니다. 잘 보이지 않으니까요. 그것이 우리가 설정한 메커니즘입니다. 그것을 의식하지 않아도 자동으로 작동하게 해놓은 거지요. 우리는 온몸을 다 그렇게 설정해놨습니다. 완전 자동입니다. 그리고 이 순간 관심을 기울이고 있는 생각 외의 모든 생각도 그렇게 설정해놨습니다.

질문자 우리는 왜 이 순간 관심을 보내는 생각 외의 모든 생각이 자동으로 작동하게 설정해놨을까요?

레스터 왜냐하면 우리는 애초부터 그 생각들을 원하지 않았기 때문입니다. 그래서 그것들을 배경으로 밀쳐두었지요. 우리는 아무 생각이 없을 때 가장 행복합니다. 몸을 움직여 일할 때 가끔 아주 행복한 기분을 느끼지요, 그렇죠? 왜일까요? 생각이 잠잠해지니까 그런 겁니다.

질문자 그럼 그때는 마음이 잠잠해진 건가요, 아니면 잠재의식 차원에서 작동하고 있는 건가요?

레스터 의식 차원에서도, 그리고 잠재의식 차원에서도 더 잠잠해진 겁니다. 우리는 사실 생각을 원하지 않아요. 생각은 우리를 불행하게 만드는 것이기 때문이지요. 행복한 생각조차 우리를 불행하게 만듭니다. 왜냐하면 뭔가를 즐기고 있을 때 우리는 그 즐거움을 계속 유지시킬 수 있을지를 궁리하게 되기 때문입니다. 우린 그것이 오래 지속되지 않을 걸 알고 있으니까요. 그러니까 즐거운 생각은 그것이 오래 지속되지 않으리라는 생각도 동시에 불러옵니다. 행복한 생각조차 한계를 지니고 있는 거죠. 진정으로 행복한 상태는 생각이 없는 상태입니다. 그건 앎의 상태로, 생각 너머에 있습니다.

우리는 명상이라는 주제로 시작했습니다. 오랜 세월 동안 명상을 해온 사람들의 마음에도 명상은 하나의 수수께끼처럼 보입니다. 가장 좋은 형태의 명상은 의문을 가지고 하는 명상입니다.

의문 없이 그저 고요한 상태에 들면 기분은 좋지만 앎(Knowledge)을 얻는 데는 아무 진전이 없습니다.

질문자 그저 고요히 있기만 하면 아무런 진전이 없다고요?

레스터 고요한 상태로 가고 있다는 점에서는 진전이 있지요. 고요한 상태는 소란한 상태보다 나으니까요. 그런 의미에서는 그것은 한 걸음 나아간 단계입니다. 하지만 우리가 지금 처해 있는 큰 문제는 '무지'라는 것입니다. 우리는 자신이 무한하다는 사실에 무지하지요. 이 무지를 없애려면 자신의 무한함에 대한 앎이 있어야 합니다. 그 앎을 얻으려면 의문을 가지고 답을 궁구해야 하고요. 그러니 명상에 들어서 평화로운 침묵 속에 있으면 그것도 좋습니다. 하지만 거기서 멈추지 마세요. 그 너머로 가서 답을 얻으세요. '나는 무엇인가?' 하는 의문에 대한 답만이 우리를 정상으로 데려다줍니다. 알기 쉽지 않나요? 그러니 가장 빠른 길을 가려면 결국 언젠가는 답을 얻어야만 할 '나는 무엇인가?'라는 의문을 가지고 출발해야 합니다.

그러니 더 바른 성장을 위해서는 의문을 가지고 명상해야 합니다. 야나 요가를 하는 사람들이 박티 요가를 하는 사람들보다 유리한 점이 이것입니다. 헌신하고 내맡기면 기분이 좋습니다. 그것도 좋아요. 하지만 야나 요기는 거기서 더 나아갑니다. 그는 이렇게 말하지요. '좋아, 거기서 멈추지 말고 답을 얻어!' 오로지 자신이 무엇인지, 누구인지를 온전히 깨달을 때만 길의 끝에 다다를 수 있습니다. 그러니 가장 빠르고 좋은 명상법은 의문을 품고, 답이 스스로 나타날 때까지 마음을 고요히 가라앉히고 앉아 있는 것입니다. 그렇게 해서 모든 의문에 대한 답을 다 얻을 때까지 계속 의문을 궁구하세요.

질문자 별 진전이 없을 때는 '무엇이 나를 붙들고 있나?' 하는 의문을 품어봐도 되나요?

레스터 물론입니다. 좋은 방법이지요.

질문자 당신은 선입견이 별로 없었기 때문에 더 쉬웠을 거라는 생각이 들어요.

레스터 맞습니다. 나는 아는 게 아무것도 없어서 정말 다행이었어요. 주제에 대한 지적인 정보는 장애물이 되니까요. 에고는 진짜 경험 대신 지식으로 자신을 채워버립니다. 나는 아는 게 아무것도 없었다는 게 아주아주 다행이었습니다.

질문자 당신은 대부분의 사람들이 생각하는 것만큼 그것이 그토록 어렵다는 사실도 몰랐어요.

레스터 예. 하지만 당신이 말하고 있는 사실을 알고 있으면 지적인 지식의 장애물을 놓아 보내는 데 도움이 됩니다. 나도 당신을 이 방향으로 가도록 부추기고 있잖아요. "아무것도 믿지 마세요. 백지에서 시작하세요. 차근차근 증거를 모아서 그 위에 자신의 지식을 쌓아가세요"라고요. 모든 사람이 이렇게 해야만 합니다.

질문자 다른 사람의 경험을 가져와서 내 것으로 만들 수는 없지요.

레스터 맞습니다. 다른 사람들이 일러주는 대로 수행을 하더라도 쓸모 있는 유일한 것은 자신의 경험이지요. 나는 그것을 운전에 비유합니다. 내가 책에서, 열쇠를 돌려서 엔진을 가동시킨 다음 기어를 넣고 엑셀을 밟으면 된다는 글만 읽고 운전을 할 줄 안다고 우기면 그게 운전할 줄을 아는 건가요? 아닙니다. 내가 직접 차를 몰아보기 전에는 운전을 할 수 없습니다. 구도에서도 마찬가지입니다. 모든 것을 직접 경험해봐야 합니다.

물론 위대한 사람들이 경험하고 말한 것은 받아들이는 태도를 가져야 하지만 자신이 그것을 해보고 그것이 참이란 것을 스스로 입증해야만 합니다. 그리고 근본적인 진실은, 오직 하나의 실재밖에 존재하지 않는다는 것입니다. 오직 하나의 절대적 진실밖에는 없습니다. — 이 온 우주는 다름 아닌 신, 아니 그보다는, 다름 아닌 나 자신의 참자아일 뿐이라는 것 말입니다. 신은 저 멀리 있을 수 있습니다. 우주공간 아주아주 먼 곳에 있을 수 있지요. 하지만 나 자신의 참자아는 바로 여기에 있습니다. 그것은 내가 아는 것, 내가 지각할 수 있는 것입니다. 그것은 나 자신의 참자아입니다! 그러니 신 대신 참자아라고 하는 것이 그를 저 멀리 우리와 떨어진 곳에다 두는 것보다 훨씬 더 실질적입니다. 하지만 모든 사람이 각자 바닥에서부터 시작해서 이 모든 것을 스스로 입증해야만 합니다. 증거가 생기면 생길수록 더 많이 받아들이게 되고 결국은 모든 것을 경험하게 됩니다. 명상에 대해서 아직도 더 듣고 싶나요?

질문자 예.

레스터 모든 도움은 마음을 고요히 침묵시키는 수단이 되어야 합니다. 명상이 어려우면 챈팅(음송하는 명상적 노래)을 함으로써 길을 닦을 수 있습니다. 챈팅은 마음을 챈트 자체의 의미에 집중시켜서 일상적인 생각이 떨어져 나가게 하고, 그것이 마음을 고요히 가라앉게 해줍니다. 특정한 요가 아사나(체위) 등으로 몸을 푸는 것도 같은 효과가 있습니다. 무엇이든지 도움이 된다면 좋습니다. 마음이 고요해지게 하는 것이 기본입니다. 선한 마음과 사랑하는 느낌도 마음을 더 고요해지게 합니다.

우리가 자신의 무한함을 못 보게 만드는 유일한 것은 마음입니다. 마음은 제약적인 생각들의 집합 외에 아무것도 아닙니다. 그래서 우리는 우리 자신인 무한한 있음을 볼 수 있도록 명상으로 마음을 고요히 침묵시킵니다.

명상은 소극적인 태도로 해서는 안 됩니다. 결코 억지로 마음이 텅 비게 만들려고 애쓰지 마세요. 가장 좋은 결과를 위해서는 언제나 의문을 품은 채 명상해야 합니다.

명상은 많이 할수록 쉬워집니다. 정말 깊은 통찰을 얻으려면 탄력이 필요합니다. 명상이 세속적인 일보다 더 즐거워지기 시작하면 더욱 열심히 명상을 추구하세요. 그러면 명상으로 돌아가는 시간이 기다려집니다. 탄력이 생기면 마음은 더욱더 고요해지고 마침내 이 한계 없는 자아가 뚜렷이 나타나 우리를 지켜보면 우리는 웃음을 터뜨리게 됩니다. 명상에 대해 이토록 많은 애기를 했으니 실제로 명상도 해봐야겠죠?

질문자 손에 의식을 집중하는 것이 마음을 고요히 침묵시키는 데 도움이 되나요? 제 경우엔 그렇던데요.

레스터 도움이 된다면 좋습니다.

질문자 해롭지는 않단 말씀이죠?

레스터 해롭지 않습니다. 의식을 집중할 수 있는 몇 가지 중심이 있습니다. 좋은 곳은 여기 미간입니다. 여기에 집중하면 몸의 다른 부분에서 마음이 떨어져나옵니다. 이것은 아스트랄 차원의 눈, 영안靈眼인 제3의 눈의 중심입니다. 여기에 집중하면 의식이 몸의 낮은 중추로부터 떨어져나옵니다. 어떤 사람들은 가슴 중추를 선호합니다. 하지만 뭐든지 도움이 된다면 도움이 되는 겁니다.

질문자 저는 평소에 미간에 집중했는데 이제는 궁구를 하고 있어서 '나'가 가슴으로 가라앉게 합니다.

레스터 가슴은 느낌의 중추여서 좋은 자리입니다. 느낌은 생각보다 참자아에 더 가깝습니다. 각자의 배경에 따라 다릅니다. 당신이 자아궁구를 하는 야나 요가 수행자라면 좋은 자리는 가슴인데, 왼쪽이 아니라 오른쪽입니다. 당신이 라자 요가를 수행한다면 좋은 자리는 미간입니다. 나는 어떤 장소에 집중한 것이 아니라 답을 얻고자 하는 열망에 집중했습니다. 답을 얻고자 하는 마음에 집중했지요.

질문자 저는 답에 대해 생각하기보다는 그냥 거기에 이르는 것만을 생각했습니다.

레스터 아시나요, 삶에서 뭔가를 강렬하게 원한다면 당신은 이미 그것을 가지고 있는 겁니다. 이건 모든 사람에게 그렇고 모든 것이 그렇습니다. 구도의 길도 마찬가지입니다. 하지만 답을 얻지 못하도록 훼방하는 것은 세상에 즐거움이 존재한다는 무의식 속의 확신입니다.

질문자 당신이 말하는 것을 들으면 너무나 쉬운 것처럼 들립니다.

레스터 답을 얻고자 하는 갈망이 얼마나 강렬한지가 난이도를 결정합니다. 그게 모든 것의 핵심입니다.

욕망

깨달음에 이르는 쉬운 길이 있다. 욕망을 다 없애라.
욕망은 우리 본연의 평화와 기쁨을 깨는 훼방물이다.
　　욕망은 사람으로 하여금 그것을 충족시키는 데에 매달리게 해서 결국 그 자신의 불변하는 본연의 행복으로부터 벗어나게 만든다. 간단히 말해서, 욕망은 행복의 적이요, 불행의 근원이다.

그러니 여기 욕망에 대해 반추해볼 몇 가지 사항이 있다. 늘 하듯이 욕망이 저마다 당신에게 말하게 하라. 그것을 들여보내고 어떤 일이 일어나는지를 보라.

욕망을 놓아 보낼수록 마음이 덜 산만해져서 집중이 더 잘 된다. 마음이 집중될수록 자신의 참자아를 알아보고 깨닫는 힘이 더 커진다.

침묵은 에고의 욕망이 일으키는 소란한 요구를 잠재워 참자아가 잘 보이게 한다.

욕망이 없는 상태가 곧 홀로 있는 것이다.

평온함은 욕망이 없는 것이다.

욕망을 충족시키려 할 때마다 욕망은 더 큰 강도로 창조된다. 욕망이 충족될 때 느껴지는 순간적인 즐거움은 순간적으로 생각이 가라앉아서 참자아 안에 거하게 됨으로부터 오는 것이다. 그것을 욕망의 대상 덕분인 것으로 여겨서 대상을 더욱더 원하게 되지만, 욕망은 충족되지 않으므로 계속 커지기만 한다. 그 욕망은 오로지 끊임없이 생각을 침묵시켜 참자아 안에 계속 거함으로써만 충족시킬 수 있다.

자신의 진정한 자아를 발견하면 모든 욕망이 일순간에 충족된다.

욕망은 결코 채워지지 않는 바닥 없는 구덩이다.

욕망이 세상을 이루고 무욕이 참자아, 곧 신을 이룬다.

욕망은 대상과 사람들을 통해 참자아가 되는 기쁨을 구하는 것이다. 마음은 으레 요구나 결핍의 생각을 만들어내고, 그것이 마음을 들쑤셔서 참자아를 덮어 가린다. 대상을 손에 넣으면 마음이 잠잠해지고, 참자아의 기쁨이 잠시 빛을 발한다. 그러면 당신은 그것을 그 대상을 손에 넣은 덕분이라고 생각하고 기쁨의 근원으로 여겨지는 그 대상을 계속 추구한다. 하지만 기쁨은 대상으로부터 얻어질 수 있는 것이 아니라서 마음이 아무리 대상을 좇아도 그 욕망을 만족시킬 수 없다.

욕망은 모든 움직임의 어머니요, 평화의 훼방꾼이다.

욕망이 작용하는 기제는 이렇다. 우리는 먼저 결핍을 창조하고, 그 결핍을 채우기 위해 무엇이든 욕망한다. 욕망은 생각을 창조한다. 생각은 참자아를 덮어 가리고, 이것이 우리를 불행해지게 만든다. 그러면 우리는 욕망을 채워서 그 불행을 벗어나려고 한다. 욕망의 만족은 순간적으로 생각을 잠재운다. 생각이 잠잠해지면 참자아를 덮었던 가리개가 살짝 벗겨지는데, 우리가 즐거움이라 부르는 것은 바로 이 참자아가 조금 더 드러난 느낌이다. 우리는 (참자아를 덮고 있는 욕망의 생각을 벗어나기 위해) 욕망을 채우는 데 사용했던 사물이나 사람을 기쁨과 즐거움의 근원으로 잘못 안다. 이 착각 때문에 욕망은 결코 충족되지 않는다. 기쁨은 대상에게서 오는 것이 아니기 때문이다. 만족할 수 있는 유일한 길은 당신의 참자아 속에 머무는 것이다!

욕망의 충족이란 결핍에 의해 한정된 느낌에서 오는 고뇌로부터 잠시 놓여나는 것이다. 이것에 대한 이해가 엉뚱한 곳 — 세상 — 에서 행복을 찾으려는 헛된 충동을 놓아 보낼 수 있도록 도와준다.

욕망이란 동요된 마음이다.

자신이 누구이고 무엇인지를 알면 즉석에서 모든 욕망이 충족된다.

우리는 오로지 신만을 욕망해야 한다.

욕망은 불행과 죽음만을 가져온다.

모든 욕망은 본연의 평정과 평화를 흔들어 훼방한다.

어떤 것에 대해 생각하기를 멈추면 그것에 대한 욕망도 사라진다.

욕망이 '욕망할 만한' 것이 아니라는 것을 깨닫고 나면 당신은 여태껏 경험한 어떤 것보다도 더 깊고 영속적인 기쁨과 평화가 존재한다는 것을 발견한다.

욕망이 모든 흥분과 동요의 씨앗이다.

욕망은 인위적으로 창조된 결핍이다.

무지가 우주를 창조하고, 욕망이 그것을 유지시키고, 깨달음이 그것을 소멸시킨다!

욕망이 없었다면 한계에 둘러싸인 이 세상과 우주도 존재하지 않았을 것이다.

욕망이 모든 문제의 근원이다.

욕망에 휩쓸린다면 그것은 자신이 그렇게 되기를 원하고 있기 때문이다. 누가 욕망에 불을 붙이는가? 욕망에 불을 붙이는 것이 당신이라면 그 불을 끌 사람도 당신이다. 불을 끌수록 욕망은 약해진다.

오직 성장만을 열망하라. 모든 사람이 결국은 목표에 이른다. 다만 열망의 강도가 거기에 이르는 시간을 결정한다. 열망이 강하다면, 오직 그것만을 생각하라. 그러면 의심이 떨어져나갈 것이다.

욕망을 억누르지 말고 놓아 보내라. 자기 안에서 스스로 욕망을 창조해내는 것이라면 그것을 창조하지 않을 수도 있다.

어떤 욕망이든 욕망을 억누르는 것은 최악의 행위다. 억눌리면 욕망은 그 순간부터 자신을 표출하려고 기를 쓸 것이다. 그것을 알아차린다는 것은 그 욕망을 만족시키려고 애써야 한다는 뜻이 아니다. 욕망을 알아차리면 그것을 억누르지 않게 된다.

반대되는 두 가지를 동시에 원하면 — 하나는 의식적으로, 다른 하나는 잠재의식에서 — 불안이 일어난다. 잠재의식의 욕망을 의식 차원으로 끌어올리면 둘 사이의 싸움이 끝난다. 다른 한편으로, 자신이 무엇인지를 알면 아무런 갈등도 없어진다. 당신은 구도를 통해 그렇게 할 수 있다. 부정적인 쪽을 이해해야할 필요는 없다. 긍정적인 편이 되는 것이 훨씬 낫다. 당신의 참자아가 되라.

에고를 만족시키고 싶어한다는 것은 곧 결핍의 개념이 초래하는 번뇌에서 놓여나고 싶어하는 것이다. 모든 결핍은 예외 없이 다 에고의 개념이다.

무한한 있음이 되려면 욕망이 없어야 한다. 왜냐하면 모든 욕망은 자신을 한정시키는 짓이기 때문이다. 뭔가가 필요하다고 생각한다면 그것은 곧 자신을 한계에 둘러싸인 존재로 여기는 것이다. 모든 것을 가지고 있다면, 당신이 곧 모든 것이라면, 어떻게 무엇을 원할 수가 있겠는가? 당신은 자신이 아무것도 필요로 하지 않는다는 것을 안다. 아무것도 필요하지 않다는 것을 늘 알면서 삶을 살아간다. 당신은 태도가 다르다. 이런 태도를 지니고 있으면 몸이 필요를 느끼는 즉시 그것이 충족된다. 생각할 필요조차 없이 즉석에서 필요가 충족되는 것이다.

생각을 창조해내는 유일한 것은 욕망이다. 단 하나의 욕망이라도 있는 한 마음에 동요가 일어날 것이고 완전한 만족은 없을 것이다.

만족된 욕망은 영원히 사라진다.

깨달음을 얻는 쉬운 길이 있다. ─ 그저 욕망만 다 없애라.

욕망을 극복하는 한 가지 방법은 신에 대한 아주 강렬한 욕망을 품는 것이다. 그리고 마지막에는 신에 대한 욕망도 없애야 한다. 그러면 당신이 그것이 된다!

에고의 모든 자잘한 소원은 낱낱이 당신의 자유를 구속하는 족쇄이다. 이것은 모든 욕망이 당신의 자유를 구속하는 족쇄라는 말과 같다.

욕망은 생각을 창조해낸다. ─ 가지려는 생각이든 가지지 않으려는 생각이든. 욕망 이전에 에고가 있다. 그러므로 에고가 출발점이다. 나는 모든 것으로부터 분리된 개인이다. 그러므로 나는 모든 것을 가지기를 욕망해야 한다.

평화를 훼방하는 유일한 것은 욕망이다.

무엇이든 순수한 사랑으로써 다가가면 거기에는 더 이상 욕망이 없다.

욕망은 미래에 싹 틔울 씨를 심어놓는다.

세상을 향한 욕망을 줄이고 참자아를 향한 욕망을 늘이라.

모든 욕망을 없애야 한다. 욕망 없이도 즐겁게 살 수 있다. 사실은 욕망이 없어야만 훨씬 더 깊고 진정한 즐거움을 누릴 수 있다.

욕망이 모든 것의 원인이다. 당신이 문제를 겪고 있다면 그 뒤에는 욕망이 있다.

해탈을 향한 욕망 외의 모든 욕망은 불행을 일으킨다.

희한한 것은, 욕망은 채우려고 애쓰면 애쓸수록 더욱더 강해진다는 것이다.

사람들이 물건을 소유함으로써 욕망을 채우려 들수록 그 욕망은 더욱더 커진다. 오늘날의 사람들은 그 어느 때보다도 많은 것을 소유하고 있지만 그 어느 때보다도 불행하다.

욕망은 행복을 좀먹을 뿐이다.

단 한 가지의 욕망만 가져야 한다. ― 완전한 해탈, 완전한 깨달음을 향한 욕망 말이다. 다른 모든 욕망은 당신을 늘 문제 속에서 허우적거리게 할 것이다. 모든 욕망을 놓아 보내도록 힘써야 한다. 욕망을 충족시키려 들지 말라. 욕망을 충족시킬 때마다 그 욕망은 약화되지 않고 오히려 강화된다. 이것은 누구에게나 분명하리라 믿는다. ― 충족되지 않는 욕망 말이다. 욕망을 충족시키려고 할수록 우리는 더 많은 것을 원하게 된다. 그러니 욕망을 만족시키지 않는 것이 좋다. 그러면 마음은 더 고요해진다.

마음이 고요해지면 존재의 실상을 더 잘 깨달을 수 있다. 실상을 깨달으면 욕망이 사라진다. 이것이 더 나은 방법이고 사실상 실제로 욕망을 없앨 수 있는 유일한 방법이다.

실상을 깨달으면 욕망은 사라진다. 왜냐하면 욕망이란 사실은 물건이나 사람 등 어떤 간접적인 방법을 통해 자신의 참자아가 되려고 애쓰는 것이기 때문이다. 이것을 깨달으면 당신은 이런 어리석은 욕망을 놓아 보내게 된다. 왜냐하면 자신인 그것이 되기 위해 간접적인 방법을 쓸 필요가 없기 때문이다. 간접적인 방법은 당신을 자신인 그것으로 만들어주지 못한다. 그러니 그런 헛발질은 극도의 불만족을 가져온다. 그래서 우리는 이렇게 불만족한 세상에서 살고 있는 것이다. 우리는 모두가 욕망을 채우려고 애쓰고 있지만 그것은 절대적으로 불가능하다. 우리는 생과 생을 넘나들면서 하염없이 욕망을 충족시키려고 애쓰다가 결국은 욕망이야말로 자신의 적이라는 사실을 깨닫는다.

욕망은 곧 결핍의 용인容認이다. 내가 한계 없는 존재라면 나는 아무것도 욕망하지 않는다. 내가 모든 것이다. 우리는 그런 상태에 있는 존재처럼 행동함으로써 그 상태로 돌아가야 한다. 우리가 행할 수 있는 가장 위대한 행위, 가장 위대한 의식은 온전히 깨달은 존재가 사는 것처럼 사는 것이다. 무집착, 무저항의 초탈한 경지에 이르도록 힘쓰라. 모든 것, 모든 사람을 동등하게 바라보는 평정심의 상태를 얻도록 힘쓰라. 욕망 없는 상태에 이르도록 힘쓰라. 그러면 당신은 자신이 모든 것이며 자신이 바로 그것임을 깨달을 것이다!

나는 무엇인가?

우리는 어디에 있었나

잠시 멈춰서 지금까지 한 이야기를 돌이켜보고 우리가 어디로 가고 있는지를 살펴보자.

　말했듯이, 나는 슬픔이나 그 어떤 것에도 물들지 않은 완전하고 전적인 행복인, 모든 존재의 궁극의 목표에 대해 이야기하고 있다. 우리는 자신의 모든 행위를 통해 이것을 향해 가려고 발버둥질을 하고 있지만 어찌된 일인지 우리는 대부분이 목표를 놓치고 있다. 내 생각에, 목표를 놓치는 이유는 단순히 우리가 목표가 무엇인지를 선명히 알지 못하고 있어서 눈먼 채 그저 어림짐작으로 목표를 겨누고 있기 때문이다. 그러니 목표가 선명하지 않은 한 우리는 눈이 멀어 있고, 그래서 완벽한 행복이라는 목표를 결코 성취할 수 없다.

그때 누군가가 와서 말한다. "보시오! 당신들은 무수한 생을 살면서 엉뚱한 곳만 바라보았소! 밖을 바라보지 말고 안을 들여다보시오! 거기서만 당신들이 그토록 무수한 생애를 보내면서 찾아온 그것을 발견할 수 있소!" 당신은 레스터 같은 사람을 만나고, 그는 이렇게 말한다. "바로 당신 자신의 참자아를 찾으세요. 거기에 완벽한 행복이 있어요. 사람이나 물건에서 행복을 찾으려고 하지 마세요." 자신의 바깥에서 행복을 찾아 헤맨다면 당신은 단지 한 가지에 대한 욕망을 채워서 다른 것에 대한 욕망의 고통을 없애고 있는 것일 뿐이다. 그걸 대체만족이라고 한다. 하지만 욕망이 없어진 게 아니라서 그 만족은 오래가지 않는다. 단지 욕망이 다른 대상으로 옮겨간 것뿐이다. 그러니 상대방이 등을 돌리거나 변심하거나 상황이 바뀌어 욕망의 고통이 다시 나타나면 그것은 이내 당신을 다시 괴롭히기 시작할 것이다.

하지만 출발점은 당신이다. 당신은 자신을 발견하는 쪽으로 인도해줄 길을 택할 수 있다. 그리고 물론, 당신만이 그렇게 할 수 있다. 자신이 스스로 입증해보기 전에는 아무것도 받아들이지 말라. 증명하라. 그러면 그것은 당신의 것이 된다. 증명하라. 그러면 그것을 사용할 수 있게 된다.

이 과학은 독창적이다. 언젠가는 알게 되겠지만, 이것은 모든 과학의 과학이다. 이것은 주관적 과학이다. 우리는 그것을 내면에서 추구해야 한다. 그것은 눈앞의 테이블에 꺼내놓고 살펴볼 수가 없다. 우리의 마음 안에서, 아니, 우리 존재 안에서만 살펴볼 수 있다. 게다가 지성으로는 그것을 알 수가 없다. 지성은 단지 우리가 그것을 발견할 올바른 방향만을 가리켜줄 수 있다. 올바른 방향이란 주의를 안으로 돌리는 것이다. 그리하여 마음을 침묵시켜 이 진실, 이 앎을 경험하는 것이다. 그리고 그것은 오직 경험을 통해서만 알 수 있다.

방법은 많다. 그러나 가장 차원 높은 방법은 모든 사람이 최후에 사용하는 방법이다. 그것은 '나는 무엇인가?'에 대한 답을 찾는 것이다. 이 궁구는 명상할 때만이 아니라 하루종일 지속되어야 한다. 무슨 일을 하든지 간에 일하는 동안에도 마음의 배후에서는 '나는 무엇인가?' 하는 이 의문을 늘 품고 있어야 한다. 그 답이 스스로 우리 앞에 분명해질 때까지.

하지만 그 답은 마음에서는 나올 수 없다. 마음은 제약의 도구라서 마음이 할 수 있는 어떤 대답도 정답일 수가 없기 때문이다. 모든 생각은 어떤 성질에 한정되어 있다. 그러니 마음이 하는 대답은 어떤 대답도 옳을 수가 없다. 답이 나오는 길은 단지 우리가 그 길에서 벗어나는 길뿐이다. 생각을 품음으로써 우리가 자신에게 들씌운 그 눈가리개가 떨어져나가게 해야 하는 것이다. 생각이 잠잠해지면 무한한 있음이 스스로 자신을 드러낸다. 그것은 스스로 빛난다. 그것은 언제나 거기에 있다. 그것은 단지 낱낱이 한계에 둘러싸인 생각과 개념들에 덮여 있을 뿐이다.

그러니 그것을 드러내는 방법은 '나는 무엇인가?' 하는 의문을 품고 그 답을 가만히 기다리는 것이다. 다른 생각들이 끼어들 것이다. 가장 큰 어려움은 이런 생각들을 침묵시키는 것이다. 잡생각이 끼어들면 '이 생각은 누구에게 일어나는가?'라는 의문을 떠올리라. 그 답은 당연히 '나에게'이다. 그러면 다시 '나는 무엇인가?'라는 의문이 당신을 제자리로 데려간다. 이런 방법으로 '나는 무엇인가?' 하는 의문에 주의를 계속 집중시킬 수 있다.

행위자가 되지 말라

이 의문을 품고 답을 기다리는 것에 더하여, 일상 속에서 행위자, 대리자가 되지 않는 연습을 하는 것이 좋다. 단지 목격자가 되라! '이것은 내가 아니라 나를 통해 역사하시는 아버지시다'라는 태도를 취하라. 이것이 우리가 힘써 지켜야 할 삶의 중요한 품행이다. 삶을 그저 지켜보는 목격자로 남아 있을수록 우리는 몸에 덜 집착하게 되고 더욱 자신의 참자아로서 있게 된다.

그러니 내가 제안하는 것은 두 가지이다. 하나는 '나는 무엇인가?' 하는 궁구이고, 둘째는 삶 속에서 '행위자가 되지 말고 목격자가 되라. 일이 일어나게 내버려두라. 삶이 그저 있도록 허용하라'는 것이다. 이것이 우리의 가장 높은 경지의 상태다. 그리고 삶에서 취할 수 있는 가장 좋은 태도는 가장 높은 경지의 태도이다.

당신도 잘 알고 있을 겸손, 선의, 친절, 정직 등의 다른 항목들도 있다. 이 모든 것이 도움이 된다. 하지만 가장 큰 도움을 주는 것은 행위자가 되지 않고 목격자가 되는 것이다.

참자아의 출현

마침내 우리의 참자아가 우리 앞에 나타날 때, 그것은 엄청난 경험이다! 그것은 소화해내기가 매우 어려운 경험이다. 우리는 마치 폭발해버릴 것만 같이 느낀다. 왜냐하면 자신이 전능하고 전지하며 편재함을 깨닫기 때문이다! 하지만 그것을 한 번 일별하는 것이 그 상태에 안착해 있게 해주지는 않는다. 그래도 일단 그것을 경험하면 우리는 그것을 다시 안착시킬 때까지 놓아보내버리지 않을 것이다. 우리는 그 상태로 돌아가기를 계속 연습할 것이고, 계속 연습해야만 한다. 다음번엔 그 상태가 좀더 오래 지속될 것이다. 세 번째는 더 오래, 그리하여 마침내는 하루 24시간 그 상태에 머물러 있게 될 것이다.

이 최고의 상태에 다다르면 우리는 이제 좀비가 아니라 모든 것을 알고, 모든 곳에 있게 된다. 모든 것이 완벽하게 제자리를 찾아간다. 우리는 다른 사람들과 똑같이 세상 속에서 움직이지만, 다른 점은 다른 모든 사람이 보는 것과는 완전히 다른 방식으로 세상을 본다는 것이다. 우리는 자신의 몸이 마치 자동기계처럼 삶 속을 움직여 다니는 것을 지켜보면서, 몸이 자신의 길을 가도록 놔둔다. 그리고 우리는 사실 그 몸이 아니므로 그 몸에 일어나는 어떤 일도 우리에게 영향을 미칠 수가 없다. 설사 몸이 찌그러지더라도 그것이 우리에겐 큰 의미가 없을 것이다. 왜냐하면 자신이 몸이 아니라는 것을 너무나 잘 알기 때문이다. 우리는 자신의 영원한 있음을 알고 있고, 그것으로 남아 있다!

그러니 최고의 경지에 오른 사람을 다른 사람들과 구별하기는 어렵다. 그/그녀는 전과 같이 삶 속을 움직인다. 이전에 무엇을 했든지 그것을 계속할 것이다. 하지만 삶을 바라보는 그들의 시선은 완전히 달라져 있다. 그들은 자신의 몸뚱이에는 아무런 관심도 없어서 에고가 전혀 없다. 그들은 자기 자신에게는 관심이 없고 다른 사람들에게 관심을 보낸다. ― 그들은 온 인류에게 관심을 보낸다. 그들이 하는 모든 일에는 에고의 동기가 전혀 없다. 그들의 몸은 평균적인 수명을 살다가 모르는 사람들의 눈에는 다른 몸들과 똑같은 방식으로 소위 사망과 무덤을 거쳐 떠나간다. 그러나 원래 그 몸과 연결되어 있던 존재에게는 이것이 죽음으로 보이지 않는다. 그들은 이 온 세상과 몸을 마치 우리가 꿈속에서 지어내는 장면들과 도시와 세상들처럼, 마음이 지어낸 하나의 환영으로 바라본다. 잠에서 깨면 우리는 그런 것들이 존재하지 않았음을 깨닫는다. 그와 마찬가지로 잠에서 깨어 있는 상태로부터 깨어나면 우리는 이 모든 것이 한 번도 존재한 적이 없는 일장춘몽이었음을 알아차린다. 존재했던 유일한 것은 한계 없고 너무나 완벽하고 전지하고 전능하고 편재하는 절대적 실재, 나의 있음(my Being)이었음을 깨닫는다.

그러니 다시 말하자면, 내가 강조하고자 하는 중요한 것 두 가지 중 첫째는, 가장 높은 차원의 방법은 '나는 무엇인가?' 하는 궁구이다. 고요한 상태에서 이 의문을 품고 있다가 잡생각이 끼어들면 '이 생각은 누구에게 떠올랐는가?' 하고 물어보고, '나에게'라는 답이 떠오르면 '그럼 그 나는 무엇인가?' 하고 물으면 다시 제자리로 돌아간다. 이것을 온전한 답을 얻을 때까지 하는 것이다. 둘째로 중요한 것은 행위자가 아니라 목격자가 되라는 것이다. 이것이 내가 이제까지 이야기해주려고 애썼던 것의 요약이다.

문답

질문자 행위자가 되지 않는다면 계획도 하지 않나요? 아니면 모든 것을 평소와 같이 하나요?

레스터 아뇨. 계획을 하지 않는 것이 올바른 방법입니다. 그저 일이 일어나도록 놔두세요. 일이 그저 흘러가게 놔두면 직관적인 인도를 받게 될 겁니다. 생각으로써 계획을 하지 않아도 당신은 매 순간 완벽한 때에 정확히 올바른 일을 하게 됩니다.

질문자　진정으로 느끼지 않은 채 그런 태도만 취하는 경우도 있습니다. 예컨대 이렇게 말하는 사람도 있죠. "이사 가게 될 때까지 난 그냥 이렇게 누워 있을 거야." 그러는 동안에 집세를 못 내게 되지요.

레스터　그럼 그는 집을 비워줘야죠! 자신이 그런 경지에 있지 않으면서 그런 경지에 있다고 생각하고 있으면 곧 그렇지 않다는 사실을 깨닫게 됩니다. 나는 지금 모든 것이 매 순간 절대적인 조화 속에 있는 더 높은 차원, 완벽한 상태에서 이야기하고 있습니다. 거기서는 결코 생각하지 않고, 매 순간 해야 할 올바른 일이 무엇인지를 내면으로부터 압니다. 순간순간 직관의 인도를 받아서 모든 일이 완벽하게 제자리에 들어맞습니다.

그런데 당신이 그런 경지에 있는 게 아니라면 물론 당신은 생각도 하고, 계획도 세워야만 합니다.

질문자　실제로는 처음에는 아마도 두 가지의 조합이었을 겁니다. 일이 아주 술술 잘 풀리다가는 어느새 궁리를 해야만 하는 어려운 일에 부딪히는 식으로 말입니다.

레스터　바로 그거예요! 가장 높은 경지에서는 앎을 통해 일합니다. 순간순간 그저 알지요. '난 그거 알아!' 하는 느낌입니다. 그저 그런 식으로 느끼고, 거기엔 아무런 생각이 없어요. '알아!' 하는 느낌밖에 없지요.

질문자　나도 그런 경험을 해봐서 알아요. 다시 미끄러져 떨어져서 계획을 세우는데 어떤 때는 그 계획이 내게는 아주 쉽고 빨리 세워지지만 어떤 때는 그것을 실행시키기 위해 단계 단계마다 안간힘으로 발버둥을 쳐야만 하기도 합니다. 그런데도 무슨 일이 일어날지 알지를 못하지요. 또 다른 때는 그저 계획을 세우기만 하면 그것이 어떻게 될지를 알고, 아무런 어려움도 겪지 않습니다.

레스터 당신이 사용하는 그 '안다'는 말이 열쇠입니다. '난 그걸 알아!'라고 할 때 그 말이 어떤 느낌인지를 당신은 압니다. 아무런 의심이 없지요. 티끌만큼도요. 그건 그저 일어납니다. 그게 열쇠입니다. 그것이 앎의 영역입니다. 그것을 늘 만들어내세요. 그게 와서 영원히 머물 때까지 계속 수행하세요. 이것을 얼마나 빨리 성취하느냐는 그것을 열망하는 강도에 달렸습니다. 이 최고의 경지는 열망할수록 더 빨리 찾아옵니다. 결국은 모든 사람이 그것을 성취합니다. 나는 오늘날 지구상에 사는 대부분의 사람들에게는 이것이 아마도 수백만 년이 걸릴 것이라고 확신합니다. 하지만 우리 중에서 누구든지 의식적으로 빠져나갈 길을 찾고 있는 사람은 이번 생애에 그것을 이룰 수 있습니다.

소위 이 신의 은총이라는 것은 언제나 거기에 있습니다. 우리보다 앞서 최고의 경지를 성취한 모든 존재가 완성에 이른 의식을 우리에게 비춰주고 있습니다. 실제로 언제나 엄청난 은총이 우리의 앞길을 열어주고 있습니다. 하지만 그들은 우리에게 그것을 강요할 권리도 없거니와 그러지도 않습니다. 그것을 받기 위해서는 우리가 자신을 열어야만 합니다.

우리에게는 이 은총이 필요합니다. 오늘날 벌어지는 일들을 보면서 비교하자면, 인간은 수준이 낮습니다. 우리는 자신이 한정된 육신이라고 아주 강하게 확신하고 있고, 오랜 세월에 걸친 습관에 의해 육신에 붙어 있으려고 애씁니다. 그러니 몸을 놓아 보내는 것은 쉽지 않습니다. 그리고 그 때문에 우리는 우리의 눈에는 이미 세상을 떠난 — 그들의 눈으로 보면 아직도 여기에 있지만 — 위대한 존재들의 은총이 필요합니다. 그들이 아직도 여기에 있다는 것을 깨달으면 우리는 우리끼리 하는 것과 마찬가지로 그들을 만나서 이야기할 수 있습니다. 그들의 존재를 부분적으로만 받아들인다면 꿈이나 계시에서 만나 이야기할 수 있습니다. 우리가 그들을 만나는 방식은 우리가 그들을 어떻게 받아들이느냐에 달려 있습니다. 우리 중에서 누구든지 — 당신이 나와 그렇게 할 수 있다고 믿듯이 — 예수와 식당에 가서 점심을 같이 먹을 수 있다고 믿는다면 — 그만큼 받아들일 수 있다면 — 그렇게 하게 될 것입니다.

그런데 우리 중의 어떤 사람들은 만일 예수가 육신을 지닌 채방 안에 갑자기 나타난다면 그건 정도가 너무 지나치다고 생각할 겁니다. 그래서 예수는 그렇게 하지 않는 겁니다. 하지만 그가 우리에게 오는 방식은 우리가 그를 얼마만큼 받아들이느냐에 의해 정해집니다. 그는 여기 있는 몇몇 사람들에게 신호를 줬지만 어떤 사람들은 그가 그렇게 했다는 것을 알아차리지 못했습니다. 하지만 우리 중 대부분은 알아차렸지요!

내가 지금 하려는 말은, 위대한 스승들의 도움 앞에 우리가 자신을 열어야만 한다는 것입니다. 예수와 위대한 존재들은 우리 한 사람 한 사람이 자신의 완전함을 알기를 바랍니다. 그들은 그것을 우리에게 강요할 수가 없습니다. 하지만 그들은 언제나 손을 뻗치고 있습니다. 이것을 명심해두는 게 좋습니다. 그러면 자신을 도움 앞에 더 활짝 열어놓게 됩니다.

질문자 어떻게 하면 이 도움을 요청하고 또 받아들일 수 있나요?

레스터 예수가 마치 우리처럼 살아 있어서 우리가 당신을 만나는 것처럼 당신을 만날 수 있다는 것을 받아들여야 합니다. ― 그러면 그 일이 일어날 수 있습니다. 이 사실에 마음을 열어야만 합니다. 도움은 언제나 보내지고 있습니다.

질문자 해야 할 말이나 품어야 할 생각이 있나요?

레스터 예. 하지만 내가 그것을 당신에게 줄 수는 없습니다. 그건 당신에게 달린 문제입니다. 나는 일반적인 원칙만을 말씀드립니다. ― 그를 받아들이는 것에 대해, 그가 어떤 존재인지에 대해. 그가 그리스도다운 풍모를 띠지 않으리라고 예상하지는 마세요. 그렇지 않으니까요. 하지만 그가 매우 겸손한 인간의 모습으로 나타날 수는 있습니다. 그는 편재하므로 어느 순간에든지, 누구 앞에든 나타나서 말을 걸 수 있습니다.

질문자 레스터, 그는 그리스도니까 문간에 선 거지처럼 가장하고 있지는 않겠죠?

레스터 그러지 않습니다. 유일한 가장은 우리가 그에게 입히는 가장입니다. 그는 자신이 그리스도로 인식되기를 원합니다. 그리스도는 그의 이름이 아닙니다. 인간 예수가 그리스도 의식을 지녔던 것입니다. 그리고 우리는 지극히 겸손하고 소박한 그와 그의 의식意識을 받아들여야 합니다. — 그는 할리우드 배우가 아닙니다.

질문자 겸손을 정의해주시겠습니까?

레스터 예. 가장 큰 겸손은 자신을 내맡기는 것입니다. 그것은 에고를 내맡기는 것입니다. 분리된 개인이라는 느낌 말입니다. 내가 아니라 당신, 내가 아니라 아버지께서 역사하시는 겁니다. 내가 하는 모든 일은 신의 역사입니다. 나는 행위자가 아닙니다.

질문자 한 개인인 당신이 자신을 내맡겨버리면 상대방은 어떻게 됩니까? 전에도 이런 말을 했던 것 같은데요. 우리는 상대방을 자기 자신으로 여기고 그를 마치 나 자신처럼 대접해야 한다고요. 이 상대방은 누구입니까?

레스터 지금 당신이 서 있는 자리에서는 상대방이 당신에 대해 염려할 필요가 없습니다. 우리가 염려해야 할 유일한 것은 우리가 하는 행위입니다. 나에게는 당신이 나를 대하는 태도가 중요하지 않습니다. 당신이 나를 뼛속까지 미워할 수도 있습니다. 하지만 당신을 대하는 나의 태도야말로 지극히 중요합니다. 당신이 나를 미워하는 동안에도 나는 당신을 온전히, 완전히 사랑해야 합니다. 그러면 당신도 그 질문의 답을 이해하게 될 것이고 오직 하나인 그것만을 보게 될 것입니다. 당신이 저만치 떨어져 나가서 여기, 하나인 그것 안에 무슨 일이 생겼느냐고 묻는다면 그것은 적절한 질문이 아닙니다.

사랑할 때, 오직 사랑만 할 때 우리는 우주에서 가장 강력한 권능을 쓰고 있는 것입니다. 누구도 어떤 것도 우리를 해할 수 없습니다. 오로지 사랑하고 아무런 미움도 품지 않는다면 우리는 결코 상처받거나 불행해질 수가 없습니다. 온전하고 완전하고 신성한 그런 의미의 사랑을 하면 결코 해를 입을 수가 없습니다. 티끌만큼의 미움도 들어 있지 않은 그런 사랑 말입니다. 그것은 원수를 사랑하여 다른 쪽 뺨을 돌려 대주는 그런 사랑입니다. 그것이 필요합니다.

질문자 사랑은 이해하는 것인가요?

레스터 상대방을 온전히 사랑할 때 그를 온전히 이해하게 됩니다. 사랑은 이해하는 것입니다. 그것은 상대방과 하나가 되는 것, 상대방이 되는 것입니다. 한 단계 내려와서, 사랑은 상대방이 가지기 원하는 것을 가지게 되기를 소망하는 것입니다. 상대방이 원하는 방식으로 그를 사랑하는 것입니다.

질문자 그럼 누가 우리의 적인가요?

레스터 사실 우리에겐 오직 하나의 적밖에 없고, 그것은 우리 자신입니다. 아무도 우리에게 어떤 짓도 못하고, 아무도 우리를 위해 어떤 일도 해줄 수 없습니다. 언젠가는 당신도 이것을 깨닫게 될 겁니다. — 우리에게 일어나는 모든 일은 우리가 자신의 의식 속에서 결정한다는 것 말입니다.

질문자 그렇다면 틀린 것은 우리 자신에 대한 우리의 생각이군요.

레스터 맞습니다. 그리고 그 생각을 바로잡을 수 있지요!

질문자 이해라고 말할 때 당신은 논리적 의미의 이해를 말하는 건가요, 아니면 상대방의 잘잘못을 따지지 않고 그저 받아들이는 것을 말하는 건가요? 있는 그대로의 상대방을 그저 전적으로 받아들이는 것 말입니다.

레스터 전적으로 받아들이는 것입니다. 하지만 진정한 이해는 세상과 우주의 실체가 무엇인지에 대한 앎을 요구합니다. 누군가가 잘못을 하고 있는 것을 보면 우리는 그것이 그릇 인도된 신적 존재라는 것을 알아야 합니다. 그는 엉뚱한 곳에서 신을 찾고 있는 것입니다. 아시겠나요? 이것이 이해입니다.

질문자 그 신이란 그의 마음속에서는 곧 행복이겠네요, 맞나요?

레스터 예. 그는 자신이 보는 그런 행복을 찾고 있는 것입니다. 히틀러조차도 자신의 마음속에서는 옳은 일을 하고 있는 것입니다. 그러니 그는 미움을 받아서는 안 되고 사랑을 받아야 합니다. 그가 자신의 진정한 본성이 되기를 빌어주어야 합니다. 하지만 그것이 곧 그가 꾸민 짓을 인정해준다는 뜻은 아닙니다. 우리가 그의 짓을 인정해주든 말든 그것과는 상관없이 사랑과 미움은 각각 별개의 일입니다. 그러니 우리는 모든 사람을 사랑하고, 그들을 그릇 인도된 존재로 바라보고 그들의 무지를 용서합니다. 그들은 아이들과 같습니다. ― 그릇 인도된 아이들 말입니다. 그리스도가 그랬던 것처럼 모든 사람을 똑같이 사랑하는 최고의 경지를 성취하세요!

아무것이 아니라 모든 것이 되세요. 모든 것이 되면 아무것도 필요하지 않습니다. 욕망은 결핍이고 분리의식입니다. 결핍감이 모든 문제의 근원입니다.

변함없는 행복의 열쇠

당신의 자유

이제 당신에게 변함없는 행복을 유지시켜줄 열쇠를 주겠다. 이
것을 일찌감치 하지 않았던 것은 그 전에 기초작업이 좀 필요했
기 때문이다. 당신도 물질에 대해 약간의 경험을 해보아야 했고.
게다가 나의 말을 그저 받아들여서 무임승차를 했다면 여러분
은 그것으로 다 됐다고 생각했을 것이다. 그러면 바람직하지 않
은 의존관계가 형성된다. 오직 당신 자신만이 무엇이든 스스로
원하는 모든 것을 할 수 있다. 스스로 뜻하거나 소망하는 것이
라면 당신은 무엇이든지 가질 수 있고, 될 수 있고, 할 수 있다.
스스로 하는 것이 훨씬, 훨씬 더 좋으니 기댈 누군가가 필요하
다는 생각은 부디 하지 말기 바란다. 대부분의 사람들이 이 새

로 발견된 행복을 유지시킬 방법을 알고 싶어한다는 것을 알고 있다. 여기 그 이해의 열쇠가 있다. 당신이 영속하는 행복을 일궈내도록 도와주겠다.

열쇠

열쇠는 이것이다. — 행복이 무엇인지를 진정으로 알면 그것을 확고히 정착시킬 수 있다. 그러면 그 행복이 늘 머물러 있게 될 때까지 그것을 계속 붙들어놓을 수 있다. 단지 열쇠는, 행복이란 것이 무엇인지를 아는 것이다. 그것의 실체를 알고 나면 더 이상 엉뚱한 곳에서 헤매지 않고 그것이 있는 곳에서 행복을 찾게 된다. 엉뚱한 곳에서 행복을 찾는 것이 당신을 있음(beingness)으로부터 추락하게 한다. 이 설명에 의문이 있는가? 열쇠는 행복이 무엇인지를 아는 것이다. 그래야만 그것이 있는 곳으로 곧장 찾아갈 수 있으니까. 행복이 무엇인지를 깨닫지 못하는 것이 행복에 영구적으로 머물지 못하게 만든다. 그러니 이 행복의 정체를 제대로 알면 슬프거나 우울해질 때마다 올바른 방향으로 주의를 돌려서 행복을 확실히 다질 수 있다.

자, 행복이란 대체 무엇일까? 대부분의 사람들은 즐거움이 곧 행복이라고 말한다. 하지만 대부분의 사람들에게 즐거움이란 고통으로부터의 도피이다! 대부분의 사람들은 사람들과 어울리거나 오락을 통해 고통에서 잠시 벗어났을 때 행복하다고 말한다. 하지만 이것은 단지 일시적 도피에 불과하다! 그들은 혼자서는 자기만의 생각으로는 행복해질 수 없으니까 영화관으로, 나이트클럽으로, 친구의 집으로 도망가거나 그저 뭔가를 계속한다. 그래야만 제 안의 생각들을 대면하지 않아도 되니까 말이다. 마음이 자신의 생각으로부터 벗어나면 기분이 좀 나아지고, 그들은 이것을 즐겁다고 하고, 행복이라고 한다. 여러 면에서 모든 오락과 유흥은 도피이다! 행복한 사람에게는 아무런 오락도, 사교도 필요치 않다. 그는 늘 만족한다.

하지만 자유로워져서 선택을 할 수 있게 되면 여러분은 이전보다 훨씬 더 농도 짙게 오락을 즐길 수 있다. 이젠 오락에 대한 허기와 욕구에서 벗어나 있기 때문이다.

내가 지금 이야기하고 있는 행복은 불행으로부터의 도피 행위가 아니다. 그것은 자신의 진정한 자아가 되는 데서 오는 기쁨이다. 자신의 참자아가 되어 있을수록 우리는 더 깊은 기쁨을 느낀다. 세상이 주는 감각적 즐거움은 여러분이 어울리고 있는 사람들이나 어떤 물건으로부터 얻어지는 것이 아니다. 그것은 상대방의 인정이나 물건에 대한 소유권을 얻고 싶어하던 생각이 만족되고 잠잠해질 때 찾아오는 기분이다. 그런 생각이 잦아들면 자신의 참자아의 느낌이 돌아오고, 그래서 더 행복한 느낌이 드는 것이다. 마음이 고요해질수록 더 '그저 있을' 수 있게 된다. 자신의 참자아를 더 받아들일수록 기쁨도 더 깊어진다!

이것이 당신이 직접 경험해보아야 할 일이다. — 마음이 고요해질수록 더 행복해진다는 사실 말이다. 이것을 여러 가지로 시도해보면 좋다. 이 사실을 발견해낼 때까지 실험을 해보라. 어떤 종류의 기쁨이든 간에 그것은 언제나 마음이 고요해진 결과이다. 그때 행복을 느끼는 것이다. 이것을 깨달을 때 사물이나 사람을 행복의 원천으로 여기기를 그만두게 된다. 당신은 기쁨이란 모름지기 자신의 참자아로서 머물러 있는 데서 나온다는 것을 깨닫기 시작한다. 이것을 깨닫고 나면 더 이상 엉뚱한 곳에서 기쁨을 구하지 않게 될 것이다. 당장 모든 것을 놓아 보내고 그저 있게 될 것이다. 행복해지기 위해 누구도, 무엇도 필요하지 않은 그런 경지에 마침내 이르는 것이다. 당신은 그저 행복하다. 언제나!

자신의 심안으로 보든지 어쩌든지 간에, 우선은 이 모든 것을 지적으로 이해해야 하고, 그다음엔 실험으로 검증해야 한다. 그래야 그것이 정말 그런지를 알게 된다. 행복을 느낄 때마다 마음이 고요하고 편안한 상태에 있다는 사실, 그리고 사람이나 사물의 덕분이라고 여겼던 것이 실은 당신의 내면에서 일어나는 어떤 작용의 덕분이었다는 사실 말이다. 마음을 고요히 침묵시킬수록 진정한 자신으로서 머물러 있게 된다. 이것을 깨닫고 나면 더 이상 불행의 수렁에 빠지지 않게 된다. 불행을 느낄 때마다 어디로 가면 행복을 되찾을 수 있는지를 알고 있으니까.

문답

질문자 자신의 내면 말이죠?

레스터 예, 하지만 먼저 행복은 외부의 사람이나 물건에서 오는 것이 아니라 그 사람이나 물건을 욕망하는 생각을 침묵시키는 데서 온다는 것을 알아야 합니다. 그래야만 내면으로 들어가서 그저 자신의 진정한 자아로서 있을 수 있게 — 그냥 있을 수 있게 — 되지요. 마음이 외부에 있는 것에 가 있으면 당신은 그저 있는 것이 아닙니다. 외부의 것에 붙들려 있는 거지요. 나는 열쇠는 그저 그 사실을 아는 데 있다고 말하고 있습니다. — 당신이 느끼는 행복은 욕망을 만족시킴으로써 마음이 고요해지고, 그러면 대상을 갈구하는 생각이 잠잠해져서 '그저 있을' 수 있게 될 때 오는 것이라는 사실을 말입니다. 마음속에서 그것을 실제로 깨달으면 그것을 우회하지 않고 단도직입적으로 할 수 있습니다. (사람이나 사물을 얻지 않고도 그것을 갈구하는 생각을 놓아 보낼 수 있고, 그러면 즉석에서 행복해집니다!) 행복이 실제로 있는 곳 — 바깥이 아니라 당신의 내면 — 을 향해서 가는 것이 중요합니다. 이렇게 하면 지속적으로 행복한 상태를 정착시킬 수 있습니다.

질문자 저는 이것을 전에도 들었는데 받아들이지 않았어요.

레스터 괜찮아요. 전에는 그게 그저 지적인 수준에서 그쳤거나 당신이 못 알아들었겠지요. 그래서 이번에 들으니 처음 듣는 것처럼 새로운 거지요. 하지만 난 내가 언제나 똑같은 말을 계속 반복하고 또 반복하고 있는 것처럼 느껴요. 이런 측면에서, 저런 측면에서, 아니면 또 다른 측면에서. 하지만 그건 언제나 같은 얘기입니다. 그러나 그것도 당신이 자신의 마음의 눈으로 보기 전까지는, 그것을 알아차리고 깨닫기 전까지는 아무런 의미도 없습니다.

질문자 이건 마치 자동차도 집도, 아내나 애인도, 아무것도 갖고 싶어하지 말고 아무것도 되지 말라고 말하는 것처럼 들리는데요.

레스터 다 맞는데 마지막 말만 틀렸어요. 아무것도 되지 않는 것이 아니라 모든 것이 되는 겁니다. 모든 것이 되면 아무것도 필요하지 않게 됩니다. 욕망은 결핍이고, 분리의식입니다. 모든 문제의 근원이지요. 당신이 모든 것, 만유라면 아무것도 필요하지 않습니다. 그러니까 다 맞는데 마지막 말만 틀린 겁니다. 아시겠어요? 그것만 뒤집어놓으면 됩니다.

질문자 모든 것이 된다면 우리는 아내가 되고 세상이 되고 모든 것이 됩니다. 자신을 분리시켜놓지 말고 상대방이 되라는 건가요?

레스터 예. 그리고 그거야말로 그 어떤 기분보다도 좋은 기분입니다! 상대방이 됐을 때 — 그건 최고의 기분이지요. 분리감을 놓아 보내면 그 상태야말로 최고의 사랑입니다. 달리 말하자면 당신은 그녀가 접시를 깬 것이 아니라 우리가 깼다고 느낍니다. 그녀가 옷을 사느라 돈을 쓴 게 아니라 우리가 썼다고 느낍니다. 이것이 최고의 사랑입니다.

질문자 내가 자동차가 된다. 그러면 자동차를 갖고 싶어하지 않게 된다. 아니면 내가 모든 것이 된다. 내가…

레스터 자, 자, 그건 당신이 스스로 해봐야 하는 겁니다. 당신이 모든 것이 되고 아무것도 필요하지 않다고 느낄 때, 무엇을 잠시 머릿속에 떠올리기만 해도 그것이 금방 당신 앞에 나타난다는 사실을 직접 깨달아봐야 합니다.

질문자 욕망이란 '난 그게 없어!'라는 생각인가요?

레스터 맞아요! 당신은 결핍감을 인위적으로 만들어내고 있는 겁니다. '난 그게 없어'라고 말할 때 당신은 거짓을 창조하고 있습니다. 욕망은 '나는 가지고 있지 않다'는 느낌을 일으킵니다. 그러면 이것이 가지고 있지 않은 현실을 만들어냅니다! 욕망을 놓아 보내고 '나는 가지고 있다'고 느끼세요. 그러면 이것이 그것을 당신에게로 가져다줍니다.

질문자 내가 마치 소설을 쓰고 있는 것처럼 세상을 바라보면서 나는 이 등장인물들이라고 말하면, 나는 나의 스토리 속에서 내가 창조해내고 있는 이 모든 생물이 되겠죠. 그런데 바로 지금 내가 살고 있는 방식이 바로 이런 식이에요. 안 그런가요? 내가 나 자신의 어려움을 만들어냅니다. — 내가 이런 스토리를 쓰고 있는 거지요. 그러는 대신에 '나는 권능이다'라고 말해야 한다는 건데, 왜 한계 같은 걸 만들어낼까요? 그런 건 필요 없으니 그런 창조일랑 관두겠어요. 하지만 창조하지 않으면 무엇을 가지죠?

레스터 창조하지 않으면 당신은 무엇을 가지고 있나요? 진정으로 원하는 모든 것 — 당신의 순수한 있음을 가집니다.

질문자 나는 평화를 가집니다.
레스터 예. 당신은 만유입니다. — 모든 것이 당신 안에 있습니다. 그렇게 느끼면 당신은 완전한 평화 속에 있게 됩니다.

질문자 전화벨이 울리기 전까지만요. — 전화벨이 울리면 저는 곧장 습관으로 돌아가요.
레스터 그까짓 전화벨 소리가 당신을 그렇게 돌려놓도록 허용하지 마세요.
다시 말하지만 각자가 이것을 스스로, 직접 깨달아야만 해요. 하지만 그러고 나면 행복은 영구적인 것이 될 수 있습니다. 왜냐하면 그러면 당신은 행복을 엉뚱한 곳에서 찾지 않고 있는 곳에서 찾아낼 것이기 때문입니다. 사람이나 사물에는 행복이 없습니다. 행복은 우리 자신의 본성입니다. 행복은 바로 우리 자신의 존재 자체입니다. 그저 있기만 하면 우리는 무한히 행복합니다. 그래요. 오로지 있기만 할 때, 다른 건 아무것도 하지 않을 때, 우리는 무한히 행복합니다!

질문자 달리 말하면, 온갖 물건을 다 갖고 있더라도, 예컨대 자동차를 가지고 있더라도 그것을 이용하기만 하지 거기서 기쁨을 느끼기 위해 그것에 집착하지는 말아야겠군요. 왜냐하면 자동차에 집착하면 그 집착이 어떻게든 나를 구속해서 내가 책임져야 할 일이 생기게 만드니까요.

레스터 그렇습니다. 집착이 클수록 불행도 커집니다. (마찬가지로 저항이 클수록 불행도 커집니다.) 무엇에든 집착하면 자유롭지 않습니다. 물건을 가지되 집착하지 않을 수 있습니다. 집착하면 어김없이 자신을 불행의 구덩이 속으로 밀어 넣게 됩니다.

질문자 그러니까 있음의 상태에 있을 때, 그건 에테르 차원에서 둥둥 떠다니는 그런 상태가 아니라 실상을 알기 때문에 에고가 짊어지게 시키는 온갖 습관을 따라다닐 필요가 없게 된 그런 상태라는 거죠?

레스터 예. 그건 영원불변한 존재인 자신을 아는 것입니다. 그러면 이 세상이 당신을 건드릴 수가 없게 됩니다. 당신은 그것이 허구이고 꿈임을 압니다. 당신은 그것을 그저 지켜봅니다. 삶속을 집착도 저항도 없이 지나가는 거지요. 그러면 어떤 사람도 어떤 사물도 당신을 동요시키지 못하고, 당신은 변함없는 무한한 평화와 기쁨 속에 머뭅니다.

질문자 제가 이것을 사람들에게 설명해주려고 하면 그들은, 그러면 자신이 그림자나, 눈에 보이지 않게 사라지는 뭔가로 변해버릴 걸로 생각해요.

레스터 세상 속에서 살고 있는 온전히 깨달은 사람과 그렇지 않은 사람 사이의 유일한 차이는 만사를 바라보는 관점뿐입니다. 깨닫지 못한 사람은 한계에 둘러싸인 하나의 몸과 마음에 자신을 동일시합니다. 깨달은 사람은 모든 것, 모든 존재, 모든 원자와 자신을 동일시하고 그것을 모두 자신의 참자아로 인식합니다. 그는 만물 속의 있음을 자신의 있음으로 인식합니다.

질문자 그래서 일어나는 모든 일로부터 기쁨을 얻는가요?

레스터 아닙니다. 당신의 본성 자체가 기쁨입니다. 일어나는 모든 일에서 기쁨을 얻는 게 아니라 당신의 본성 자체가 무한한 기쁨입니다. 그게 당신 본연의 상태입니다! 그것을 어디서 얻을 필요가 없어요!

질문자 그래서 영구히 기쁨의 상태에 있는 것이로군요.

레스터 예. 당신이 그것을 사람이나 사물에다 묶어놓지 않는 한은요. 그건 항상 거기에 있습니다. 하지만 무엇을 하거나 가지지 않으면 기쁨이 없다고 한다면 당신은 자신의 기쁨을 한정시키는 것입니다. 본연의 상태는 무한한 기쁨입니다. 이것이 진정한 본성의 상태입니다. 본연의 상태는 무한입니다. 그런데 우리가 거기에 이 모든 제약과 필요와 집착과 저항의 관념들을 들씌워놓지요. 무한한 기쁨인 그것에다가요. 한 사람이 절대적으로 아무것도 하지 않는다면 그는 이 무한한 있음이 될 것입니다. 그러면 그는 오직 지켜보는 자가 됩니다.

질문자 하지만 그러면서도 열심히 일할 수 있겠지요?

레스터 오, 그럼요. 다른 사람들과 똑같이 삶을 살 수 있습니다.

질문자 다른 건 태도지요.

레스터 맞습니다. — 사물을 바라보는 방식이 다르지요. 자신을 행위자가 아니라 목격자로 여기지요.

질문자 거기에 있지만 거기서 뭔가 떨어져 있지요. 그건 때로 아주 기이한 느낌이 들어요.

레스터 멋진 느낌 아닌가요? 익숙하지 않아서 기이하게 느껴지는 거예요. 익숙해지면 기이하기는커녕 너무나 좋지요!

질문자 레스터, 이건 정말 쉬운 일인데 우리가 어렵게 만들고 있는 건가요?

레스터 예. 맞아요! 스스로 자신을 한계 속에 가둬두는 것이 어려움의 전부입니다. 당신은 한계 위에 또 한계를 들씌워놓고, 생각으로 그것을 붙들고 있지요. 당신의 어려움은 거기에 있어요.

모든 생각을 놓아 보내야 합니다. 모든 생각은 한계를 내포하고 있어요. 생각을 다 내려놓으면 남는 건 무한한 행복 속에 있는 당신, 당신의 있음입니다. 그러면 당신은 자신이 무한한 행복 속에 있는 무한한 있음임을 아는 것이 자신이 남자인지 여자인지를 아는 것만큼이나 쉽다는 사실을 깨닫게 될 겁니다.

몸

자동차를 가지고 있다고 해서 '나는 자동차다'라고 말하지는 않는다. 그런데 몸을 가지고 있다고 해서 왜 '나는 몸이다'라고 말하는 걸까?

우리는 왜 이 몸을 필요로 할까? 우리가 무한한 존재라면 왜 몸이 필요한 걸까? 몸속에 태어난다는 것 자체가 우리가 자신이 무한한 존재라는 사실에 무지함을 보여준다고 할 수 있을까? 그것이 실제 상황을 폭로하고 있는 걸까? 다음 생각들을 읽으며 반추해보는 동안에 이런 점들을 생각해보면 좋을 것이다. 앞의 장들에서와 마찬가지로 분석하지 말고 그저 받아들이라.

몸은 우리가 가진 가장 큰 족쇄요 감옥이며, 우리가 가는 길을 우리 스스로 막아 놓은 가장 큰 장애물이다.

모든 어려움을 벗어나는 유일한 길은 당신이 몸이 아님을 아는 것이다.

우리는 자신이 몸이 아님을 깨우치기 위해 몸이 되어서 이 세상에 왔다.

우리가 수천 년 동안 길들어온 가장 나쁜 습관은 자신이 이 몸이라고 믿는 것이다.

몸은 동작이 굼뜬 기계다. — 그게 그것의 전부이다.

몸으로서 살아남고자 하는 욕망이 우리의 모든 이상행동의 근원이다. 모든 사람이 인정(사랑)을 받고 싶어서 발버둥치고 그 것을 얻기 위해 거의 모든 노력을 허비한다. 유아기와 아동기를 지나면서 우리는 부모님이 우리를 인정하지 않으면 우리를 돌 봐주지 않을 것이고 그러면 죽게 되리라고 믿었다. 그래서 우리 는 부모님으로부터 그 인정을 받기 위해서 자신의 소망과 욕망 을 억누르면서 왜곡된 이상행동의 습관을 길러왔다. 그것은 생 존을 의미했다. 그 습관은 엄청난 억압을 통해 우리 삶의 바로 첫날과 첫 기간에 형성된 것으로 잠재의식 속에 너무나 깊이 각 인되어 있어서 그것을 지금 다시 열어서 의식적으로 살펴보기 가 지극히 힘들다. 그러나 자신이 몸이 아님을 알고 나면 이 모 든 행태는 사라져버린다.

당신은 몸이 없으면 당신도 없어질까봐 두려워한다.

모든 두려움은 직접적이건 간접적이건 몸의 죽음에 대한 두 려움이다.

당신은 무한하다. 이 사실에는 복잡한 문제가 하나도 없지만 몸이 되어 있는 습관이 너무나 강력하게 압도해서 당신이 참자 아로서 존재하는 것을 복잡하게 만든다.

불행이라는 덩어리는 모두가 육신에 연루되어 있다. 행복이라는 덩어리는 곧 본연의 당신인 참자아로서 있는 것이다. 행복은 정확히 바로 당신 자신이다. 불행은 정확히 당신이 아닌 것이다. 본연의 상태가 행복이다. 인위적으로 스스로 들씌워놓은 상태가 불행이다. 몸이 진짜라고, 혹은 참자아가 진짜라고 말하는 것 ― 이것이야말로 일생일대의 선택이다.

몸에 얼마나 집착해 있는가가 당신이 불행에 얼마나 집착해 있는지를 그대로 보여준다.

탄생의 순간부터 사망에 이르기까지, 이 몸은 죽어가고 있는 기계에 지나지 않는다.

자동차를 가지고 있다고 해서 '나는 자동차다'라고 말하지 않는다. 그런데 몸을 가지고 있다고 해서 왜 '나는 몸이다'라고 말하는가?

잠은 비육체적 존재의 낙이다.

우리는 실제로, 깊은 잠에 빠져 있을 때 몸을 내려놓았다가 아침에 깨어날 때 재창조해낸다.

죽은 후에는 새로운 몸을 껴입고, 잠에서 깬 후에는 동일한 몸을 껴입는다는 것 외에는 잠과 죽음 사이에 아무런 차이가 없다. 몸이 잠들었다 깨어나는 시간은 짧고, 죽었다가 다시 태어나는 시간은 길다.

자신이 몸이라는 그릇된 믿음이 욕망과 저항의 근원이다.

몸에다 주의를 너무 많이 쏟지 말아야 한다. 몸이 필요로 하는 주의만 주고 그 이상은 주지 말라. 집착 없이 주의를 주라.

인체가 지닌 극도의 제약 때문에 자유의 대가는 크다. 그것은 성장을 위한 가장 큰 자극을 제공해준다.

몸을 완벽하게 만들고 육체의식 속에서 사는 것은 완벽하지 못한 몸으로 참자아의 의식 속에서 사는 것보다 높지 않다.

몸은 아파도 그것과 동일시하지 않는 것이 더 높은 경지이다. 일부 스승들이 그렇게 하는 이유도 이 때문이다. 그들은 약한 몸이나 아픈 몸으로 평생을 살지만 변함없이 평화롭고 평정한 상태를 유지한다. 그리고 그들은 그런 상태를 환영한다. 왜냐하면 그것은 자신이 몸이 아님을 끊임없이 일깨워주는 좋은 도구이기 때문이다.

몸의 아픔이 병이 아니라 몸이 병이다.

완벽한 몸은 불완전한 몸만큼이나 쉽게 사람을 구속할 수 있다.

자신이 몸이 아님을 안다면 당신은 마음도 아니다. ― 그러니 그것이 상처를 받은들 어떻겠는가?

몸은 그저 하나의 생각이다. 몸에 관련된 모든 것도 하나의 생각이다.

몸의 모든 기능은 무의식적인 기능이 되기 전의 언젠가는 의식적으로 작동시켜야 했었다.

사람들은 자신이 자신의 몸을 통째로 운영하고 있다는 사실을 모른다. 우리의 잠재의식은 오늘날 의식이 알고 있는 모든 화학작용보다 더 많은 화학지식을 보유하고 있다.

마음은 몸의 신경계의 배전반이다.

몸은 우리가 작동하는 로봇에 지나지 않는다. 우리는 그것을 창조해놓고 '저것이 나야'라고 말한다.

이 몸을 자신과 동일시하는 것은 영화 스크린 위의 몸을 자신과 동일시하는 것만큼이나 말이 안 된다.

'나'와 '나의 것'이 이 몸과 소유물들에다 우리를 묶어놓는 밧줄이다.

어떤 이들은 몸에는 전혀 신경을 쓰지 않으면서도 몸에 매우 집착한다. 중요한 것은 몸을 대하는 우리의 태도이다.

몸을 신으로 여긴다면 그것이 과대망상이다.

당신이 몸이라고 생각한다면 몸을 완벽하게 만들라. 자신이 참자아라고 생각한다면 몸은 아무래도 상관없다.

몸은 고통과 동의어이고 참자아는 무한한 기쁨과 동의어이다.

'나는 몸이다'는 무지이다. '몸은 자아와 별개가 아니다'는 앎이다.

몸은 우리가 가질 수 있는 가장 하찮은 것 중 하나이다.

모든 문제는 몸이 되기를 원하는 데서부터 출발한다.

몸은 마음의 소산으로, 인과의 법칙에 따라 작동한다.

몸을 떠날 때 우리는 언제나 떠나겠다는 결정을 내리고 떠난다.

불행은 오로지 몸과의 동일시에서 비롯된다.

몸에게 받아야 할 것을 주고 건강을 유지시키라, 그런 다음엔 잊어버리라.

가장 건강한 음식은 식물의 꽃에서 나온 과일과 채소이다. 가장 불건강한 음식은 고기이다.

조리는 음식의 활력과 생기를 죽인다. 과일과 채소는 조리하지 말고 먹어야 한다.

운동은 좋다고 믿으면 좋다.

운동의 가장 좋은 방법은 근육이 긴장되고 이완될 때 우주의 에너지가 몸을 드나드는 것을 보는 것이다.

모든 몸들을 자신의 몸으로 바라보아야 한다.

당신은 자신이 몸이라고 너무나 확신한 나머지 거기서 눈을 돌리지 않는다. 그래서 당신은 자신의 참자아로부터 눈을 돌려 버린다.

어떤 몸을 입고 있든 상관없이 우리는 자아를 자신으로 느낀다.

오로지 자신이 몸이 아님을 알 때, 당신은 자유롭다.

불멸을 원한다면 몸에 집착하지 말라.

자신이 몸이 아님을 알면 몸에 어떤 일이 일어나든지 상관없다. 몸이 되면 영원히 불행에 빠져 헤맨다. 참자아가 되면 영원히 평화 속에 거한다.

실상을 깨달으면 몸은 구속복과도 같다.

당신은 자신이 몸일 뿐이며 오직 몸을 통해서만 어딘가에 있을 수 있다는 관념을 갖고 있다. 그것은 참이 아니다. 실상을 깨달으면 당신은 지금 이 순간 모든 곳에서 일어나고 있는 모든 일을 보게 된다.

자신이 분리된 개인이 아니라는 사실을 깨달으면 당신은 육체와 아스트랄체와 근원체를 초월한다. 분리된 개인이라는 생각이 신체를 만들어낸다. 자신의 개체성을 하나인 있음(one Being)으로 바라보아야 한다.

자신의 본성을 깨닫는 과정에서 당신은 모든 몸들을 자신의 몸들로 인식하게 된다.

기이한 일이 일어난다. ― 당신은 모든 존재가 된다. 당신은 한 몸으로 있기를 포기하고 모든 몸들이 된다. 그러나 그 몸들은 지금 당신에게 보이는 방식과는 다르게 보인다. 그것은 꿈속의 사물의 재질과 같이 물러 보인다.

몸이 하는 어떤 행위도 당신이 자신의 참자아로 머물러 있는 것을 방해하지 못하게 해야 한다.

우리는 몸이라 불리는 이 극도로 한정된, 쓰레기만 만들어내는 탈것과 자신을 동일시하지 않는 삶을 살아야 한다. 몸은 기쁨을 차단할 뿐이다. 사실 기쁨은 자신의 참자아를 경험하는 데서 오는 것인데도 우리는 그것이 몸에서 비롯된다고 여기기 때문이다. 우리는 몸으로서가 아니라 그것을 지켜보는 자로서 살아야 한다.

몸과 세상을 실재로 받아들이는 한 신을 발견하는 것은 불가능하다. 무한한 참자아로 있을 때, 당신은 몸을 보지 않고 그 안의 있음만을 본다.

몸이 되지 않는 것이 맨 첫 단계이다. 몸이 되려고 애쓰는 한 당신은 실상을 목격할 기회가 없다. 왜냐하면 실상은 당신이 무한하다는 것인데, 몸은 무한의 반대극에 있기 때문이다. 돌이 되고 싶지 않다면, 육신이야말로 당신이 될 수 있는 가장 한정된 것이다.

'나는 몸이다'라고 말하는 것은 곧 '나는 한계 없는 참자아가 아니다. 나는 한정된 육신이다'라고 말하는 것과 같다.

자신을 몸과 동일시해보라. 그러면 몸을 둘러싼 극도의 한계가 당신 것이 된다. 자신을 참자아와 동일시해보라. 그러면 당신은 한계 없이 모든 몸, 모든 사물, 모든 앎과 권능이 되어 완전한 자유를 누린다!

몸이 되지 말라. 세상은 하나의 꿈, 하나의 아름답고 완벽한 꿈이다.

육체와 아스트랄체와 근원체가 있다. 자신의 실체를 알면 당신은 이 모든 몸들을 놓아 보낸다. 자신이 몸이라는 생각을 놓아 보내면 당신은 단숨에 꼭대기까지 간다. 이 육체의 차원이야말로 가장 위대한 차원계이다. 왜냐하면 이 속에서 우리는 모든 차원계를 초월하여 자유를 찾을 수 있기 때문이다!

우리는 몸과 동일시하든지 자신의 무한한 참자아와 동일시를 하든지 선택의 자유를 가지고 있다. 몸이 그토록 멋지다고 생각한다면 참자아를 깨달은 후에 똑같이 생긴 완벽한 몸을 무수히 만들어낼 수 있다!

몸을 버리라, 그러면 죽음을 버리게 될 것이다!

책임: 우리의 주권

'내가 뭘 했기에 이런 일이 일어난 거지? 하고 자문함으로써 정직한 자기성찰의 습관을 기르라.

우리는 제 안에 잠재된 지배력을 자각하지 못하고, 인간을 제 멋대로 지배하고 있는 세상 속에서 자신은 한갓 노리개에 지나지 않는다는 전도된 망상에 빠져 있지만, 그렇지 않다! 우리는 자신의 권능을 외부세계에 넘겨줌으로써 지금 일어나고 있는 일들이 생기게 만들었다. 지배력을 되찾고 싶다면 우리는 이제 부터 모든 것을 책임져야만 한다.

어떻게 하면 그 지배력을 되찾을 수 있을까? 당신의 사고방식을 점검해보고 바로잡으라. '내가 뭘 했기에 이런 일이 일어난 거지?' 하고 자문함으로써 정직한 자기성찰의 습관을 기르라. 그 일이 일어나게 한 생각이 잠재의식으로부터 의식 차원으로 떠오를 때까지 이 질문을 품고 있으라. 그러면 당신은 자신이 바로 그 즐겁거나 괴로운 경험을 일으킨 장본인임을 깨닫고 자신의 주권을 되찾는다. 이것은 자꾸 할수록 더 쉬워지고, 그럴수록 더 많은 주권을 되찾게 되어 마침내는 자신이 언제나 주인이었다는 사실을 깨닫게 된다.

문답

질문자 내가 나 자신의 장애물이라고 하셨는데, 다른 사람들은 나에게 영향을 미치지 않나요?

레스터 당신이 다른 사람들의 말에 휘둘린다면 그것은 그들이 그런 말을 했기 때문이 아니라 당신이 그렇게 휘둘리기를 원하고 있기 때문입니다.

질문자 그들이 나보다 더 잘 안다고 생각하니까요.

레스터 당신은 모든 것을 알고 있습니다. 성장하고자 한다면 최소한 이것을 기본 전제로 받아들여야만 합니다.

질문자 글쎄요, 나의 한 부분이 모든 것을 알고 있다는 것을 받아들일 수는 있지만 그 부분이 작동을 하고 있는 것 같지는 않아요. 저의 외부세계가 삐거덕거리는 걸 보면요.

레스터 작동을 하고 있는 것 같지 않다고요? 당신의 그 부분을 당신이 작동시켜야 하지 않나요? 자신이 어떻게 말하고 있는지를 보세요! 그건 당신이 작동시키는 것이라고요. 당신이 자신의 본성인 전지全知한 능력을 사용하지 않기로 한 겁니다. 당신은 '난 한정된 이 몸과 마음이야'라고 하면서 자신의 전지함에 대해서는 무지하기를 스스로 택한 것입니다. 그건 당신이 선택한 일이에요. 자신의 참자아와 동일시하기로 마음먹기만 하면 당신은 자신이 언제나 전지했고, 지금도 전지하며, 언제나 전지할 것임을 깨달을 겁니다. 그리고 다시는 자신이 전지하지 않다고 말하지 않을 겁니다.

질문자 제가 정말로 그것을 선택할 수 있다고요?

레스터 예. 그럴 수 있을 뿐만 아니라, 언젠가는 그렇게 될 것입니다. 스스로 자신에게 지워놓은 이 모든 한정과 속박에 넌더리가 나면 당신은 그러기로 선택하게 될 겁니다.

당신의 그 모든 생각을 누가 합니까? 당신이 합니다! 그건 다 당신이 스스로 하는 짓입니다. 우리가 받아들이는 것은 우리가 받아들이기로 선택한 것입니다. 그건 언제나 우리 자신의 선택이랍니다. 지금 우리가 이 극도의 한계에 둘러싸인 몸이 되어 있는 것도 우리의 선택입니다. 그것에 대한 책임을 받아들이지 않는다면 당신에게는 그 한계를 빠져나올 가능성이 없는 겁니다.

질문자 저는 그 한계를 벗어나고 싶다고 말하고, 그렇게 생각합니다. 그런데 막상 실제로 어떤 일이 일어나면 그저 그 한계에서 벗어나지질 않아요. 그 한계 속에 주저앉아 있는 걸요.

레스터 필요한 건, 말만 하는 게 아니라 너무나 강렬하게 원해서 그와 반대되는 무의식의 습관을 깔아뭉개고 그렇게 하는 겁니다!

질문자 무의식의 습관을 깔아뭉개는 게 어려워요. 나도 모르는 새에 이미 기어들어와 있곤 하니까요.

레스터 무의식의 습관이 이기는지 지는지는 당신이 그것을 얼마나 강렬하게 원하는가에 달려 있습니다. 당신은 무한한 권능과 무한한 의지력을 가지고 있습니다. 사람이 그러기로 뜻을 세우면 그는 즉시 놓여납니다.

질문자 말로는 너무 쉬워 보입니다만…

레스터 그게 가장 쉬운 방법이지요. 그저 뜻을 내기만 하면 돼요! 이건 누구든지 할 수 있습니다. 왜냐하면 우리는 무한하고, 그래서 무한한 의지의 힘을 가지고 있으니까요. 그런데 우리가 그렇게 하지 않는 이유는 그렇게 할 만큼 충분한 열망이 없기 때문입니다. 우린 아직도 한계에 갇힌 몸이 되어 있고 싶은 욕망이 더 큽니다.

질문자 정말로 선택을 할 수만 있다면 누구든지 한계를 벗어나는 쪽을 택할 것 같은데요.

레스터 아, 선택을 할 수만 있다면요? 유감이군요! (웃음) 무슨 일이 일어났는지 알겠습니까? 당신은 자신에겐 선택권이 없다고 다시 확신하고 있네요.

질문자 아닙니다. 실제로 경험상, 뭔가를 정말 원하는데도 그 반대의 일만 일어나는 것 같으니까요.

레스터 당신이 삶에서 정말 강력하게 원했던 것은 다 가졌습니다. 왜냐하면 마음은 오로지 창조해내는 게 일이니까요. 이게 당신이 파고들어서 스스로 알아내야 할 점입니다. 당신은 다른 모든 사람들과 마찬가지로 자신이 원하는 것을 정확히 얻고 있답니다. 자신의 생각을 들여다보지 않고 그것을 무의식이라고 부른다고 해서 당신이 그 생각을 가지고 있지 않다는 뜻은 아니니까요.

질문자 전 저의 무의식이 두려워요. 당신도 알고 계셨나요?

레스터 그게 당신의 무의식의 생각들을 들여다보는 데 어떤 도움이 되나요?

질문자 의식적으로는, 나는 그것들에게 '저리 가'라고 말해요.

레스터 그래서 그것들이 늘 작동하고 있는 겁니다. 생각은 자체의 의지력을 가지고 있지 않아요. 당신이 의지력을 갖고 있지요. 당신이 그것들을 의식 속으로 끌어올려 들여다보지 않는 한 그것을 놓아 보낼 수가 없습니다. 그것을 의식적으로 들여다보면 저절로 놓아 보내지게 될 겁니다.

질문자 무의식의 생각들을 어떻게 의식하게 될 수 있나요?

레스터 훈련을 통해서요. 당신이 바로 지금 하고 있는 것처럼 말입니다. 당신이 생각하고 싶은 것은 무엇이든지 마음속으로 옵니다. 당신이 5분 후에 나에게 말할 것은 지금은 의식되고 있지 않습니다. 무의식 속에 있지요. 5분 후에 당신은 말하고 싶은 그것을 꺼낼 겁니다. 생각을 꺼내는 것을 습관화하면 그걸 쉽게 해낼 수 있어요. 연습을 자꾸 할수록 하기가 쉬워지지요. 이건 좋은 습관이어서 불필요하게 카르마를 살아내야 하는 일을 많이 줄여줍니다. 정직한 자기성찰은 외과의사의 칼처럼 신속하고 멋지게 작동합니다.

우리는 무의식을 통제합니다. 숨겨놓고 싶은 것을 모두 거기에다 감추지요. 그러다가 그것을 의식 속으로 내놓고 싶어지면 꺼내는 겁니다.

질문자 우리가 정말 그것을 통제하고 있다고 믿는 건가요?

레스터 내가 당신의 무의식을 통제하나요?

질문자 그렇게는 생각하지 않습니다.

레스터 그럼 누가 통제하지요?

질문자 글쎄요, 모르겠어요. 그건 무의식적인 통제 같아요.

레스터 그건 당신의 무의식입니다. 당신은 어제 일어난 일 중에서 의식하지 않고 있는 것을 기억해낼 수 있나요? 어제 아침에 뭘 먹었나요?

질문자 햄과 계란요!

레스터 좋아요. 1분 전에 그건 의식되지 않았었는데 지금은 의식 속에 있지요. 맞나요? 당신은 자신의 무의식을 통제하고 있나요? 거기서 기억을 꺼낼 수 있나요? 방금 그렇게 했지요?

질문자 하지만 아침에 뭘 먹었는지에 대해선 아무런 감정적 힘이 연루돼 있지 않지요.

레스터 감정이 많이 실려 있었어요. 그걸 좋아했다는 걸 보여줬어요. 하지만 거기에 감정적 힘이 실려 있는지 아닌지는 중요하지 않아요. 중요한 건 무의식에서 어떤 생각을 꺼내놓으려는 욕구입니다.

질문자 하지만 당신이 그걸 꺼내놓도록 부추겼잖아요. 그러지 않았으면 아까 저분은 그걸 꺼내지 않았을 텐데요.

레스터 그렇습니다. 하지만 그녀는 할 수 있어요. 그러기를 원했고요. 원하지 않았다면 기억해내지 않았을 거예요. 유쾌한 일은 꺼내기가 쉽고 불쾌한 일은 꺼내기가 어렵습니다. 왜냐하면 불쾌한 일을 꺼내고 싶은 욕구는 거의 없으니까요.

질문자 우리는 무한한 존재라는 그 이론을 받아들이려면 무의식을 청소하는 이 단계를 거쳐야만 하는 겁니까?

레스터 처음에는 필요합니다. 과정이 빨리 진행되게 해주기도 하고요. 나중에 많이 진전되고 나면 그저 의지로써 생각을 꺼내 놓을 수 있게 됩니다. 성장에는 기본적으로 두 가지 길이 있습니다. 한 가지는 마음, 잠재의식을 제거하는 길이고, 다른 한 가지는 자신이 무엇이고 누구인지를 살핌으로써 긍정적인 것을 드러내는 길입니다.

질문자 긍정적인 쪽을 드러내면 그 반대쪽이 일어나는 것 같던데요?

레스터 때로는 그렇지요. 하지만 자신의 진정한 있음을 깨달으면 반대쪽 것은 태워 없애게 됩니다. '병들고 슬프고 불행하게 산다는 건 웃기는 일이잖아' 하면서 그것을 태워 없애기 시작하는 겁니다. 당신의 질문에는 습관적인 성향이 있군요. 내가 '뜨겁다'고 말하면 당신은 '차다'고 생각하지요. 그렇죠? 내가 '위'를 말하면 그건 '아래'를 암시하고요. 이게 생각 자체의 본성이랍니다. 하지만 나는 그걸 우리의 본성인 긍정성을 바라봄으로써 부정성을 지워낼 수는 없다는 걸 암시하는 근거로 사용하진 않겠습니다. 왜냐하면 지울 수 있으니까요.

질문자 글쎄, 전 모르겠어요. 저는 병원에서 빛과 사랑과 평화를 사용하려고 애쓰면서 돌아다녔다구요. 그게 정말 필요하다고 생각했으니까요. 그런데 제가 빛과 사랑과 평화에 거하려고 애쓰면 애쓸수록 일이 더 악화되는 것만 같았어요.

레스터 사랑은 켰다가 껐다가 할 수 있는 게 아닙니다. 당신에게 사랑이 있거나, 아니면 없거나, 둘 중 하나지요. 사랑이 있으면 사람들에게 끔찍한 소리를 퍼붓더라도 그들은 신경을 안 씁니다. 그러니까 이 사랑이란 건 수도꼭지처럼 열었다 잠갔다 할 수 있는 게 아니라고요. 우리는 그저 자신이 지닌 만큼만의 사랑을 표현할 수 있을 뿐이죠. 그런데 당신이 그 사람들에 대해 사랑을 느낀다면 당신은 그들이 원하는 것을 가지기를 바랄 겁니다.

질문자 그럼 제가 하고 있는 짓은 에고 게임인가요?

레스터 그렇습니다. 보이나요? 보인다면 좋습니다. 그렇다면 놓아 보내시기를 빕니다.

질문자 그건 그렇고, 아까 당신은 잠재의식을 불러내면 카르마를 없앨 수 있다고 하셨는데, 어떻게 그럴 수 있나요?

레스터 카르마는 행위 속에 있는 것이 아니라 생각 속에 있습니다. 당신이 어떤 행위를 하면, 그 행위를 다음에 또 일으키도록 잠재의식 속으로 전달되는 것은 생각입니다. 잠재의식의 생각을 제거하면 미래의 카르마가 제거됩니다. 생애에서 생애로 전달되는 것은 생각입니다. 그러니까 그 생각을 불러내서 그것을 뒤집어놓으면 그 카르마는 없어집니다.

질문자 생각을 통제하는 법을 알고 싶습니다. 제가 제 생각을 통제하지 못하고 있는 것 같아요.

레스터 먼저 할 수 있다는 생각을 받아들이세요. 그리고 해보고, 한 번 성공하면 다시 시도해볼 수 있다는 걸 깨닫지요. 두 번 성공하면 다음 번은 더 쉽습니다. 세 번째는 두 번째보다 더 쉽고, 이렇게 갑니다. 하면 할수록 쉬워지는 겁니다. 이것이 완전한 통제력과 자유로 이끌어줍니다.

질문자 통제라는 건 자신의 생각을 바꾸는 걸 말하는 건가요?

레스터 예. 우리는 자신의 모든 사고를 통제합니다. 내가 뭘 잘못하면 그건 내가 그걸 잘못하기로 했기 때문입니다. 그게 다입니다. 그리고 내가 그걸 무의식으로 만들어놓으면 나는 그저 그렇게 합니다.

내가 "전적인 책임을 지라"고 한 말을 들었지요? 그게 다입니다! 성장해가고자 한다면 당신이 하는 모든 일, 당신에게 일어나는 모든 일에 대해 전적인 책임을 떠맡아야만 합니다. 일어나는 모든 일을 추적해가서 당신의 마음속에서 그걸 일으킨 생각을 찾아내세요.

질문자 저는 아직도 제가 사람들을 해칠 수 있을 것 같다는 느낌이 듭니다.

레스터 그럴 수 없습니다. 사람들은 스스로 자신을 해칩니다. 당신이 그들을 해치는 게 아닙니다.

질문자 정말 그걸 깨우칠 수 있었으면 좋겠어요.

레스터 내가 당신을 "바보"라고 부르면 당신에게 어떤 반응이 올라오죠? 좋은 느낌이 아니죠? 누가 당신을 그렇게 느끼게 했나요? 당신은 '아니, 저 사람이 나를 바보라고 하네, 슬퍼해야지.' 이렇게 생각했습니다. 좋아요, 이제 내가 "당신은 대단한 사람이에요" 하면 당신은 '저 사람이 나보고 대단하다고 하네, 좋아해야지.' 이렇게 생각합니다. 하지만 당신이 기분이 좋아졌다 나빠졌다 하는 거지 내가 그런 건 아닙니다. 내가 '바보', '대단한 사람'이라는 말소리를 내니까 당신이 그것에 대해 느낄 기분을 선택한 겁니다. 나에게서 당신에게로, 당신의 귀로 간 것은 약간의 음성 에너지일 뿐인데 당신은 처음에는 슬펐다가 그다음엔 기분이 좋아졌습니다. 당신이 그 모든 걸 한 겁니다. 아시겠습니까?

질문자 흠, 제가 누구도 해칠 수 없다면 누굴 도와줄 수도 없겠군요!

레스터 예, 맞습니다.

질문자 긍정적인 생각을 쑤셔 넣으려고 하는 것이 오히려 부정적인 생각을 강화시킨다는 이 현상은 긍정적인 생각을 쑤셔 넣는 동안 다른 쪽에서는 싸우고 있는 대상을 붙들고 있게 되기 때문이란 거죠?

레스터 예. 무엇을 절실히 하기를 원한다면 그저 그것을 하게 됩니다.

질문자 그렇게 하면 그저 놓아 보내집니다. 마음속에서 붙들고 있지 않으면 그건 더 이상 거기에 없단 거죠?

레스터 맞습니다! 놓아 보내고 싶어하는 의식적인 욕구가 붙들고 있으려는 무의식적인 욕구보다 더 강하면 당신은 놓아 보내게 됩니다. 이런 습관은 매우 강합니다. 무의식의 욕구는 매우 강하지요. 그것을 이기려면 의식적인 욕구가 더 강해야만 합니다.

질문자 의식적인 욕구를 가지고 뭔가를 이뤄내려고 애쓰는데 잠재의식의 습관이 가로막고 있어서 할 수가 없습니다. 그러면 나를 가로막고 있는 이 잠재의식의 욕구를 어떻게 해야 없앨 수 있나요?

레스터 의식적인 욕구를 그보다 더 강하게 하면 됩니다. 아니면, 무의식의 욕구를 의식으로 끌어올려서 그것을 바라보면 됩니다. 그것을 바라보고 있으면 저절로 놓아 보내지니까요. 더 이상 그걸 붙잡아 눌러놓고 있지 않게 됩니다.

질문자 명상을 잘했으면 좋겠는데 잘 안 됩니다.

레스터 하루에 몇 시간 명상을 하시나요?

질문자 아침에 45분 동안 합니다. 일할 때는 더 못하게 되죠.

레스터 명상 말고 다른 일들은 하루에 몇 시간 동안 하시나요?

질문자 엄청나게 많이 하지요.

레스터 그 때문에 어려운 겁니다. 하루 열여섯 시간 중 여덟 시간은 세상에서 보내고 여덟 시간은 명상하려고 노력하는 데 쓴다면 반대되는 행위에 맞먹는 힘을 갖게 됩니다. 명상은 마음을 고요히 침묵시키는 일인데 세상에서 하는 활동은 그 반대지요.

질문자 낮 시간에도 신을 생각하려고 애쓰지만 안 돼요.

레스터 당신의 마음의 습관이 워낙 강하게 세상사에 달라붙어 있어서 날마다 그 습관을 더 키우고 있어요. 그러니 약간의 시간을 떼어내서 그와 반대로 해보려고 애쓴다면 그게 쉽게 되지는 않을 거예요. 성공할 때까지 명상을 위해 더 많은 시간을 할애해야만 합니다.

질문자 그러니까 명상을 하고자 하는 열망을 키우면 기회는 스스로 찾아온다는 말인가요?

레스터 예. 그러면 성공할 겁니다. 명상을 하고자 하는 욕구가 강했다면 다른 일은 안 하고 명상을 하고 있었을 겁니다. 그러면 세상 속에서도 마음속에 신을 품고 있을 수 있게 됩니다.

질문자 명상 중에 일체 상태에 이르러도 분리 상태 속으로 다시 돌아와야 하나요?

레스터 예. 처음으로 그 상태에 이를 때 그건 엄청난 경험이어서 결코 잊히지 않을 겁니다. 하지만 마음이 지워진 것은 아니므로 다시 나타납니다. 하지만 그 상태에 이를 때마다 마음이 상당 부분 태워 없애집니다.

질문자 그 상태에 자주 이를수록…

레스터 마음이 더 태워지고 마침내는 완전히 지워집니다. 그러면 그 상태에 그대로 머물게 되고 더 이상은 퇴보하지 않게 됩니다.

일시적으로 마음을 잠수시키면 일체 상태에 오래 머물 수도 있습니다. 하지만 마음이 완전히 지워지지 않는 한 마음은 다시 나타날 것입니다. 하지만 한 번 일체의 상태 속에 빠지고 나면 그 상태를 결코 놓치지 않게 됩니다. 그것이 영구적인 상태가 될 때까지 그 상태로 다시금 다시금 들어가게 됩니다.

질문자 의지로는 그렇게 할 수 없나요?

레스터 강력히 원하면 물론 할 수 있지요! 그만큼 원한다는 게 그토록 어려운 이유는, 우리는 환영의 세계를 너무나 오랫동안 원해왔기 때문에 그것을 놓아 보낸다는 것이 그리 쉽지 않기 때문입니다. 지적으로는 환영이 불행을 초래한다는 것을 알고 있다고 하더라도, 기쁨은 외부세계에 있다고 생각하는 것이 오랜 습관으로 배어 있기 때문에 그게 그저 쉽게 놓아 보내지지가 않는 겁니다.

질문자 사람들이 "도피행각은 덧없는 행복이다"라고 하는 이유도 그 때문이죠.

레스터 예, 그건 무지개를 좇는 것과 같지요. 궁극의 기쁨은 살갗보다도 더 가까이 있습니다. 살갗보다 더 가까이 있는 것을 찾아서 얼마나 멀리까지 가야 합니까? 그건 바로 당신의 '나'입니다. 그 '나'를 찾으세요. 그럼 그것을 손에 넣은 겁니다. 그러니 갈 곳은 내면입니다.

질문자 홀로 지내는 것은 도망가는 것인가요?

레스터 그럴 수 있습니다. 세상으로부터 떨어져나오기 위해서 홀로 지내고 있다면 그건 도피입니다. 자신의 참자아 속으로 뛰어들기 위해서 홀로 지낸다면 그건 도피가 아니지만요.

질문자 자신이 어느 쪽을 하고 있는지를 어떻게 판별하죠?

레스터 자신에게 정직해지면 됩니다.

질문자 자연과 가까이하는 건 좋은 것 같아요.

레스터 자연이 좋은 것은 세속적인 자극에서 떨어져 있을 수 있게 해준다는 것입니다.

질문자 하지만 그건 도피잖아요.

레스터 맞아요. 자연을 즐기기 위해 자연으로 갈 때 당신이 실제로 즐기고 있는 것은 모든 불행한 생각과 사회적 구속을 떨쳐버릴 때 얻어지는 해방감입니다. 그리고 그건 도피지요.

질문자 자연을 즐기면서 동시에 내면으로 들어갈 수는 없다는 건가요?

레스터 그런 뜻은 아닙니다. 모든 기쁨은 진정한 자신이 되는 것이어야 한다는 겁니다. 다른 것을 즐겨서는 안 됩니다. 뭔가를 즐기려면 분리의 환영 속으로 들어가야만 하니까요. 기쁨은 사물이나 사람과는 무관한 것이어야만 합니다. 하지만 실상을 깨달으면 즐기기를 택할 수 있게 됩니다. 그리고 실상에 더 가까이 다가갈수록 더욱더 깊이 즐길 수 있게 됩니다. 감각이 섬세해져서 모든 것이 훨씬 더 강렬하게 느껴지지요. 하지만 자연을 즐기러 나갈 필요는 없습니다. 왜냐하면 당신의 본성 자체가 기쁨이기 때문입니다. 당신은 궁극의 기쁨입니다. 기쁨을 찾는다는 건 내가 레스터를 찾는 것과 같아지는 거죠. 내가 레스터인데 밖에 나가서 그를 찾을 필요가 있나요? 내가 기쁨이라면 그걸 찾으러 밖으로 나갈 필요가 없단 말이에요. 당신 안에 기쁨이 있는데 왜 밖으로 그걸 찾으러 나가나요?

질문자 외딴곳에 있으면 그걸 이해하기가 더 쉬워져요.

레스터 예. 도피하고 있긴 해도 당신은 소란한 생각을 참기가 힘들어지게 될 거고, 그러면 내면으로 들어가지 않을 수가 없게 되지요.

질문자 당신은 우리가 하고 있는 말을 일부분 되던져주고 또 다른 생각도 던져주면서 우릴 돕고 있는데 구도를 할 때는 그게 정말 필요해요, 그렇지 않나요?

레스터 예, 그게 도움이지요. 누구나 줄 수 있는 이 유일한 도움 이란, 올바른 방향을 가리켜주고 부추겨주는 것입니다. 엉뚱한 방향으로 가고 있을 때 누군가가 올바른 방향을 알려주면 그건 정말 좋은 일이지요. 당신의 생각을 거울처럼 되비쳐서 보여주 는 것은 당신이 잘못된 방향을 깨닫고 바로잡도록 도와줍니다.

질문자 올바른 방향을 향하고 있는지는 어떻게 알 수 있나요?

레스터 직관적으로, 아니면 이뤄진 결과를 보면 알 수 있지요. 모든 사람은 무의식중에 자신의 무한한 참자아를 찾고 있어요. 그걸 행복이라고 부르면서 말이죠. 충분히 오랫동안 고생을 실 컷 하고 나면 우리는 올바른 방향을 찾기 위해 마음을 열기 시 작합니다. 그러면 그리스도, 요가난다, 라마크리슈나, 아니면 붓 다께서 우리의 경험 속으로 찾아옵니다. 위대한 존재들을 알게 되는 것은 괜히 일어나는 일이 아닙니다. 그들은 올바른 방향을 가리켜줍니다.

결론적으로 말하자면, 당신은 자신이 느끼는 모든 것에 대해 책임이 있다. 그것은 당신의 느낌이고 당신의 생각이다. 당신이 그 스위치를 켜고 생각을 하는 것이다. 다른 어느 누구도 아니 고 당신이 그렇게 한다. — 그러면서도 당신은 마치 자신에게는 아무런 통제력이 없다는 듯이 행동한다. 물을 틀어서 몸이 다 젖게 하는 건 바로 당신이다. 당신에게 일어나고 있는 일에 대한 모든 책임은 바로 당신이 취한 방향에 있다. 다름 아닌 '내가 그 짓을 하고 있는' 꼴이 바라보이는 방향으로 눈을 돌리기만 하면 자신이 그렇게 하고 있었다는 것을 깨닫게 된다. 자기가 자신을 스스로 괴롭히고 있었다는 것을 깨닫고 나면 이렇게 말하게 될 것이다. '이런, 쯧쯧… 내가 어쩜 이렇게 멍청했지?' 그리고 그 짓을 멈출 것이다. 더 이상은 자신을 괴롭히지 않고 행복하게 만들어줄 것이다.

스스로 그렇게 되기를 선택하지 않는 한은, 누구도 무의식의 마음과 습관과 성향의 산물이 아니다. 당신은 무의식의 마음을 지배하는 근원이다. 당신이 무의식을 설정한다. 그리고 당신이 그것을 따르기로 선택한다. 그러지 않기로 결정한다면, 그날이 당신이 그것과 결별하는 날이다!

상황은 간단하다. 자신이 하고 있는 짓을 돌아보지 않으면 그건 불행으로 가는 영원한 길이 된다. 당신은 불행한 생각을 하고 불행한 기분을 느낀다. 그러면서 그런 생각을 하는 것에 대한 책임은 지지 않는다. 이렇게 해서 어느 세월에 거기서 빠져나올 수가 있을까? 자신의 생각에 책임을 지면 지배력을 가지게 된다. 나쁜 생각을 이겨낼 때까지 그것을 꺼버리고, 바꾸고, 좋은 생각을 집어넣을 수 있다. 그러고 나면 당신은 생각을 내려놓게 될 것이다. 생각을 한다는 게 얼마나 멍청한 짓인지를 깨닫게 된다. 모든 생각은 제약투성이여서 완전히 아무 생각도 안 할 때가 가장 행복하다. 아무런 생각도 없을 때, 당신은 최고의 상태가 된다. 여기에 어려울 게 뭐가 있는가?

문답

질문자 무의식적인 마음요.

레스터 아닙니다. 어려운 건 당신입니다! 그건 무의식적인 마음이 아닙니다. 이게 내가 말해주려고 하는 핵심이에요. 그건 무의식적인 마음이 아니란 말입니다. 여러분은 그것을 무의식적인 마음으로 만들고 싶어합니다. 그것을 자신이 아닌 다른 것으로 만들어놓고 싶어합니다. 그래서 여러분은 스승이, 레스터가 마법의 지팡이로 머리를 건드려 여러분 대신에 문제를 해결해주기를 원하는 겁니다. 스스로 자신을 행복하게 해줄 일은 하려고 하지 않고 말입니다. 여러분은 자신을 불행하게 만드는 일을 하기를 선택하고 있습니다. 이해되나요? 아주 단순해요. 그게 누구의 생각이라고 생각하나요? 이런 온갖 불행한 생각을 왜 하고 있나요? 그런 생각을 안 하기로 선택하는 순간, 하지 않게 됩니다.

질문자 당신을 살펴보고 우리를 살펴보겠습니다.

레스터 자신을 살펴보세요, 자신을. 자신이 무엇이고 누구인지를 들여다보세요. 자신이 누구인지를 알 때만 내가 누구인지를 알게 됩니다. 자신이 무엇인지를 알 때만 이 우주가 무엇인지를 이해하게 될 겁니다. 자신이 무엇인지를 깨닫기 전에는 이 우주를 제대로 알 수 없습니다. 그건 오리무중입니다. 자신이 누구인지를 깨달으면 이 온 우주가 바로 여러분 안에 있다는 것을 알게 될 겁니다. 꿈속에서 보는 우주가 여러분 안에 있는 것과 마찬가지로요.

여러분 자신이 전적인 책임을 져야 합니다. 그러지 않으면 이 누추한 구덩이를 빠져나갈 희망이 없습니다. 원인을 자기 자신이 아닌 다른 데다 돌리는 한, 그건 사실이 아니므로 여러분은 결코 이 구덩이를 빠져나갈 수 없습니다.

그러니 여러분이 책임지기로 결정하는 그날, 그건 끝입니다! 왜냐하면! 전적인 책임을 지는 것은 곧 주인이 되는 것이기 때문입니다!

쥐는 지상에서 가장 영리한 동물 중의 하나로 여겨진다. 하지만 쥐는 맛있는 음식의 달콤한 유혹에 이끌려 곧잘 죽음의 함정에 빠진다. 영리함은 지혜와는 상관이 없다.

대부분의 사람들도 영리한 쥐처럼 행동한다. 그들은 돈이나 명예의 달콤한 유혹에 이끌려 곧잘 불행과 고통의 함정에 빠진다. 그리하여 그들은 진정한 행복의 기회를 잃어버린다.

지혜는 사랑과 자유를 실현함으로써만 찾을 수 있다.

사람들은 자신을 해방시켜주리라고 믿는 온갖 일을 한다. 가르침을 배우고, 기도를 올리고, 단식을 하고, 온갖 고행으로 몸을 괴롭히고, 심지어는 두개골을 찌그러뜨리기까지 하고, 또 어떤 이는 목욕을 하지 않고, 또 어떤 이는 동굴 속이나 수도원에 자신을 가둬놓고 금욕수행을 한다. 다른 일에서도 마찬가지지만, 자유를 찾아 헤매는 마음의 기발한 궁리에는 끝이 없다. 하지만 정말로 필요한 것은 오로지 '내 마음'을 교화하는 것이고, 그것은 꽤나 규율 잡힌 당신의 집 안에서도 할 수 있는 일이다. 이 책은 당신이 찾고 있는 그 정보와 지식을 제공해줄 것이다.

사랑하는 마음 안에서는 모든 일이 완벽하게 해결된다. 이 말은 우리의 '한계에 갇힌 마음'도 교화되면 — 자각하면 — 거의 한계 없고 온전해져서 모든 문제를 완벽하게 해결하여 우리를 해방시켜준다는 말을 달리 표현한 것일 뿐이다.

계시는 우리의 '참자아' — 살아 있는 모든 것에 깃들어 있는 사랑과 생명의 신 — 로부터 온다. 사랑은 생명의 표현이며 인간 세계의 가장 이로운 힘이다. 사랑은 결코 강제력을 쓰지 않는다. 그것은 자애와 자비와 이해와 포용으로써 기적을 일으키기 때문이다. 지극한 경지의 자유는 깊은 평화 속에 잠겨 있는 순수한 의식(awareness)이다. 인간 세계에서 그 같은 자유는 실로 끝이 없는 참사랑(Love)으로 경험된다. ('참사랑'은 사람들이 흔히 말하는 '사랑'과는 다르지만 그것을 포함한다.)

인생은 하나의 여정이다. 그것은 어떤 목적지에 도달하려는 것이 아니다. 그것은 목표가 아니다. 인생은 여행하는 것이다. 여행하는 것이 목표다. 이 책이 당신의 여행을 도와줄 테지만, 당신도 그 행간을 읽어내는 법을 배워야만 한다. 참자유(Freedom)는 살아가는 유일한 길이다. 그것이야말로 궁극의 참행복(Happiness), 모든 것이 완벽하게 해결된 참된 삶의 궁극적 표현이기 때문이다. ('참행복'은 사람들이 흔히 말하는 '행복'과 달리 참자유의 진정한 복락을 뜻한다.) 참자유가 없는 삶은 TV 화면과 광고판과 웹사이트를 장식하는, 미소를 머금은 욕망과 갈구와 실망과 고통의 쳇바퀴이다.

맨 먼저 욕망이 일어나고, 갈구가 잇따르고, 실망과 고통이 그 뒤를 따라온다. 그러면 모색이 시작된다. 모색은 사랑을 발견하고, 그 사랑은 참사랑이 된다. 참사랑과 함께 '지금 여기'에 거하는 단순함이, 욕망을 녹여 내리는 기쁨이 온다. 당신의 과거가 온통 참사랑으로 변화하면, 레스터의 마음이 그랬던 것처럼, 당신의 마음은 배움을 얻는다. 이 일이 일어나면 참사랑이 당신을 이끌고, 배움을 터득하여 깨어난 마음은 말없이 직관으로 이끄는 참사랑의 인도를 따른다.

그리하여 어느 날, 모색의 과정에 그토록 많은 도움을 주었던 모든 지성적 지혜와 명상과 가르침과 풀어놓음이 마침내 의식을 잠에서 일깨우고, 이후로부터 우리의 앎은 내면으로부터 나온다. 이 체험은 갈수록 깊고 심오해져서 끝이 없을 것이다. 외부인들의 눈에는 당신이 거의 변한 게 없는 듯 보일 테지만 당신은 과거의 자신을 다시는 만나지 못하게 될 것이다. 이 같은 새로운 이해와 함께 당신의 여정은 계속되고, 당신의 고통스럽던 삶은 이제 행복에 찬 삶으로 바뀐다. 이 여정은 그런 것이다.

전쟁, 혁명, 폭동, 집단학살 등, 힘으로 상황을 바꿔놓으려는 모든 시도는 무지의 산물이요 자각의 결핍 때문이다. 그것은 또한 나약함이다. 무지란 내면의 나약함에 지나지 않아서, 그 두려움은 대개 힘의 과시로 표현되는 용맹으로 자신을 위장한다. 마음이 자신의 믿음에 반하는 생각에 문을 닫아걸거나 타인을 바꿔놓고 싶어하는 것, 그것이 바로 무지이다. 부정적인 생각과 감정을 휘두르는 것도 무지이다. 다른 이들을 있는 그대로 받아들이지 않으려는 것을 포함하여 모든 저항은 무지이다. 어리석음과 마찬가지로 무지는 대개 타인과 자신에게 상처를 주는 현명하지 못한 행동을 부추긴다. 이제 무지가 어떤 것인지를 알았으니 당신도 자신의 무지를 낱낱이 꼽아볼 수 있을 것이다. 거기에 끝이 있는지를 보라.

참자유를 얻으면 우리의 삶은 무지의 환영을 넘어선다. 그것은 참사랑과 참행복의 삶이요, 모든 것이 완벽하게 해결된 완전한 성취의 삶이다. 이 참자유 속에서 우리는 인생의 소명을 이룬다. 우리의 행성과, 그 주민들과, 우주와 하나가 된 조화로운 삶 말이다. 그러니 우리는 오로지 참자유 속에서 자신의 목적을 성취한다.

참사랑은 타인의 이로움을 보살피는 사심 없고 성실하고 친절한 배려를 통해 표현되는 품성이다. 참사랑이란 자유인이 참자유의 지극한 경지, 깊은 평화의 상태(명상 속의 사마디Samadhi)로부터 꿈의 세계로 내려와 욕망의 세계에서 경험하는 것이라 할 수 있다. 참사랑은 인간의 욕망의 세계를 밝히는 지극한 순수의식의 광채다.

참사랑은 전체 창조계와 사람들을 누구도, 아무것도 바꿔놓으려 들지 않고 있는 그대로 받아들이는 것이다. 이런 말에 의문을 제기할 수도 있다. ― '사람이나 세상이 더 나아지기를 바라는 건 당연한 일이 아닌가?' 이 의문에 답하기는 쉽지 않다. 이원적인 꿈의 세계에서 사람들은 '사람들과 세상이 더 나아지기를' 원하도록 조건화되어 있기 때문이다. 참사랑은 욕망 너머에 있다. 그것은 참자유, 무욕의 상태와 동의어이다. 욕망이 없으므로 참으로 자유로운 이는 사람과 사물을 있는 그대로 받아들인다. 참자유의 길은 참사랑의 길이다. 참사랑을 확고히 믿는다는 것은 삶을 확신한다는 뜻이요, 그리고 이러한 행위의 길이야말로 최선이요 가장 효과적인 길임을 확신한다는 뜻이다. 삶의 흐름이 우리를 어디로 데려가든지 간에 우리는 참사랑에 자신을 내맡긴다. 어디로 가는지를 알 필요조차 없다. 삶은 실수를 하지 않기 때문이다. 동물들은 인간과 같은 마음이 없어서, 그들은 무엇을 하든지 언제나 옳다. 새들은 마음이 없기 때문에 허튼짓을 결코 하지 않는다. 그들은 영원히 흐름 속에서 그것을 타고 논다.

자연은 실수를 하지 않는다. 자연에는 혼돈을 일으키는 감정적 사고작용이 없기 때문이다. 자연은 잠재의식의 부정적인 힘에 휘둘리는 일 없이 그저 영원히 진화해가고, 언제나 올바른 방향을 향하고 있다. 부정적 감정은 죽음에 대한 두려움에 뿌리를 두고 있다. 그것은 특정 상황의 현실 앞에서 사람을 눈멀게 한다. 우주에서 오로지 인간의 마음 ― 운명을 만들어내는 놀라운 창조자 ― 만이 실수를 저지른다. 마음의 한계를 내려놓으면 당신은 대자연의 길을 발견하고, 흐름에 올라탄다.

당신의 관점이 욕망으로부터 참사랑으로 바뀐 것 외에는 아무것도 달라지지 않았다. 당신이 진짜 세상을 경험하고 있다는 것 외에는 아무것도 달라지지 않았다. 그 진짜 세상은 지내기에 아름답고, 거기서는 모든 사람이 당신의 한 부분이며, 모든 일이 완벽하게 해결되어 있다. 당신은 이 멋진 세상을 계속 여행해간다. 목적지도, 도달해야 할 곳도, 얻을 것도, 이룰 것도 없이 그저 계속 여행한다. 하지만 너무나 아름다운 이 여정도 오로지 당신이 진정으로 자유로울 때만 의미가 있다.

선택의 여지는 늘 존재한다. 당신은 '내 마음'을 가지고 삶으로써 중생의 삶을 택할 수도 있다. 현재 속에서 살지 않고 미래 속에서, 때로는 과거 속에서 사는 것 말이다. 이것은 또한 흐름을 거슬러가려고 발버둥치는 것이다. 경직된 원칙을 따라 안간힘으로 버티면서, 고통은 너무나 잘 알되 행복은 맛도 보지 못하며 사는 것 말이다. 이것은 오랜 세월 무수한 사람들이 밟고 지나간 길이다. 이 길은 뭔가를 보장해준다. 당신은 의사나 변호사가 될 것이고 부자가 될 수도 있다. 이 길에는 모험도, 위험도 없다. 그 길은 죽음에 이르기까지 한 걸음 한 걸음의 길이 다 이미 알려져 있다. 그것은 두려움의 길이다. 그 길은 미지를 두려위하는 사람들이 가는 길이다. 기어가면 떨어지지 않을 테니 차라리 기어가기를 원하는 사람들. 그들은 떨어지지 않을 것이다. 이미 밑바닥까지 떨어져 있으니까. 그것은 판에 박힌 생각과 관념의 길이요, 오래전에 죽은 이들이 하염없이 기어가는 길이다.

양 떼는 옹기종기 모여서 산다. 그러나 사자는 홀로 다닌다. 당신은 사자의 길을 택하여 미지의 모험길 — 인생의 참 여정 — 을 홀로 떠날 수 있다. 이 책이 믿을 만한 동반자가 되어줄 것이다. 사자가 되려고 직장을 나오거나 출가를 할 필요는 없다. 그러나 모든 집착과 저항, 모든 부정적 감정과 욕망을 내려놓고 참사랑으로 변신해야 한다. 그리고 어떤 무리에 속해 있든 간에, 그것을 떠나야만 한다.

부정적 감정은 매우 강력하게 느껴질 수도 있지만, 참사랑 앞에서는 무력해진다. 레스터는 말한다. "사랑은 어마어마한 힘이다. 참사랑의 배후에 놓인 힘은 수소폭탄보다도 훨씬 더 강력하다는 것을 깨닫게 된다." 이제 당신을 움직이는 힘은 사랑하는 마음이다. 사랑은 당신의 길잡이요, 우주는 당신의 집이다. 이 길은 홀로 갈 용기를 낸 소수의 사람들이 택한 길이다. 이 길은 아무것도 보장해주지 않는다. 길을 잃고 헤맬 수도 있다. 보물을 찾기 전에 죽을 수도 있다. 그러나 이 길만이 당신을 성장시켜주는 유일한 길이다. 참사랑과 참된 삶에 확신을 얻으면, 참자유만을 목표 중의 목표로 만들면, 참자유를 위해 기꺼이 목숨을 내놓으면, 변화가 일어날 것이다. 마음의 한계와 욕망과 온갖 노력을 다 내려놓고 참된 삶의 강물 속으로 떨어져 그 강물이 죽음으로 데려가든 참자유와 참행복의 대양으로 데려가든 그저 몸을 내맡기고 있으면, 당신은 반드시 참자유를 얻을 것이다.

참자유는 종교나 전통과는 아무런 상관이 없다. 그것은 당신 자신밖에 아무도 줄 수 없는, 압도적인 개인적 깨달음이다. 이것은 참자유 앞에 바쳐진 책이다. 목표를 논할 때마저도 이 책은 그 어떤 목표도 참자유의 참행복을 가져다주지 못할 것임을 분명히 밝히고 있다.

당신의 창문이 열려 있게 해줄 실질적인 '방법'은 두 가지뿐이다. — 명상의 길과 사랑의 길이 그것이다. 다른 방법, 다른 가르침들 역시나 결국엔 모두 이 둘 중 하나로 당신을 데려다줄 것이다. — 명상 아니면 사랑. 자, 그렇다면 아예 당신의 본질인 사랑에 대한 성찰이나 명상에서부터 출발하지 않을 이유가 있겠는가?

○ 유리 스필니